AGINDO COM PODER

AGINDO

COM

PODER

DEBORAH GRUENFELD

AGINDO COM PODER

POR QUE SOMOS MAIS PODEROSOS
DO QUE PENSAMOS

ALTA BOOKS
EDITORA
Rio de Janeiro, 2021

Agindo com Poder
Copyright © 2021 da Starlin Alta Editora e Consultoria Eireli. ISBN: 978-65-552-0064-5

Translated from original Acting with Power. Copyright © 2020 by Deborah Gruenfeld. ISBN 978-1-101-90395-7. This translation is published and sold by permission of Currency, an imprint of Random House, a division of Penguin Random House LLC, the owner of all rights to publish and sell the same. PORTUGUESE language edition published by Starlin Alta Editora e Consultoria Eireli, Copyright © 2021 by Starlin Alta Editora e Consultoria Eireli.

Todos os direitos estão reservados e protegidos por Lei. Nenhuma parte deste livro, sem autorização prévia por escrito da editora, poderá ser reproduzida ou transmitida. A violação dos Direitos Autorais é crime estabelecido na Lei nº 9.610/98 e com punição de acordo com o artigo 184 do Código Penal.

A editora não se responsabiliza pelo conteúdo da obra, formulada exclusivamente pelo(s) autor(es).

Marcas Registradas: Todos os termos mencionados e reconhecidos como Marca Registrada e/ou Comercial são de responsabilidade de seus proprietários. A editora informa não estar associada a nenhum produto e/ou fornecedor apresentado no livro.

Impresso no Brasil — 1ª Edição, 2021 — Edição revisada conforme o Acordo Ortográfico da Língua Portuguesa de 2009.

Produção Editorial Editora Alta Books	**Produtor Editorial** Illysabelle Trajano Thiê Alves	**Equipe de Marketing** Livia Carvalho Gabriela Carvalho marketing@altabooks.com.br	**Editor de Aquisição** José Rugeri j.rugeri@altabooks.com.br
Gerência Editorial Anderson Vieira	**Assistente Editorial** Thales Silva	**Coordenação de Eventos** Viviane Paiva eventos@altabooks.com.br	
Gerência Comercial Daniele Fonseca			

Equipe Editorial Ian Verçosa Luana Goulart Raquel Porto Rodrigo Ramos Maria de Lourdes Borges	**Equipe de Design** Larissa Lima Marcelli Ferreira Paulo Gomes	**Equipe Comercial** Daiana Costa Daniel Leal Kaique Luiz Tairone Oliveira Vanessa Leite	
Tradução Flávio Bedin	**Copidesque** Eveline Machado	**Revisão Gramatical** Carol Suiter Fernanda Lutfi	**Diagramação** Rebeca Massaro

Publique seu livro com a Alta Books. Para mais informações envie um e-mail para autoria@altabooks.com.br
Obra disponível para venda corporativa e/ou personalizada. Para mais informações, fale com projetos@altabooks.com.br

Erratas e arquivos de apoio: No site da editora relatamos, com a devida correção, qualquer erro encontrado em nossos livros, bem como disponibilizamos arquivos de apoio se aplicáveis à obra em questão.

Acesse o site **www.altabooks.com.br** e procure pelo título do livro desejado para ter acesso às erratas, aos arquivos de apoio e/ou a outros conteúdos aplicáveis à obra.

Suporte Técnico: A obra é comercializada na forma em que está, sem direito a suporte técnico ou orientação pessoal/exclusiva ao leitor.

A editora não se responsabiliza pela manutenção, atualização e idioma dos sites referidos pelos autores nesta obra.

Ouvidoria: ouvidoria@altabooks.com.br

Dados Internacionais de Catalogação na Publicação (CIP) de acordo com ISBD

G886a   Gruenfeld, Deborah
Agindo com Poder: por que somos mais poderosos do que pensamos / Deborah Gruenfeld ; traduzido por Flávio Bedin. - Rio de Janeiro, RJ : Alta Books, 2021.
272 p. : il. ; 16cm x 23cm.

Tradução de: Acting with Power
Inclui índice.
ISBN: 978-65-552-0064-5

1. Autoajuda. 2. Poder. I. Bedin, Flávio. II. Título.

2020-3722   CDD 158.1
CDU 159.947

Elaborado por Vagner Rodolfo da Silva - CRB-8/9410

Rua Viúva Cláudio, 291 — Bairro Industrial do Jacaré
CEP: 20.970-031 — Rio de Janeiro (RJ)
Tels.: (21) 3278-8069 / 3278-8419
www.altabooks.com.br — altabooks@altabooks.com.br
www.facebook.com/altabooks — www.instagram.com/altabooks

A todos os meus familiares

Sumário

Introdução: O Problema com o Poder   3

PARTE I
Quando a Cortina Se Levanta

Capítulo 1: A Verdade Sobre o Poder
O Que É, o Que Não É e Por que É Importante   19

PARTE II
As Duas Faces do Poder

Capítulo 2: A Arte e a Ciência de Enfatizar o Poder   39

Capítulo 3: A Arte e a Ciência de Atenuar o Poder   59

PARTE III
Entrando em Cena

Capítulo 4: Entrando no Personagem:
Como Ser Você Mesmo Sem Perder o Enredo   83

Capítulo 5: Sendo o Coadjuvante: Como Agir com
Poder em um Papel de Suporte   117

Capítulo 6: O Show Deve Continuar: Entrando em
Cena e Apropriando-se dos Holofotes   133

PARTE IV
Compreendendo os Abusos de Poder, e Como Pará-los

Capítulo 7: Quando o Poder Corrompe (e Quando Não)   163

Capítulo 8: Como Enfrentar um Intimidador:
Alternativas a Representar o Papel de Vítima   185

Capítulo 9: O Papel de Espectador e Novas Formas
de Representá-lo: Como Impedir que Maus
Atores Roubem a Cena   203

Capítulo 10: Como Usar o Poder ao
Representar o Protagonista   227

Agradecimentos   **249**

Notas   **253**

Índice   **257**

Agindo com Poder

Agindo com Poder

Introdução

O Problema com o Poder

Encontrei este desenho bem no fundo de uma gaveta na casa de minha mãe. Soube de imediato quem era. A pessoa tem muitos olhos, uma boca fechada, não tem braços nem mãos de verdade. Ela vê tudo, mas não pode agir com base no que sabe. Sou eu, em meu primeiro autorretrato, desenhado aos 3 anos de idade.

Olhando para mim atualmente, a semelhança pode não ser óbvia. Sou professora titular na Universidade de Stanford e tenho estudado, escrito e ensinado sobre psicologia do poder há mais de 25 anos. Tenho uma carreira estimulante. Tenho voz e sei como usá-la. Hoje, os primeiros autorretratos de meus filhos estão guardados em algum lugar bem no fundo de uma gaveta em *minha* casa. Muito mudou desde que eu tinha 3 anos de idade, mas aquela pessoinha definitivamente ainda está comigo.

Houve um tempo em que pensei que somente eu me sentia assim. Mas, se aprendi algo em meu trabalho sobre poder, é que não estou sozinha. Todo mundo se sente impotente algumas vezes, não importa quanto poder tenha. E todos temos poder, quer percebamos quer não.

Não é intuitivo. Mas a ideia de poder tem a capacidade de nos fazer sentir pequenos. Em parte, é o que aprendemos sobre poder durante a infância, em um período de nossas vidas em que estamos mais vulneráveis, e a associação permanece. Os primeiros detentores de poder que conhecemos, ou seja, nossos pais e outros cuidadores, nos ensinam lições sobre como sobreviver em família, que a maioria de nós nunca consegue superar. Todos chegamos nos relacionamentos adultos com a bagagem da infância — inseguranças, hábitos e zonas de conforto que nos levam a dramas antigos e familiares, nos quais podemos representar papéis também antigos e familiares. O primeiro contato com o poder deixa uma marca duradoura.

Como acadêmica, escrevi bastante sobre como seria ter poder e, como pessoa, tinha a esperança de que me tornar uma especialista e ganhar estatura em minha área ajudaria a me sentir mais poderosa e seria mais fácil ser eu mesma. No entanto, mesmo tendo o poder que tenho, ele não fez com que fosse mais fácil. O poder atrai atenção, maior vigilância, maiores expectativas e mais chances de falhar, com mais coisas em risco. Ter poder me ajudou pouco a me libertar de minhas inseguranças de infância. Só me deu um palco maior no qual atuá-las.

Introdução

Aprendendo o Papel de Professora

Tornar-me professora foi uma transição bem drástica. Fui estudante de pós-graduação por cinco longos anos, então aquele papel tinha se tornado bastante confortável. Fiz meu doutorado, aceitei um trabalho na Universidade Northwestern e, no meu primeiro dia, de repente, tornei-me "a professora". Ainda me sentia a mesma pessoa, fazendo o mesmo trabalho — conduzindo experimentos, publicando artigos em periódicos e aprendendo a lecionar —, mas, para todas as pessoas, eu era diferente. Deveria saber coisas, ser a especialista, atribuir responsabilidade a outras pessoas e dizer a meus alunos o que fazer.

Era a mais desconfortável das ironias. Como psicóloga, eu era uma autêntica especialista em poder, mas ainda me sentia pessoalmente incapaz. Me sentia uma impostora, não merecedora do respeito e da atenção associados a meu papel. E, quanto mais avançava em minha carreira e ganhava estatura, mais me esforçava para ser quem era para outras pessoas. Conseguia ver outras pessoas em posições de poder; só não conseguia me ver como uma delas.

Então houve uma reviravolta, que veio de um lugar inesperado. Fui convidada a fazer parte de um novo programa oferecido na faculdade de Administração, em um esforço para aumentar a qualidade geral das aulas. O programa era oferecido por uma consultora com experiência em teatro. Parecia um pouco de charlatanismo, mesmo na Califórnia, mas concordei em participar, pois, como era esperado de meu papel, achei que deveria.

Passei dois dias inteiros em uma sala de conferências claustrofóbica, com oito membros da faculdade e uma mulher diminuta e cheia de energia chamada Barbara Lanebrown. Ela pediu que cada um de nós preparasse três minutos de uma palestra típica e apresentasse para o grupo. Após a primeira apresentação, ela fez ao palestrante — um especialista experiente em

6   **Introdução**

negócios internacionais com sotaque britânico — uma pergunta inesperada: "Que personagens você trouxe consigo para o palco?" Ele franziu a testa, genuinamente confuso, até que, por fim, um colega sentindo seu desconforto pediu a Lanebrown que esclarecesse. "Uma sala de aula", ela explicou com cuidado, "é como um teatro onde desempenhamos o papel de professor". Então fez uma pausa para deixar a ideia ser absorvida. "Quando damos uma palestra", continuou, "estamos atuando. Como atores, fazemos escolhas sobre como representar aquele papel, selecionando personagens que vivem em nós e que nos ajudam a dar vida a este que estamos representando".

Alguns mudaram e sorriram timidamente, e achei ter ouvido alguém dar uma risada contida. Me lembro de olhar ao redor para ver se alguém estava comprando a ideia. Então alguém expressou o que eu estava sentindo: "Eu não atuo na sala de aula. Estou simplesmente sendo eu mesmo."

Lanebrown considerou esse comentário. Então nos perguntou sobre a apresentação que acabáramos de ver. A pessoa, que conhecíamos como colega, mas nunca havíamos visto lecionar, era, de alguma forma, diferente no papel de professor? Vocês viram um aspecto dela não visto antes ou aprenderam algo que não tinham consciência?

A resposta, certamente, foi sim. "Em cena", ela não era exatamente a mesma pessoa que conhecíamos fora da sala de aula. À medida que cada pessoa fazia seu discurso de três minutos, isso se mostrava cada vez mais verdadeiro. Um rapaz, tipicamente um acadêmico certinho, se transformava em um "humorista de *stand-up*". Outro, normalmente pacato e extremamente amigável, se tornava severo e até mesmo um pouco assustador; descrevia a si mesmo, adequadamente, como "o xerife". Um terceiro, que era um pouco impulsivo e assertivo em reuniões na faculdade, assumia uma seriedade moderada como "o sábio da aldeia". Cada um de nós revelou um lado oculto de sua personalidade enquanto se apresentava. Cada um extraiu, mesmo que

Introdução

inconscientemente, personagens conhecidos, que estavam dentro de nós mesmos, para fazer sua melhor ou mais confortável atuação.

Aquilo foi muito revelador. Aprendi que trazia comigo um exército de personagens para dar minha palestra: a enérgica, a apaixonada, a nervosa, a divertida, a vulnerável, a intelectual, a conhecedora, a séria, a articulada e a poderosa. Claro que nem todas foram de fato convidadas, mas fizeram suas aparições de alguma forma, e aparentemente o palco não foi grande o suficiente para nós. Não confiava em nenhuma delas, como pude perceber: eu temia que as mais fortes seriam inconvenientes e as mais fracas, lamentáveis. O resultado foi que todas estavam se enfrentando no palco, e a plateia podia ver.

Cada um de nós saiu da sala naquele dia com uma tarefa: preparar outra palestra de poucos minutos, desta vez se comprometendo a aparecer mais no personagem. Chegamos no segundo dia prontos para um desafio. Alguns assumiram riscos maiores que outros. O sábio da aldeia apareceu um pouco mais despenteado, com um jeito mais rústico de falar. O xerife usou botas de caubói e, de vez em quando, usava seus dedos como armas, com excelentes resultados. Não consigo me lembrar do que tentei fazer, o que também é revelador.

Mas o que realmente me lembro é que, ao contrário de alguns colegas, não consegui evitar a autocensura. Ao mesmo tempo, pude ver que, quando meus colegas conseguiam se libertar de serem eles mesmos e abraçar totalmente os papéis que estavam representando, suas atuações realmente se tornavam mais convincentes, envolventes e "verdadeiras". De alguma forma, atuar não fez com que parecessem menos "autênticos"; na verdade, os fez parecer mais reais.

✳

Sei que poder não é pessoal, pelo menos não da forma como imaginei no passado. Na vida, assim como no teatro, o poder vem dos papéis que representamos. Os atores, quando são bem-sucedidos, não deixam suas inseguranças os impedirem de ser quem precisam ser para fazerem seu trabalho. Para fazer bem qualquer trabalho, para ser a pessoa que você aspira ser, e para usar o poder de maneira eficaz (sentindo-se poderoso ou não), é preciso deixar de lado seu drama pessoal e aprender a representar seu papel na história de outra pessoa.

Posso me sentir insegura a meu respeito como "professora", mas isso é, de fato, quem sou. Para mim, atuar como professora não é "fingir"; é aceitar uma realidade social compartilhada e me comprometer em representar meu papel.

Nem sempre nos sentimos confortáveis com a ideia de detentores de poder. Entretanto, para usar bem o poder, precisamos trazer o nosso melhor nos momentos certos, enquanto ocultamos as partes mais inseguras e menos úteis. Ou, nas palavras da grande Judi Dench: "O truque é levar o trabalho a sério, mas não levar você a sério de maneira alguma."

Sendo Escalada como a Mulher Fatal

Em 2015, no primeiro dia de aula, me vi nos noticiários. Uma professora titular havia sido pega em um "triângulo amoroso" entre seu ex-marido e o reitor da Escola de Pós-Graduação em Administração, onde os três trabalhavam. A história teve muita repercussão. Repórteres do *New York Times*, do *Wall Street Journal* e da *Businessweek*, entre outros veículos de comunicação, tiveram acesso à correspondência pessoal (o tipo mais pessoal que se possa imaginar) entre o reitor e a professora, e ficavam ligando e pedindo comentários sobre a situação.

Introdução

Este não era um papel que eu aspirava representar. Eu era motivo de piada: uma especialista em poder e má conduta que, de acordo com os relatos iniciais, estava tendo "um caso secreto" com seu chefe. Não importavam os fatos: que éramos ambos solteiros, namorávamos há quase três anos e o relacionamento não era segredo. Ou que havíamos seguido a política da universidade, pensando que isso era o suficiente. O fato de eu estar envolvida com "O Reitor" mudava as coisas. A história de nosso relacionamento se tornou um drama, e fui escalada com mulher fatal.

Como perita em poder, você imagina que eu deveria ter previsto isso, e deveria saber como seria. Porém, antes de a história vir à tona, eu ainda tinha uma relação relativamente distante com o poder. Antes daquele dia eu havia experimentado o poder como um brinquedo em uma caixa de areia. Virava e empurrava-o para ver como funcionava. Durante toda a minha vida adulta eu achara o poder fascinante, mas não conseguia entender o que ele tinha a ver comigo.

O primeiro grande choque, quando as notícias apareceram, foi que alguém se importou. Na minha cabeça, éramos duas pessoas reservadas, recentemente solteiras e de meia-idade que tinham se encontrado e estavam tendo uma segunda chance no amor. Nosso mundo ficou muito pequeno. Passamos muito tempo nos preocupando sobre nossos filhos e como eles lidariam com nosso relacionamento. Não pensávamos que isso importaria para mais alguém, mas certamente estávamos enganados. Nosso mundo parecia pequeno, no entanto, o palco no qual estávamos não era.

A coisa da mulher fatal se esvaziou. Hoje sei que não sou uma caricatura. E sei que, embora não possa controlar como as outras pessoas me veem, o que elas dizem sobre mim não define quem sou. Hoje me vejo como um ator o faria: como uma pessoa que é mais complicada e mais real. Sou aquele personagem que dá o seu melhor, mas ainda assim comete erros; que cuida, mas também tem suas necessidades; que é confiante e também tem suas inseguranças; que é poderoso de algumas formas, mas inseguro em outras; e que leva suas responsabilidades a sério, porém desempenha seus papéis de forma imperfeita.

No teatro, ter uma atuação poderosa significa aceitar e se apropriar da verdade do significado do que é ser humano: ser forte e fraco, realizado e falível, poderoso e inseguro, tudo ao mesmo tempo. Na verdade, é o desafio que os atores profissionais enfrentam todas as vezes que representam um personagem. Para representar qualquer papel com autenticidade, um ator deve aceitar o personagem sem julgamento. E é assim para nós também. Ao aceitar que cada um de nós é todas essas coisas, ao aprender a valorizar todas essas verdades e mostrar todos os lados de nós mesmos quando apropriado, e ao lidar com nossos erros com graça e serenidade, nos tornamos mais resilientes, menos guiados pela vergonha e inferioridade, por fim, mais poderosos. Ironicamente, é onde a autenticidade aflora: não de tentar ser mais você mesmo, mas de aprender a se aceitar mais.

De minha parte, saí da fogueira de meu constrangimento público como uma pessoa muito mais forte. Testemunhei aquele olhar arrepiante e amedrontado nos olhos de estranhos quando percebiam que eu era a pessoa sobre a qual haviam lido. Minha resposta agora é focar a tentativa de deixá-los mais confortáveis. Pois ainda faço o que amo, tentando ser útil e desempenhando o papel que me define como pessoa. E sabe o que mais? Não tenho medo de mais nada. Mais do que qualquer coisa, é como sei que tenho todo o poder que preciso.

Nem sempre somos escalados para os papéis que desejamos ou para os quais nos sentimos preparados para atuar. Mas o show, como dizem, tem que continuar.

Introdução

Tornando-me Autora

Não sou a primeira escritora a estudar o poder. Como cultura, somos obcecados pelo poder — nosso próprio e o dos outros. Há muitos livros, e quase a mesma quantidade de perspectivas, sobre como obter mais poder. Mas, para mim, essa abordagem não foca o que é mais relevante. A implicação clara de toda minha pesquisa, e experiência, tanto pessoal quanto profissional, é que o sucesso, o impacto e a satisfação com a vida não são resultado de quanto poder você pode acumular, ou mesmo o quão poderoso os outros pensam que você é; são resultado do que é possível fazer pelos outros com o poder que você já tem.

Essa verdade é implícita no discurso atual sobre poder, e os resultados estão evidentes em todos os campos da vida social. Quando gastamos todo nosso tempo nos preocupando com o poder que não temos, pensamos em poder como um recurso para consumo pessoal e autovalorização. Definimos a aquisição de poder como um fim em si mesma. Aceitamos o mito de que todos precisamos de mais poder para alcançar os nossos objetivos na vida, e que o quanto de poder tivermos definirá nosso valor como seres humanos. Aceitamos que devemos lutar para alcançar a posição mais alta possível, custe o que custar, e levar vantagem em todas as circunstâncias. A visão tradicional sobre poder nos ensina que o segredo do sucesso é alcançar mais poder, o mais rápido possível, por quaisquer meios necessários, e que a pessoa com mais poder vence.

Essas premissas não estão somente erradas a maior parte do tempo. É muito pior do que isso. A ideia de que todos precisamos de mais poder joga com nossos piores medos sobre nós mesmos e alimenta nossos instintos mais destrutivos. Quando detentores de poder se sentem menos poderosos do que são, quando estão sem contato com sua realidade, quando temem ter menos poder do que têm, se tornam autoprotetores e incapazes de sentir generosidade. Todos sabemos que isso significa usar mal o poder; basta olhar as notícias: líderes mundiais que incitam o ódio, políticos corruptos, CEOs inescrupulosos, magnatas do entretenimento sexualmente agressivos, pais ricos que burlam o acesso de seus filhos no processo de admissão em universidades — e a lista continua. Pessoas que usam o poder que têm para lidar com seus próprios sentimentos de impotência estão sujeitas a se afastar de suas responsabilidades. É o que significa usar mal o poder.

O que é menos óbvio é o que significa usar bem o poder; isso é muito mais misterioso. O segredo, acredito, é que ao aceitar a realidade na maioria das vezes temos mais poder do que pensamos ter. Não é exagero. O poder existe em todos os papéis, em todos os relacionamentos; é um recurso que flui entre as pessoas que precisam umas das outras. E como os parceiros de um relacionamento, por definição, precisam um do outro e têm algo a oferecer, o poder quase nunca é absoluto. Isso significa que todos nós — independentemente de quem somos, quanto nos destacamos ou quão bem nos adequamos, e apesar de como nos sentimos — temos poder em virtude dos papéis que exercemos nas vidas dos outros. Para usar bem o poder, precisamos pensar nele de forma diferente. Precisamos aceitar a responsabilidade pelo poder que temos. Precisamos assumir nossos papéis e responsabilidades com mais seriedade. É por isso que escrevo este livro.

A noção de que temos mais poder do que pensamos é provavelmente desorientadora. A ideia de que os papéis e as responsabilidades que nos conectam aos outros podem ser uma fonte de poder, mais do que somente uma fonte de fraqueza ou restrição, soa quase antiamericano, mesmo para mim. E a sugestão de que buscar o primeiro lugar pode não ser a mais eficaz para alcançar a posição número 1 provavelmente soa bem errada. Mas a ciência social nos diz que todas essas coisas são verdadeiras. Não são somente as abordagens de autoeficácia, competitividade e lei do mais forte em relação

Introdução

à vida social que explicam quem alcança as posições mais altas nos grupos. Ao contrário, as pesquisas mostram que em muitas espécies os indivíduos são recompensados com status (respeito, admiração e frequentemente mais poder) por usarem quaisquer capacidades pelas quais tenham responsabilidade, por se tornarem úteis e resolverem problemas do grupo em vez de simplesmente se colocarem em primeiro lugar. Não há nada de errado em ter ambições pessoais ou querer proteger sua própria situação. Mas também podemos melhorar nossa própria posição em grupos ao cuidar, de forma autêntica, daqueles que têm menos poder que nós. É o que significa usar bem o poder.

Este livro procura corrigir os equívocos comuns sobre poder: o que é, como funciona e como afeta cada aspecto da vida social. Ele é embasado em mais de 20 anos de pesquisa científica sobre psicologia do poder e em minhas próprias experiências como professora e aluna em sala de aula e outros lugares. Baseia-se em várias perguntas, histórias e conhecimento de inúmeros alunos de MBA, executivos, empreendedores, acadêmicos, atores profissionais e líderes com quem conversei e aprendi sobre a verdadeira natureza do poder. E condensa as principais lições de um curso de MBA que iniciou como uma experiência peculiar e rapidamente se tornou um dos mais procurados da Escola de Administração de Stanford. O curso ensina que o poder verdadeiro e duradouro não vem da busca por prestígio pessoal ou conexão com pessoas poderosas. Vem de aprender a ver o poder e a liderança como oportunidades de se promover um enredo compartilhado.

Agindo com Poder é um livro sobre poder para qualquer pessoa que já se sentiu impotente, em uma posição de poder ou não. É para qualquer um que tenha se sentido apreensivo em assumir um papel maior e para todos que se sentiram presos em um papel menor. É para aqueles que querem atuar com confiança quando se sentirem inseguros ou para se apropriarem de um papel

Introdução

quando se sentirem como impostores. É para todos os que frequentemente exercem poder, mas sentem que poderiam fazer melhor.

É para quem busca usar o poder de um jeito diferente, ao mesmo tempo em que mantém a própria identidade — tanto os que lutam para agir e ser levados mais seriamente quanto os que se esforçam para recuar e ser menos intimidadores; é para aqueles que ouvem que são muito agressivos e os que dizem que são muito gentis.

É para as pessoas que querem entender porque alguns indivíduos abusam de seu poder e querem aprender a resistir, a sobreviver, ou melhor ainda, sair fortalecidos. É para pessoas que cometeram erros com seu poder no passado e aspiram a dominar suas fraquezas. E é para líderes que buscam criar culturas e ambientes onde o poder é usado de forma responsável e a intimidação, o assédio e outros abusos de poder são improváveis; onde as pessoas nos papéis de liderança são as certas, escolhidas pelos motivos certos e recompensadas pelas ações certas: pessoas que assumem seriamente a responsabilidade de serem um exemplo.

O livro é dividido em quatro partes. A Parte 1 expõe os mitos comuns sobre poder e mostra como o poder realmente funciona ou não. Define o que significa agir com poder e o que significa agir bem. Na Parte 2, mostramos por que os papéis são importantes nas vidas social e profissional, especialmente quando se trata de poder; como compreender o papel para o qual você foi escalado; e como representar melhor esse papel, sendo ele natural para você ou não. Veremos como os papéis do passado nos acompanham em novas situações e por que alguns de nós parecem saber usar o poder somente de um jeito. Para usar bem o poder, precisamos dominar tanto as abordagens "comando e controle" como "respeito e conexão". Também na Parte 2, veremos como expandir seu repertório: como ficar confortável com o comando quando seu instinto é se conectar, e respeitar quando seu instinto é controlar.

Introdução

A Parte 3 examina como lidar com as inseguranças — o que os atores chamam de ansiedade de atuação — que naturalmente surgem quando pisamos em um palco maior. Apresentaremos o desafio da transição de papéis, por que a habilidade de mudar de papéis é tão importante e como um ator pode abordar a internalização de um novo papel que não é familiar para evitar "perder a trama". E explicaremos como é possível assumir papéis com seriedade e continuar sendo você mesmo.

A Parte 4 aborda os abusos de poder, como agressão sexual e intimidação, e explica como acontecem (não é sempre pelas razões que você pensa). Apresentaremos como não ser escalado para o papel de vítima ou, inadvertidamente, de vilão; e como evitar prejudicar relacionamentos de formas que não queremos. Veremos como desempenhar um papel ativo nos acontecimentos que se desdobram ao nosso redor em vez de sermos somente expectadores. Por fim, apresentaremos como o poder pode ser usado no topo de uma organização para criar ambientes onde abusos de poder são menos comuns do que parecem ser.

Agindo com Poder é uma abordagem sobre ser poderoso, que coloca responsabilidade à frente da dominação e a maturidade à frente da autenticidade. É um livro sobre como usar melhor o poder, pensando menos sobre si mesmo e mantendo o foco em seu contexto. E se você for um pouco como eu ou as pessoas com quem trabalho, penso que achará que essa abordagem sobre a vida social pode mudar tudo: não somente seu conforto com a autoridade, a qualidade de seus relacionamentos, seu sucesso e impacto em todos os tipos de papéis, mas também o funcionamento de grupos dos quais você faz parte. Quando os indivíduos continuam focados em resultados coletivos, em melhorar o desempenho uns dos outros, isso cria uma segurança psicológica, melhora a agilidade e a flexibilidade, e minimiza as lutas por status e poder, de forma que a energia pode ser canalizada para objetivos coletivos. E, correndo o risco de parecer ambiciosa, acredito que mais pessoas agindo com poder podem beneficiar a sociedade inteira. Ao aprender como usar melhor o poder, e em uma escala maior, estamos mais bem equipados para prevenir os abusos de poder que podem tornar tóxicos todos os tipos de instituições sociais.

A maioria dos livros sobre poder abordam como vencer batalhas com outras pessoas. Este é sobre vencer batalhas com nós mesmos.

PARTE I

Quando a Cortina Se Levanta

1

A Verdade Sobre o Poder

O Que É, o Que Não É e Por que É Importante

Poder é um tema cativante. Não importa com quem eu esteja — mulheres ou homens, o 1% mais rico ou os outros 99%, gestores de ONGs ou empresários, empreendedores, média gerência ou executivos sênior —, todos se importam com o poder, e por uma boa razão: as pessoas em posições de poder controlam nossos destinos. O poder atrai e repele. Cria e destrói. Abre e fecha portas. Explica quem vai para a guerra, por que há paz e pelo que lutar. O poder dita como vivemos e sob quais leis, quem tem vantagem material ou não. Bertrand Russel disse que o poder é a força fundamental nas relações humanas. Como imortalizado no musical *Hamilton*, o poder determina quem vive, quem morre e quem conta sua história.

O interesse humano pelo poder tem raízes existenciais profundas. Psicólogos acreditam que nos importamos com o poder porque tememos morrer, e o poder promete um tipo de imortalidade. Pode parecer um pouco pesado, mas tem um sentido evolutivo. O poder vale como sobrevivência. Permite não somente maior acesso a recursos compartilhados e controle sobre o produto de nosso próprio trabalho como também maior conexão com os outros e um status elevado no clã. A psicologia humana evoluiu para dar suporte a essas realidades evolutivas. Com mais poder, acreditamos, podemos viver mais, melhor e até mesmo nos corações e nas mentes dos outros depois que não estivermos mais fisicamente presentes.

Buscamos poder frequentemente sem sabermos. E, por mais que odiemos admitir, disputas pelo poder estão por toda parte, mesmo em lugares onde pensamos que elas não existem. Não somente no trabalho, mas em casa, em nossos casamentos, com nossos irmãos, em nossos grupos de amigos e mais amplamente na sociedade, o poder é uma força organizadora central. Estamos lidando com diferenças de poder e negociando poder o tempo todo, mesmo quando pensamos que estamos fazendo outras coisas.

Quando você começa a prestar atenção, consegue ver essas disputas em todos os lugares. Mesmo em conversas amistosas sobre assuntos não ligados a poder — notícias, a hora de seus filhos adolescentes estarem em casa e até a que restaurante ir em uma noite a dois — estamos frequentemente negociando quem sabe mais, quem é mais bem relacionado, os interesses de quem são mais importantes, quem tomará a decisão, quem tem superioridade moral e quem estabelece as regras.

Muito já foi escrito sobre os poderosos (hábitos, estratégias e fraquezas) e muitos abordaram o estudo do poder com respeito e alguma combinação de medo, admiração e inveja. Essa abordagem de "culto da personalidade" parece sugerir que o poder é inerente à pessoa, alguém que tem uma combinação de charme superior e ambição desumana que a maioria de nós não tem. Isso implica que ser poderoso significa perseguir a autovalorização e a dominação mundial, às custas de tudo e de todos. Nós, que achamos anormal, ou mesmo de mau gosto, essa abordagem sobre a vida social, concluímos então que poder não cabe a nós. Nos afastamos. Cedemos o controle para sermos cordiais e nos distinguirmos dos vilões. De fato, entregamos nosso poder para as pessoas

A Verdade Sobre o Poder

erradas, pois não conseguimos nos ver poderosos e sendo uma boa pessoa ao mesmo tempo.

Quando comecei a estudar sobre poder, o próprio assunto me deixava constrangida. Como muitos de minha geração, que cresceram durante a época dos direitos civis, fui educada para me importar com a justiça social, reconhecer a injustiça na vida social e acreditar em direitos iguais para todos. Meus primeiros heróis foram Martin Luther King Jr., Bobby Kennedy e minha professora de inglês do ensino médio, que era uma feminista não tão declarada. Ser uma boa pessoa, eu pensava, significava rejeitar o poder em todas as suas formas.

Então, como pesquisadora, comecei a tirar um pouco do brilho do poder, levantar o véu e mostrar seu lado sombrio. Não foi difícil. Estudo após estudo, em todos os tipos de tarefas, constatamos que as pessoas que foram aleatoriamente designadas a nossas condições de "alto poder" eram mais impulsivas, tinham menos autopercepção e eram menos atentas às consequências de suas ações do que as designadas a condições de "baixo poder". Parecia, em uma primeira análise, que o poder podia revelar o vilão em qualquer pessoa.

Entretanto, à medida que a ciência evoluía e mais pesquisadores entravam na onda, o contexto ganhava mais nuances. Algumas vezes, quando eu e meus colegas colocávamos pessoas normais em posições de poder no laboratório, elas se tornavam mais egoístas e alheias às normas sociais. Em outras, era o contrário. O poder não transformava todos em monstros; na verdade, algumas vezes fazia aflorarem os instintos mais cooperativos e pró-sociais.

Em nossa cultura competitiva, é natural pensar sobre o poder como meio de crescimento pessoal. Mas o poder também é uma ferramenta que podemos usar para cuidar das pessoas com quem nos importamos. E isso, por si só, pode também ser uma fonte de aprimoramento pessoal. De fato, estudos descobriram que quando as pessoas assumem riscos pessoais ao se sacrificarem mais — às vezes trabalhando mais e, em alguns casos, investindo seus próprios recursos nos outros, com nenhuma expectativa de retorno — seu status nesses contextos aumenta.

Com o passar do tempo, o cenário ficou mais claro: o poder deixa as pessoas mais propensas a agirem com bons e maus instintos. Todos temos impulsos egoístas, mas também somos capazes de colocar o bem-estar dos outros em primeiro lugar. A verdade sobre o poder, acabei percebendo, é que ele não é inerentemente bom ou mau, ou que aqueles que têm poder são inerentemente superiores ou imperfeitos. Ao contrário, a forma como agimos com o poder depende do que está em nossas mentes quando as oportunidades de usá-lo se apresentam. No final, não é quanto poder temos, mas o que fazemos com ele que define quem somos e nosso impacto no mundo.

O Que É Poder?

O conceito de poder pode ser confuso. O que *é* poder, exatamente? É importante refletirmos um momento sobre esse ponto. Algumas pessoas ficam satisfeitas em conhecer o poder quando o veem. Mas, se você quer prever quem terá poder, por que e como, deve entender o que é ou não exatamente o poder. Como o psicólogo social Kurt Lewin citou muito bem: "Não há nada tão prático como uma boa teoria." Se você quer lidar de maneira eficaz com diferenças de poder, mudar o equilíbrio de poder ou simplesmente descobrir quanto poder você tem em uma situação em particular, precisa saber o que é poder e de onde ele vem.

O poder, por definição, é a capacidade de controlar outras pessoas e seus resultados. Assim, o poder vem do quanto os outros precisam de *você, em especial,* para acessarem recompensas valiosas e evitarem punições. Quando alguém precisa de você para essas coisas, você tem mais poder sobre a pessoa do que teria se outros também pudessem atender às necessidades dela. Quando outras pessoas precisam de você, elas se sentem motivadas a agradá-lo, e isso lhe dá controle.

Poder não é status. Status é uma medida de respeito e estima aos olhos dos outros. Poder e status estão relacionados, certamente, mas é possível ter poder sem ter status. Por exemplo, quando você está atrasado e alguém está saindo da única vaga de estacionamento disponível em vários quarteirões, a urgência de sua situação e a possibilidade dessa pessoa controlar o resultado — ela poderia fazer você esperar enquanto atende a uma chamada telefônica — dá poder a ela, quer ela perceba, quer não. Quando tem status, você normalmente tem poder, pois as pessoas querem estar associadas a você.

Poder também não é autoridade. Mas também estão relacionados. Autoridade é o direito de dizer aos outros o que fazer, com base em uma posição ou título formal. Assim, autoridade e poder se reforçam mutuamente, porém é possível haver poder sem autoridade formal (como no exemplo do motorista saindo da vaga de estacionamento). Também é possível ter autoridade formal e nenhum poder real: por exemplo, quando o administrador de uma universidade deve aprovar ou negar pedidos de fundos adicionais para pesquisas e viagens, mas não tem controle direto sobre o orçamento.

Poder e influência também são diferentes. Influência é *o efeito do* poder. Alguns preferem a ideia de ter influência ao invés de poder, pois ter influência implicaria que você não precisa usar a força. Mas é uma distinção falsa. Quando você pode forçar alguém, na verdade, quase nunca tem que usar a força.

Em resumo, poder é a capacidade de controle social. Essa parte é bem simples, mas é também a ponta do iceberg. Para usar o poder com eficiência, também precisamos entender como ele funciona. Nossas crenças e premissas sobre as regras do poder afetam como o usamos, e muito do que pensamos sobre as regras está simplesmente errado. Para usarmos melhor o poder, precisamos começar a pensar sobre ele de maneira diferente. Precisamos começar a olhar o poder em outros campos onde ele existe, em relacionamentos, grupos, organizações e comunidades. Poder não é um atributo nem um patrimônio pessoal. É um papel que você representa na história de outra pessoa.

Por que o Poder Não É Pessoal

Mito: Poder é pessoal; você tem ou não tem.
Realidade: Poder é social; ele vive e morre em um contexto.

Em nossa cultura de individualismo, pensamos que poder, como tudo o mais, é pessoal. Nós o tratamos como atributo individual, um patrimônio a adquirir ou acumular. No entanto, se observar cuidadosamente o poder, você verá que estamos perdendo a perspectiva maior.

Poder não é um aspecto do indivíduo; não pode ser possuído por uma pessoa. Riqueza, fama, carisma, boa aparência, ambição e autoconfiança são qualidades pessoais que equivalem a ter poder. Mas são meramente *fontes* potenciais de poder. Podem também ser consequências do poder, porém nenhuma dessas qualidades garante influência sobre outras pessoas.

O que torna uma pessoa poderosa, o que faz com que os outros queiram atender a sua vontade, é o grau em que ela é necessária. O poder de qualquer pessoa depende inteiramente do contexto no qual o poder está sendo negociado. O poder vive e morre em relacionamentos, metas e objetivos, em definições e papéis sociais. Por exemplo, autoconfiança não é uma fonte de vantagem em um contexto onde todos são autoconfiantes, nem a boa aparência confere o mesmo tipo de vantagem social entre as outras pessoas bonitas, como nos contextos onde alguém é a pessoa mais atraente no ambiente. E qualidades como riqueza, ambição e fama também são completamente relativas. A ideia de que poder está ligado a um conjunto fixo de características ou traços é um equívoco fundamental e levou a muitas crenças sobre poder que simplesmente não são verdadeiras.

O poder não é permanente. Ele não existe em quantidades fixas. Pelo contrário, é resultado de um acordo entre pessoas sobre quem tem controle na relação, sobre o que e quando, baseado em quem precisa mais de quem em um dado momento. E isso significa que você não pode sempre levar o poder com você de um cenário para outro. Um CEO que tem poder em uma reunião com seus subordinados diretos, por exemplo, não tem necessariamente poder em uma reunião com sua diretoria ou à mesa de jantar com seus filhos adolescentes.

Outra forma em que o poder pode ser efêmero é que ele corresponde a quem agrega mais valor em um contexto particular — uma fonte específica de conhecimento ou habilidade é mais poderosa do que uma fonte excedente de conhecimento ou habilidade. E poder corresponde à força de seus aliados e de suas opiniões, no contexto de uma relação específica. Uma pessoa sem aliados nem alternativas é menos poderosa do que uma com exatamente o mesmo conjunto de competências e habilidades que tenha relações fortes e comprometidas com pessoas que possam abrir portas.

Poder é parte de um contrato social. As pessoas têm poder até o ponto em que outras consintam em ser controladas. Quando indivíduos poderosos violam os termos dos acordos implícitos que lhes dão poder, eles raramente ficam no poder por muito tempo. Pessoas saem de casamentos abusivos e filhos crescem e deixam seus pais. O chefe que maltrata frequentemente seus funcionários uma hora pode ser demitido e o ditador brutal que incita muitas afrontas morais pode provocar uma revolução. O equilíbrio de poder, em outras palavras, pode mudar.

É fácil ver como uma pessoa pode ser, em um minuto, a mais poderosa em um contexto e totalmente sem poder em outro. Um atleta pode ser poderoso na seletiva após ajudar seu time a ganhar o campeonato, mas incapaz depois de lesionar o joelho durante os treinos da pré-temporada. Um político com alta taxa de aprovação pode ser poderoso enquanto está no escritório, mas impotente depois que é flagrado desviando dinheiro público e obrigado a se demitir. E, apesar de quase passar despercebido nesse ponto, um magnata do entretenimento que se beneficia de seu poder para obter favores sexuais de atrizes iniciantes não será mais poderoso quando atores, diretores ou investidores não trabalharem mais com ele.

Poder não é um sentimento. Sentir-se empoderado ou impotente é uma coisa, contudo, quando se trata de avaliar nosso próprio poder, ficamos muitas vezes sem referência. Da mesma forma que se sentir poderoso não significa que você tem poder, sentir-se impotente não significa que não tem nenhum poder. Quando deixamos nossos sentimentos guiarem nossas ações, as coisas raramente saem como o planejado.

É verdade que superestimar nosso poder pode, às vezes, ter benefícios de curto prazo, especialmente quando outros também se beneficiam de nossas ações ousadas. E subestimar nosso próprio poder pode parecer uma marca de humildade ou modéstia, ambos traços geralmente desejáveis. Mas, de fato, é bem melhor conseguir enxergar a realidade de nossas circunstâncias pelo que ela é. Errar em avaliar que outros têm posição superior à nossa é fonte de muitas gafes. E falhar em internalizar nosso próprio poder sobre os outros também pode ter sérias consequências. Má conduta sexual no trabalho, por exemplo, é em parte atribuída à tendência de muitos chefes subestimarem o impacto de seu poder sobre seus subordinados. Como uma executiva de RH de uma grande empresa de telecomunicações revelou uma vez, quando confrontados com as reclamações de mulheres subordinadas, muitos executivos homens ficavam chocados. "Qual é o problema?", perguntam. "Ela é maior de idade e poderia ter dito não." No entanto, isso deturpa a realidade da relação dos subordinados com aqueles que estão no comando. Ao negar a realidade das diferenças de poder, cria-se uma situação injusta e potencialmente perigosa para todos.

Poder não é um direito. Ao contrário do que algumas pessoas poderosas possam acreditar, ocupar uma posição de poder não dá automaticamente direito a respeito ou controle social. Quando o poder é mal utilizado — como para burlar o sistema do qual emanou ou para obter ganho pessoal sem considerar o bem-estar do grupo —, os detentores de poder perdem status e legitimidade, e em algum grau a capacidade de controlar os resultados dos outros. Isso acontece todo o tempo em países onde um regime decadente e frequentemente corrupto luta para manter o poder contra o desejo de uma população insatisfeita. Sem status, detentores de poder ilegítimos acabam lançando mão de perseguição, intimidação e uso da força para manter sua condição de controle. No geral, quanto mais alguém tem que mostrar que é poderoso, provavelmente menos poder essa pessoa realmente tem.

Poder não se trata (somente) de aparências. Mas a forma como nos comportamos pode fazer a diferença. Assim como temos um julgamento terrível sobre nosso próprio poder, somos facilmente enganados sobre o quanto os outros são poderosos. Isso acontece, em parte, porque o poder não é diretamente observável; ele tem propriedades ocultas. Tendemos a ver o poder mais em certos tipos de pessoas do que em outros, e assumir que esses tipos são mais adequados para papéis poderosos. No entanto, quando tentamos inferir quem tem poder com base em aparências, é fácil cometer um erro.

Por exemplo, um candidato a um emprego com temperamento gentil, mas com uma oferta de trabalho melhor, é mais poderoso do que um candidato superconfiante, mas sem opções concretas. Um funcionário iniciante com boas relações com pessoas poderosas na empresa pode ser mais poderoso do que colegas de trabalho em posições de nível mais alto ou que estejam lá há mais tempo. Uma assistente administrativa que controla o acesso à agenda do CEO pode ser a pessoa mais poderosa na organização (como muitos já aprenderam da forma mais difícil). Conhecimento é, quase sempre, fonte de poder e você não consegue dizer diretamente o que, ou quem, as outras pessoas conhecem.

As aparências físicas podem indicar poder — por meio do uso de uma linguagem corporal dominante, por exemplo —, porém isso também pode ser ilusório. Animais demonstram agressividade quando se sentem ameaçados: ou seja, não quando têm certeza de que podem vencer, mas quando temem perder. E há alguma verdade no que dizem sobre pessoas que dirigem carros velozes e caros, desfilam por aí com arrogância, falam muito ou riem mais alto do que todo mundo, que ostentam riqueza ou status; frequentemente estão compensando o sentimento de que não são poderosos o suficiente de alguma outra forma. Na verdade, a pessoa mais importante em um ambiente é, muitas vezes, aquela que tenta parecer modesta, para evitar intimidar os outros ou atrair uma atenção indesejada.

Você pode se sentir mais poderoso depois de se olhar no espelho e pode, às vezes, vencer uma disputa de poder por meio de blefe, mas o que realmente importa no fim das contas é a verdade, ou seja, as realidades compartilhadas do contexto no qual você está operando.

Por que o Poder Não Precisa Ser Hostil

Mito: Poder tem a ver com controle.
Realidade: Poder tem a ver com controle e conexão.

O uso do poder é frequentemente associado ao domínio e à coerção, ou à ideia de forçar pessoas a fazerem coisas contra suas vontades por medo. Contudo, o poder não é somente a capacidade de ameaçar os outros com o uso da força. É uma fonte de influência social que pode ser exercida, adquirida e aplicada de formas muito menos agressivas. E, apesar de sua reputação em alguns círculos, o poder não só prejudica o bom relacionamento entre as pessoas, ele também pode alinhar pessoas e uni-las.

Não somente as pessoas menos poderosas são atraídas pelas mais poderosas, mas as mais poderosas também são frequentemente atraídas pelas menos poderosas; pesquisas sobre o "princípio da complementariedade" mostram isso claramente. Dessa forma, diferenças de poder são uma força de atração; elas fornecem uma estrutura para a coordenação e a conexão que cria e fortalece as relações. Relações hierárquicas podem possibilitar a pessoas que trabalham juntas alcançar objetivos compartilhados de forma eficiente, porque não precisam disputar o controle. Assim, tentar usar o poder sem conexão pode ser um desperdício de energia. Como um executivo experiente que conheço gosta de dizer: "Se você está liderando e ninguém está seguindo, você está somente dando uma volta."

De acordo com David McClelland, falecido psicólogo de Harvard, um especialista em poder e motivação humana, a maioria dos profissionais adultos descreve suas próprias dificuldades com poder como um desejo de ser mais assertivos. Entretanto, o que frequentemente falhamos em perceber é que a capacidade de demonstrar respeito e até mesmo submissão também pode ser uma fonte de poder. Respeito é tratar a outra pessoa de forma que elas reconheçam que sua competência e experiências são, pelo menos, tão importantes quanto as suas. Isso não significa que você tem menos poder do que a pessoa a quem está se dirigindo com respeito. Significa que não pretende usar o poder que tem contra seu parceiro na relação. O respeito desarma, sinaliza uma ausência de ameaça e cria as bases para confiança que permitem que uma relação se forme.

Obtemos status — respeito, estima e posições sociais mais elevadas em grupos — fazendo coisas que ajudam o grupo a funcionar e seguir em frente. Quando bem utilizada, uma abordagem respeitosa do uso do poder pode ser uma fonte de status (e mais poder no fim das contas), pois é percebida como generosa: pode ajudar a aumentar a qualidade das decisões do grupo, pode fazer os outros sentirem-se valorizados e é importante para conquistar a confiança do outro.

Em 1990, o cientista político Joseph Nye introduziu os conceitos de *hard power* e *soft power* no mundo das relações internacionais. *Hard power*, da forma como ele definiu, inclui intimidação, intervenções militares e diplomacia coercitiva, incluindo o uso de sanções econômicas. *Soft power* é mais como charme, negociação e uso de quase todas as outras ferramentas diplomáticas que um país tem à disposição para alinhar os interesses de outras nações com os seus próprios. Por décadas,

A Verdade Sobre o Poder

argumentou Nye, os norte-americanos dependeram muito do *hard power* e isso prejudicou os interesses nacionais dos EUA. Ao mesmo tempo, a China, cuja grande ofensiva de charme construiu alianças que levaram à ascensão pacífica de um país que lutou muito tempo por isso, foi um exemplo brilhante de como o *soft power* pode ser usado junto com outras táticas. Seus líderes potencializaram o *soft power* da diplomacia, assim como construíram pontes culturais e fizeram parcerias comerciais para alcançarem uma posição de vantagem estratégica.

Nye cunhou o termo *smart power* para descrever uma abordagem de política internacional que une o *hard* e o *soft power*, usando ambos em conjunto para abordar circunstâncias diferentes. O *smart power*, ele argumentava, devia levar em conta não somente a dimensão do arsenal bélico ou a predisposição a usar força bruta, mas também uma compreensão profunda da outra parte, seus interesses e o que seria um resultado ideal. Também requer um entendimento do contexto de um conflito para assim determinar que ações tomar, que ferramentas utilizar, e como e quando utilizá-las.

Isso soa muito certo, mesmo no nível interpessoal. Não que ser controlador signifique ser mais forte, e ser respeitoso ser mais fraco. Cada uma dessas abordagens pode ser poderosa. Para agir com poder, cada um de nós precisa de um arsenal completo, um domínio de ambas as "armas" e a necessidade de sermos capazes de analisar as situações que estamos enfrentando com um olho no que é mais provável dar certo, não somente em termos de quão fortes ou fracos isso possa nos fazer parecer e sentir, mas em termos dos resultados além de nós mesmos que quase sempre importam muito mais.

Poder é a capacidade de controlar outras pessoas para nossos propósitos particulares, é uma forma de pensar. Porém, poder também é a capacidade de fazer uma diferença positiva na vida do outro. Para usar bem o poder, muitas vezes precisamos fazer as duas coisas.

Quem Consegue Ter Poder?

Mito: O poder vem com status ou autoridade.
Realidade: Todos temos mais poder do que percebemos.

Tendemos a ver o poder nos outros, mais do que em nós mesmos. Mas o poder existe em todas as relações, não somente nas vidas de ricos e famosos. Relações têm a ver com pessoas que dependem umas das outras, por definição. Assim, não importa o quão pequeno, insignificante ou sem poder você se sinta, e não importa o papel desempenhado, outras pessoas dependem de você, de uma forma ou de outra. Considere a relação entre pais e filhos como exemplo. Intuitivamente, parece óbvio que os pais "estão em um nível superior" em relação a seus filhos. Os pais têm mais autoridade, isso é, o direito de dizer a seus filhos o que fazer. Mas a maioria dos pais também quer que seus filhos os amem, respeitem e validem sua competência como pais. É assim que nós, pais, ficamos presos nas mãozinhas de nossos filhos. Usar bem o poder como pai/mãe, em outras palavras, depende muito menos de autoridade em si e bem mais do quão bem podemos mostrar a nossos filhos que suas necessidades e inseguranças importam mais que as nossas, enquanto tentamos exercer autoridade. O mesmo ocorre em qualquer outro contexto ou relacionamento no qual as diferenças de poder são importantes.

Também temos poder no trabalho, independentemente do tempo de serviço, título formal ou posição, mesmo que a sensação nem sempre seja essa. Claro que nossos chefes têm mais poder do que nós, de certa forma. Eles podem nos contratar e demitir, e até mesmo impulsionar ou arruinar nossas carreiras.

Ainda assim, os subordinados também têm poder, à medida que são úteis. Se um subordinado é dedicado, competente e comprometido, o chefe, de forma geral, quer mantê-lo satisfeito. Isso também depende do contexto: em uma economia em que o trabalho é escasso e os funcionários podem sair facilmente de um emprego e encontrar um melhor em outro lugar, por exemplo, o chefe tem algum poder, mas um funcionário indispensável pode, teoricamente, ter mais. Uma funcionária valiosa, com uma especialidade pouco comum e boas alternativas tem vantagem; ela pode conseguir o que quiser. Para ter poder em uma relação em especial, ser necessário ajuda; temos que nos fazer úteis para os outros.

Por que as Diferenças de Gênero Importam, Mas Não Como Você Pensa

Mito: Homens e mulheres abordam o poder de forma diferente.

Realidade: Há somente pequenas diferenças em como homens e mulheres abordam o poder, mas elas têm grandes efeitos.

É amplamente assumido que, quando se trata de poder, homens e mulheres diferem em todas as formas imagináveis. É geralmente verdade que os homens ainda têm mais poder que as mulheres na sociedade, mas isso não significa que os homens se importam mais com o poder do que as mulheres. Na verdade, de acordo com um programa de pesquisa conduzido pelo psicólogo David Winter, a necessidade pelo poder, chamada algumas vezes de motivação pelo poder, não é maior em homens do que em mulheres. Embora haja estudos demonstrando que as mulheres *relatam* ser menos interessadas em poder do que os homens, esse é um fenômeno diferente. Em nossa cultura, papéis de gênero ditam que homens devem se importar mais com o poder do que as mulheres. Então, quando homens se mostram interessados no poder, parecem estar fazendo o que devem fazer. Mulheres que se comportam como se estivessem interessadas no poder tendem a ser julgadas negativamente e com suspeita. Portanto, muitas vezes as mulheres relutam em mostrar que estão interessadas no poder, enquanto os homens que não se interessam tanto são relutantes em relatar que outras coisas são mais importantes para eles. Ambos, homens e mulheres, se importam em ter poder. Mas seu interesse é expresso de maneiras diferentes.

Por exemplo, homens tendem a apoiar mais as diferenças hierárquicas; acreditam que alguns grupos deveriam ter mais poder que outros na sociedade, enquanto mulheres tendem a apoiar mais crenças igualitárias sobre grupos e sociedade. Uma forma de compreender essas diferenças de gênero é que as mulheres estão mais interessadas em evitar que outras pessoas tenham poder sobre elas do que em se elevarem sobre os outros. Coerente com essas crenças, as mulheres líderes tendem a usar o poder de formas ligeiramente mais democráticas que os homens, que tendem a ser um pouco mais autoritários como líderes. Essa diferença é estatisticamente confiável; entretanto, a diferença, em média, nem é tão grande como tendemos a acreditar. Homens são fisicamente mais agressivos que mulheres, mas mulheres têm outras formas de ser dominantes e controladoras. Em resumo, tanto homens quanto mulheres em papéis de liderança usam, e devem usar, uma combinação de estilos dogmáticos e participativos.

Pelo fato de vermos mais homens do que mulheres em papéis de muito poder, você pode pensar que os homens são mais eficazes com poder do que as mulheres. Isso também é um mito. É verdade que os homens normalmente têm a preferência em relação às mulheres quando se escolhe quem será contratado ou promovido. Contudo, uma vez no papel, estudos mostram que as mulheres são frequentemente percebidas como mais eficientes que seus colegas homens. Se você observar as avaliações de desempenho 360° em vários setores, as mulheres raramente são percebidas como menos eficazes que os homens em posições de muito poder, e com frequência elas recebem notas maiores sobre eficácia em papéis de liderança do que os homens. Uma grande meta-análise mostrou que, de fato, as notas de eficácia foram maiores para líderes mulheres em quase todos os contextos, com duas exceções: líderes homens receberam notas mais altas de desempenho em setores dominados por homens, como finanças e Forças Armadas (onde, presumivelmente, abordagens mais agressivas ou pragmáticas do uso do poder são normativas e valorizadas), e, como muitas mulheres poderiam supor, líderes homens receberam notas de autoavaliação mais altas do que mulheres.

Para que, de Fato, Serve o Poder

Mito: Mais poder leva a mais sucesso e mais satisfação.
Realidade: Não é quanto poder que você tem, mas como o usa que
importa.

Em nossa cultura de individualismo tendemos a pensar sobre poder como uma ferramenta para nosso próprio crescimento pessoal e um recurso para nosso consumo pessoal. Mas, se olharmos um pouco mais de perto e analisarmos por um momento, poderemos ver que as diferenças de poder surgem em grupos sociais como famílias, organizações e comunidades para ajudar a resolver problemas do grupo, não problemas individuais. Nos seres humanos, e em outros animais, o alfa tem poder por causa dos riscos que ele deve estar disposto a aceitar para proteger o restante do bando. Membros do grupo que são subordinados servem aos superiores em troca dos direitos de pertencer e de proteção, e dos cuidados com os recursos que os outros obtiveram.

É natural, e até mesmo saudável, cuidarmos de nós mesmos, e nos perguntarmos: "O que eu ganho com isso?" No entanto, quando se trata de ter ou exercer poder, esse não é o melhor ponto de partida. Buscamos poder na medida em que nos sentimos impotentes. Mas ter de fato poder, não importa o quanto, tem pouco efeito em aliviar os sentimentos de impotência. A sensação de impotência que permeia nossas vidas não se trata de poder em si. É um artefato da infância, um instinto de sobrevivência e uma resposta ao fato de que não estaremos aqui para sempre. Nesse sentido específico, na verdade, somos totalmente impotentes. O melhor que podemos fazer é nos adaptarmos a essa realidade e focarmos fazer uma diferença para os outros durante o tempo que temos. De certo modo, essa mudança de mentalidade acontece naturalmente à medida que envelhecemos. Com a sabedoria, a experiência de vida, e o aumento da consciência de nossa mortalidade, começamos a focar mais as gerações futuras e o que podemos fazer para ajudá-las a prosperar. Conquistamos coisas e passamos a refletir sobre significado e propósito. Começamos a nos preocupar menos com nosso próprio sucesso e felicidade, e mais com o sucesso e a felicidade das gerações futuras.

Por que esperar? Felizmente, todos podemos adquirir essa sabedoria e maturidade, em qualquer idade, simplesmente ao aprender como pensar de forma diferente sobre o propósito do poder em nossas vidas e no mundo.

PARTE II

As Duas Faces do Poder

2

A Arte e a Ciência de Enfatizar o Poder

Zhu Rongji, que foi o 5º primeiro-ministro da República Popular da China de 1998 a 2003, ocupou o posto mais alto em uma das nações mais poderosas do mundo. Como primeiro-ministro, Zhu rompeu com a tradição do partido comunista, pela qual os oficiais do governo da China eram conhecidos. Ele levou a economia da China para a arena global, desmembrando algumas das empresas estatais do país e conduzindo a entrada da China na Organização Mundial do Comércio. De acordo com a rede de notícias BBC, "ele tinha a reputação de fazer as coisas acontecerem".

Depois de deixar seu cargo, Zhu decidiu que a China precisava de uma escola de negócios e que ele construiria uma. Para tanto, ele escolheu sua alma mater, a Universidade Tsinghua. Notando que todas as melhores escolas de negócios do mundo tinham conselhos consultivos notáveis, ele mirou alto e — como uma evidência de seu poder — trouxe um grupo grande e incrivelmente distinto, incluindo os CEOs do Walmart, Apple, Facebook e Alibaba, assim como os reitores titulares de Harvard, Wharton, Stanford e MIT.

Em 2016, Zhu organizou uma reunião de conselho em um local de veraneio luxuoso e formal fora de Pequim. Só para entrar, os convidados tinham que passar por jardins impecavelmente tratados e corredores com teto alto, para então alcançarem uma longa fila de recepção no fim da qual Zhu os aguardava, com um intérprete ao seu lado. Era impossível não se sentir pequeno nesse ambiente. Mas, assim que os participantes o encontravam, Zhu era cordial, paciente e atencioso, cumprimentando e falando brevemente com cada um dos mais de 40 participantes individualmente. O entorno suntuoso chamava atenção para o poder e o status de Zhu. Mas sua atenção quando encontrava cada um de seus convidados mostrava respeito pelo poder e status *deles*.

A reunião em si aconteceu em um salão de festas pomposo, que foi teatralmente montado para essa finalidade. Os participantes se sentaram em um semicírculo com várias fileiras, com os membros do conselho em um lado e os dignitários chineses do outro. Quando todos haviam se sentado, Zhu entrou devagar e seguiu com cuidado em direção a uma poltrona grande e ligeiramente elevada à frente da sala. Levou algum tempo para subir, se sentar e se acomodar.

Um por um, os participantes se apresentaram. Os líderes de negócios, administradores de universidades e dignitários políticos mais poderosos do mundo tiveram uma chance de causar boa impressão. Muitos haviam encontrado tempo em suas agendas ocupadas para dar meia volta ao mundo para essa reunião de conselho. Apesar disso, não se viam demonstrações arrogantes de poder. Cada um dos participantes disse cuidadosamente seu nome e suas afiliações institucionais, como se ninguém soubesse quem eram. E continuaram: muito satisfeitos de estarem ali, honrados e gratos, não poupando expressões de respeito e deferência, um após o outro.

A Arte e a Ciência de Enfatizar o Poder

A atmosfera era muito formal, mas Zhu parecia completamente relaxado, como se estivesse apreciando o show no qual ele era a estrela. O participante que me contou essa história observou que "ele estava tão tranquilo e seguro enquanto isso acontecia que, se tivesse fechado seus olhos, daria a impressão de que estava meditando. Ou tirando um cochilo". À medida que a reunião acontecia, Zhu brincava gentilmente sobre acontecimentos recentes em empresas específicas. Ele saudou seus conselheiros, chamando-os de "bons amigos". E disse que "gostaria de dar as boas-vindas aos novos membros", escolhendo dois: Muhtar Kent, o CEO da Coca-Cola, e Indra Nooyi, a CEO da PepsiCo., que de forma bem inusitada estavam lá, na mesma sala.

"Antes da reunião", Zhu disse calmamente, dando tempo para a tradução, "perguntei à minha equipe qual era a preferência. Coca ou Pepsi?" Todos na sala ficaram parados. Zhu olhou ao redor, fez uma pausa de efeito e sorriu. "Parece", ele disse, "que alguns gostam de Coca e outros gostam de Pepsi". Os participantes expiraram e riram timidamente. Mas Zhu não havia terminado. "Eu mesmo", disse, valorizando o momento, "gosto das duas!". As risadas foram mais sinceras desta vez. Ele levou sua cabeça para trás e riu também.

A piada sobre "Coca ou Pepsi" é uma obra de arte. Não somente acalmou a tensão que ele havia causado ao trazer concorrentes de negócios para a mesma sala, mas também reafirmou aos CEOs que eles eram iguais em seu coração e ele pretendia ser justo. Queria dizer: *Somos amigos e estamos nisto juntos*. Ao mesmo tempo, os lembrava, e aos outros, de que ele tinha poder para apoiar ou neutralizar qualquer um deles na China.

Zhu era um ator poderoso, em todo o sentido da palavra. Ele tinha status, baseado em sua reputação como ex-primeiro-ministro da China. Ele tinha poder, em razão de sua habilidade de controlar o acesso a oportunidades de negócio em uma das maiores e mais crescentes economias do mundo. Ele tinha autoridade — era a primeira reunião de seu conselho, em seu próprio território. E seu poder era reforçado pela forma como representava seu papel.

Zhu enfatizou seu poder de algumas formas; nunca deixou ninguém se esquecer de quem estava no comando. Mas ele, algumas vezes, amenizava seu poder, ao mostrar respeito e deferência aos que estavam à sua volta. Ele estava no controle. E, ainda assim, escolheu se conectar. Usou seu poder para trazer os outros para mais perto, não para afastá-los. Para criar vínculos com outras pessoas, não somente colocá-las umas contra as outras. Para criar um sentimento de segurança, não jogar com as inseguranças delas.

O poder tem duas faces, não importa quem você seja. Você pode enfatizá-lo, mostrá-lo e lembrar aos outros quem tem uma posição de destaque. E você pode amenizá-lo e lembrar aos outros o quão importantes eles são. A maioria de nós tende a mostrar primeiro uma dessas faces, e a confiar nela um pouco demais. Para usar bem o poder, é preciso estar confortável em mostrar ambas.

Representando Altivez

Uma das primeiras coisas que notei quando comecei a trabalhar com atores é que a maioria das pessoas, quando pensa em "atuar" com poder, passa a maior parte do tempo se preocupando sobre o que dizer. Os atores, por outro lado, recebem suas falas prontas, o que significa que podem passar mais tempo pensando sobre a ação física. E, quando se trata de usar o poder, podemos aprender muito ao prestar atenção não somente às palavras, mas também a *como* representamos nossas falas.

Atuar como profissão é uma arte, e enfatizar o poder no palco é um meio de expressão artística. Atores aprendem a representar ênfase e a amenizar o poder como parte fundamental de sua capacitação profissional. Keith Johnstone, diretor de teatro inglês e pioneiro do teatro de improviso, ressalta o que ele chama de *status play* [representação de status, em tradução livre] como sendo um fundamento crítico para qualquer relação entre dois personagens. Para um ator,

A Arte e a Ciência de Enfatizar o Poder

dominar esses repertórios de comportamento é necessário para ocupar de forma convincente as circunstâncias que vêm (e vão) com os papéis representados.

Johnstone usa o termo *playing high* [representando altivez, em tradução livre] para descrever o que um ator faz fisicamente para tentar vencer uma luta por status. Ninguém faz nada no palco com base em hábitos ou com o que "se pareça comigo". A escolha para representar altivez é estratégica. Ela faz sentido sempre que o ator, em um papel, quer afirmar mais status, forçar mais respeito ou atrair mais reconhecimento, não da plateia, mas dos outros atores em cena. Quando um ator representa altivez, é uma aposta por mais status e poder.

Representar altivez, de acordo com Johnstone, é fazer coisas para se elevar em relação aos outros — ao citar nomes, alegar especialidade ou forçar uma posição; ou diminuir outros em relação a si — ao criticar ou julgar, discordar, zombar ou ignorar alguém. É fácil cometer o erro de supor que representar altivez sempre funciona como o pretendido. Mas Johnstone observa, de forma astuta, que os personagens representam altivez tanto no teatro como na vida, não porque sejam mais poderosos que os outros e saibam disso, mas porque, não importa a realidade, não têm certeza se são respeitados ou poderosos o suficiente. Representar altivez, de acordo com Johnstone, não significa necessariamente se impor aos outros — é a expressão de uma necessidade ou aspiração, e uma tentativa de indicar uma reivindicação. A mensagem que enviamos quando representamos altivez, tanto na vida como no palco, de acordo com Johnstone, é: *Não se aproxime de mim, eu mordo.*

No teatro, como na vida, representar altivez é uma estratégia que funciona em algumas situações, contudo, não em outras. Dependendo de como é feita e, o mais importante, quando é feita, pode comunicar agressão, arrogância, desinteresse e soberba, ou pode sinalizar competência, dignidade, compostura e até mesmo generosidade. Não deve ser uma forma de aparecer em todos os lugares, não importando o que mais estiver acontecendo. Você pode fazer isso, mas parecerá caricato.

O Chamado Selvagem

As observações de Johnstone sobre como "representamos altivez" mostram perspicácia científica, e muito do que ele ensina pode ser validado cientificamente. Demonstrações de expansividade, como se abrir, movimentar os braços, abrir amplamente a boca e mostrar os dentes, são todas associadas ao que os cientistas chamam de *comportamento de dominância,* que se refere às formas como todos os tipos de animais mostram que pretendem usar a força, se necessário, para vencer uma luta.

No clássico romance de Jack London *O Chamado Selvagem,* Buck, um cão mestiço de São Bernardo com Pastor Escocês, é roubado de seu dono na Califórnia e vendido em Klondike como cão de trenó. Para sobreviver nesse seu novo mundo cão (literalmente), Buck tem que redescobrir seus instintos animais mais básicos. A paisagem mudou de um ambiente civilizado, no qual a melhor forma para ele conseguir o que precisava era ser amigável e cooperativo — onde fazia sentido amenizar seu poder —, para uma arena competitiva, na qual para conseguir o que precisava ele deveria dormir com um olho aberto, mostrar os dentes e inclusive lutar até a morte.

Na vida selvagem, a maioria dos animais (incluindo os humanos) vive em grupos. Para ser aceito e maximizar as chances de sobrevivência, é preciso descobrir como ficar em segurança e, em segundo lugar, como se elevar no bando. Algumas vezes devem demonstrar respeito e, em outras, mostrar dominância, à medida que lutam por uma posição enquanto tentam alcançar esses objetivos.

Para mostrar dominância, um animal coloca-se em posição de defesa, encara seu oponente diretamente e faz contato visual direto para mostrar prontidão para a abordagem. Ao representar demonstração de dominância, os animais, de forma muito parecida com os humanos, literalmente se estufam;

A Arte e a Ciência de Enfatizar o Poder 45

em algumas espécies, eriçam os pelos das costas ou do pescoço; em outras, se levantam sobre as patas de trás. Eles se expandem corporalmente e aumentam sua presença física. Eles mostram suas armas, não somente seus dentes, mas também suas garras e massa física. Como os humanos, eles ocupam espaço para mostrar o poder que têm.

Pensar sobre esse jeito de se colocar, também para os humanos, causa desconforto em algumas pessoas. No entanto, temos que aceitar o fato de que os seres humanos avaliam uns aos outros exatamente das mesmas maneiras, e enviamos mensagens não verbais sobre nossas intenções com os outros o tempo todo, intencionalmente ou não. Quando agimos com poder no mundo real e civilizado, regular nossa linguagem corporal é tão crítico para ter um desempenho convincente quanto no palco ou na vida selvagem. Tendemos a confiar nas mensagens não verbais dos outros mais do que nas verbais. E afirmações não verbais de poder podem ser mais eficazes do que as verbais.

Claro, a forma como falamos também é importante. Falar, em si, já é um ato físico. Quando representa altivez, um ator fala devagar, de forma deliberada e com frases completas que terminam incisivamente, com uma diminuição no tom ou uma sílaba forte. Não há pressa, nem pedido de desculpas por exigir tempo ou atenção, e nenhum convite para mais discussão. Quando um ator representa altivez, sua voz é normalmente mais profunda e ressoante, vem do diafragma mais do que da garganta. Mas usar um sussurro, intencionalmente, também é representar altivez, sobretudo quando o conflito está crescendo, à medida que demanda mais atenção completa do interlocutor e indica completo autocontrole face a uma situação emocional.

Quando um ator representa altivez, ele mantém sua cabeça erguida enquanto fala. Um jovem fundador de startup que conheço, e que não se portava muito como um CEO, foi aconselhado a "colocar o chapéu" antes de ir a reuniões importantes, em referência à sua postura. Imagine-se com uma coroa pesada na cabeça, e note o que acontece com o restante do seu corpo. Você fica mais reto, seus ombros caem, você se movimenta, até mesmo respira mais vagarosamente, e seu queixo se levanta um pouco para evitar que a coroa escorregue.

Representar altivez é se apropriar de espaço, tanto literal como figurativamente. Uma atriz representando altivez não se esconde ou "meio que" entra em cena. Ela "faz uma entrada", avançando com ousadia, graciosamente, com determinação e foco, e algumas vezes também de forma ruidosa, de salto alto ou sapatos pesados. Quando representando altivez, um ator se abre, se curva um pouco para trás e, como meu colega Dan Klein gosta de dizer, "usa os móveis de forma errada": colocando os pés na escrivaninha, se esparramando na cadeira, colocando o braço por trás do assento de alguém, se reclinando no sofá; todos são exemplos clássicos. Representar altivez é ocupar espaço e maximizar o conforto pessoal. É se movimentar pela cena suavemente, usando todo o corpo de formas que demonstrem clareza total de propósito, e não um indício de hesitação ou insegurança.

Impondo-se Pela Posição

Impor-se pela posição é, talvez, um dos exemplos mais óbvios de como as pessoas enfatizam o poder, principalmente no ambiente de trabalho. Impor-se pela posição é demandar explicitamente o direito de controlar um resultado com base no status pessoal ou na posição hierárquica, como quando seus filhos percebem que podem começar uma negociação ao perguntar por que têm que obedecer às suas ordens, e você diz: "Porque sou sua mãe e estou dizendo." O equivalente no mundo dos negócios é semelhante a como o CEO da Amazon, Jeff Bezos, supostamente expressa descontentamento quando sua equipe falha na execução de alguma ordem sua ao perguntar se eles precisam de uma carta do andar de baixo confirmando que "Eu sou o CEO". Outro exemplo é o de Henry Ford, que supostamente advertia àqueles que o questionavam dizendo que deveriam cumprir suas ordens "porque o prédio tem o meu nome".

Impor-se pela posição é lembrar aos subordinados que você tem a autoridade legítima, ou seja, o direito vem com o papel ou o título formal de dizer a eles o que fazer. É uma justificativa para afirmar o controle que é difícil de se contestar, e pode funcionar muito bem. Mas também pode ser alienante, especialmente quando a posição ou algum tipo de autoridade formal é a única fonte de poder que se tem.

Também pode significar usar sua autoridade para definir regras básicas e policiá-las, o que é crítico para se criar um clima funcional em ambientes onde o trabalho precisa ser feito. Conheço um CEO que recolhe os smartphones e outros dispositivos em uma caixa antes do início de uma reunião, e ouvi falar sobre gerentes que levam armas de brinquedo Nerf para reuniões e permitem que os participantes atirem uns nos outros se não seguem suas próprias regras, e outros que insistem que violadores de regras têm que pagar uma multa que vai para um caixa para almoços em grupo. Outro gerente que conheço, quando era novo, deu um exemplo com alguém que havia chegado atrasado para uma reunião; ele parou o que estava falando e chamou o participante atrasado para acompanhá-lo até o corredor. Ninguém sabe exatamente o que aconteceu lá, mas o gerente voltou para a reunião sozinho.

Conheço um professor que tranca as portas quando a aula começa, deixando os alunos atrasados de pé do lado de fora, e outra que insiste em ela mesma atender o telefone de um aluno se ele toca durante sua aula. "Oi!", ela diz alegremente, com o telefone no modo viva voz e o destinatário da chamada se encolhendo na cadeira. Confusa, a pessoa que ligou inevitavelmente pergunta: "Hã, posso falar com Ron, por favor?" ou "Quem está falando?", "Aqui é a professora Aaker", ela murmura, "e você ligou durante minha aula. Ron está aqui, mas está ocupado agora. Você gostaria que eu desse algum recado para ele?" Não é necessário dizer que essas coisas raramente precisam acontecer mais de uma vez.

A maioria das pessoas reluta em fazer isso, mas impor-se pela posição pode ser generoso ou uma expressão de preocupação, quando é feito pela pessoa certa e no momento certo. Pais têm a responsabilidade de manter seus filhos seguros e saudáveis. Professores têm a responsabilidade de assegurar que os alunos aprendam. E uma gestora tem responsabilidade com sua equipe pela produtividade da reunião que ela está conduzindo. Algumas vezes, isso significa lembrar aos outros que, como a pessoa que está formalmente no comando, temos o direito e a responsabilidade de dizer a elas o que fazer.

Ridicularizando

O humor é muito hierárquico, pois muitas piadas são humilhantes ou diminutivas. Observe o que acontece no Twitter. Abuso verbal é uma forma de enfatizar o poder que é especialmente difícil de contra-argumentar, pois tentar fazer isso indica que você não aceita piadas. O presidente Trump é um especialista nesta técnica; ele cria apelidos chamativos (para não dizer humilhantes) para todos seus adversários políticos e os envia como golpes verbais. Os apelidos criados por Trump parecem ser feitos para diminuir os outros, entretanto, veja também o efeito em sua estatura quando ele os divulga, mas não consegue lidar com isso. Devolver uma humilhação a uma tentativa de diminuição pode neutralizar sua reputação.

Por outro lado, uma pesquisa conduzida pelo psicólogo Dacher Keltner descobriu que, em alguns contextos, provocar e até mesmo abusar verbalmente pode contradizer respeito e afeição. Às vezes, o fato de você escolher alguém para zombar comunica um status especial; diz, *posso debochar de você, pois temos uma conexão especial.* Tive um professor de natação no ensino médio que costumava me chamar de "Nariz" — ele tinha um nariz grande também —, como se estivéssemos em um clube especial e exclusivo. Por um lado, isso de certa forma me magoava, mas, por outro, acho que meus colegas de equipe às vezes desejavam que ele notasse alguma coisa neles para provocá-los também.

Jogando Fumaça

Cumprimentos ambíguos como esses são quase sempre um tipo de jogo de poder. É porque comentar sobre a aparência de alguém, tanto positiva quanto negativamente, não somente é objetivar, como também assume o direito de examinar e julgar. É por isso que é um tabu um subordinado fazer um elogio à aparência do superior, mas perfeitamente aceitável um chefe elogiar um subordinado. Um executivo que conheço confidenciou que uma subordinada costumava lançar elogios a ele diariamente com comentários amigáveis sobre sua aparência, coisas como "Você emagreceu?" ou "Gostei do seu corte de cabelo", e ele não conseguia entender o porquê, conforme ele mesmo disse, "isso fazia os pelos de trás do meu pescoço se arrepiarem". Esses comentários o incomodavam, pois implicavam um nível de observação, uma familiaridade e um direito de julgar que subitamente minavam seu status como chefe. Presumivelmente, elogiamos os outros pelo menos algumas vezes, pois queremos que se sintam bem em relação a si mesmos, e há boas formas de fazer isso. Como exemplo: "Estou tão feliz em te encontrar!" E mantendo contato visual (olhar para o corpo não é permitido!): "Você está ótima!" Mas não é esperado que uma pessoa de nível mais baixo julgue outra de nível mais alto e ponto final, a não ser que se peça uma opinião.

Avançando Limites (e Pressionando Botões)

A reação visceral desse executivo aos elogios de sua subordinada realça uma regra amplamente aceita, embora em grande parte não comentada, que define a vida hierárquica: a pessoa com a posição mais elevada tem que definir os limites sociais e as normas sociais. Assim, ultrapassar um limite, desafiar uma norma ou comportar-se como se tivesse o direito de fazer essas coisas é uma forma de enfatizar o poder.

Essa convenção social em particular é algo sutil, fácil de esquecer e fonte de muitas gafes. É perfeitamente aceitável um chefe perguntar ao subordinado como foi o fim de semana, mas muito menos se for o contrário. De forma similar, está tudo bem se o chefe convidar um subordinado para almoçar, porém, tal abertura é um pouco presunçosa, se for na direção oposta. Como evidência, considere a reação inesperada quando um cadete de West Point surpreendeu o general Norman Schwarzkopf — logo após uma palestra neste local em 1991, enquanto o general estava respondendo às perguntas da plateia — convidando-o para tomar uma cerveja. Schwarzkopf ficou sem resposta, ainda que um pouco satisfeito, e a plateia explodiu em gritos e assobios. O cadete estava enfatizando seu poder com o convite, mas ao fazê-lo ele amenizou bastante seu poder, com grande formalidade, inserindo "senhor" a cada poucas palavras. Schwarzkopf aceitou.

A pessoa com posição mais elevada decide o quão pessoal uma relação profissional pode ser, e não se espera que convites aos subordinados sejam retribuídos da mesma forma. A maioria das pessoas entende isto: tenho vários amigos com posições de destaque que fazem piada com o fato de que nunca saem, embora se entretenham entre si, pois ninguém se atreve a convidá-los a fazer nada!

A Arte e a Ciência de Enfatizar o Poder

Quando uma pessoa de nível mais baixo age de maneira muito familiar com outras de maior nível, isso faz com que todos se sintam desconfortáveis, e pode ser difícil entender o porquê. Ser muito familiar com outras pessoas de maior nível hierárquico sinaliza não só que você não sabe seu próprio lugar, mas também que não reconhece o lugar do outro. Às vezes, um subordinado com status elevado pode retribuir essas aberturas — por exemplo, fazer uma piada depois de ter sido alvo de uma — enquanto um colega que não conquistou essa liberdade com o chefe recebe repreensão pela mesma atitude.

Com frequência, o poder pode levar aqueles em posições mais altas a tomar liberdades ao assumir familiaridade e até mesmo intimidade que pessoas de nível menor nem sonhariam em tomar. Considere, por exemplo, o chefe, homem, que abraça suas subordinadas mulheres pensando que está sendo amigável, não percebendo que a mulher, que pensa que não tem o direito de recusar esse gesto, acha tal atitude assustadora. Às vezes, isso pode realmente sair do controle. Uma vez tive um chefe que tranquilamente passava fio dental em seus dentes enquanto estávamos reunidos em seu escritório, sem se desculpar ou mesmo ter consciência do que estava fazendo. Lyndon Johnson costumava passar instruções enquanto estava no banheiro. Uma vez elaboramos um estudo para documentar essa tendência, e descobrimos que estudantes universitários, depois de escreverem sobre um período em que tiveram poder, ficaram mais propensos a decidir que o ventilador que havíamos colocado cuidadosamente em nosso laboratório (para ventilar a uma velocidade incômoda diretamente em seus rostos) deveria ser mudado, e fizeram isso sem pedir permissão. Os participantes que escreveram sobre um período em que alguém havia exercido poder sobre eles eram mais suscetíveis a ficar sentados e sofrer. Eles estavam em nosso espaço, mas o primeiro grupo fez o necessário para se sentir mais à vontade.

Como muitas normas, as regras de familiaridade têm conteúdo hierárquico e são, na maioria das vezes, invisíveis até que alguém as viole. Ao enfatizar o poder, você define os limites físicos e sociais no ponto onde quer que estejam.

"Você Não Merece"

A atenção é uma das principais moedas do poder. Simplesmente dedicamos mais atenção às pessoas que acreditamos importarem mais. Assim, a quantidade de atenção que alguns indivíduos recebem é uma medida confiável de quanto poder eles têm. Assim, uma forma comum que as pessoas usam para enfatizar o poder é se recusando a reconhecer a presença de outra pessoa ou deixando de lhe dar uma atenção integral. É por essa razão que chegar atrasado a uma reunião ou consultar o celular durante uma aula é ofensivo, porém mais aceitável para uma pessoa de nível mais alto do que para uma de nível menor. São jogadas que podem ser usadas estrategicamente para enviar uma mensagem de que seu tempo é mais importante.

E elas podem ter efeito contrário, mesmo quando usadas acidentalmente, no contexto errado. Por exemplo, uma ex-aluna de pós-graduação, que é atualmente professora titular e minha amiga, recentemente me chamou a atenção por ter feito "a coisa do poder", quando me esqueci que já havia conhecido seu noivo em uma ocasião anterior. Foi um insulto para ela e eu me senti horrível, apesar de que, em minha defesa, já havia conhecido outros namorados em outras ocasiões e não sabia, então, que este era "o escolhido". Se é intencional ou não, quando agimos como se não pudéssemos ser incomodados ao reconhecer a existência das pessoas ao nosso redor, o que os outros provavelmente ouvirão é: "Você não merece meu tempo ou atenção preciosos."

A Arte e a Ciência de Enfatizar o Poder

Na maioria das vezes, quando isso acontece é somente o resultado de uma necessidade de priorizar e alocar atenção em um mundo onde as demandas de atenção superam a oferta. Então, quando um chefe parece alheio a um subordinado entrando pela porta, não é exatamente rude, ele está distraído por algo que percebe como mais urgente. O fundador de uma nova empresa recentemente me disse que seus funcionários, que trabalham em um ambiente aberto, sentiram que ele não se importava com eles, pois costumava se isolar em seu escritório com a porta fechada. "O que você faz em seu escritório?", perguntei. "Estou enlouquecendo lá", me disse, "somente tentando manter a empresa viva e os salários pagos".

Falta de atenção também pode ser usada proposital e construtivamente como forma de controlar um mau comportamento. Pais, por exemplo, são aconselhados a "não reagir" quando seus filhos fazem drama, pois uma repreensão, comparada à falta de atenção, pode na verdade parecer um reforço positivo (o ato de fazer drama frequentemente continua quando é recompensado com atenção). E um ex-aluno recentemente me contou que ainda se lembra, com seus colegas, sobres como meu jeito não tão sutil de desencorajar os alunos que monopolizam a discussão em detrimento dos colegas com comentários aleatórios e fora de contexto, por mal dar atenção ao que eles tinham dito. Algumas vezes, para manter as coisas sob controle, você tem que deixar alguém em uma situação difícil.

Interrompendo

É geralmente considerado mau comportamento interromper alguém enquanto a pessoa está falando, mas isso acontece o tempo todo. Também pode acontecer por acidente. Recentemente, um ex-aluno que fundou e vendeu uma startup de sucesso confidenciou encabulado que, quando ele se queixou a um coach que sua equipe não estava se posicionando o suficiente, foi apontado que ele tinha o hábito de interrompê-los quando estavam falando durante as reuniões. "Eu só estava empolgado", explicou, "e meus pensamentos e ideias como que extravasavam". Sua intenção não era intimidar seus funcionários a ficarem em silêncio ou dar a entender que suas ideias eram mais importantes do que as de todos, no entanto, foi o que aconteceu.

Quando um líder domina uma conversa interrompendo, pode abafar vozes, criar um espaço desmoralizador e até mesmo psicologicamente inseguro, onde os outros sentem que suas opiniões não são valorizadas e são punidos por falar. Contudo, em certos contextos, essa mesma atitude pode ter o efeito oposto. Quando um líder interrompe os membros mais falantes de uma equipe ou grupo de forma a dar oportunidade para os indivíduos mais quietos, por exemplo, a equipe se beneficia das contribuições e das percepções daqueles que poderiam não ter falado de outra forma. É outra maneira de enfatizar o poder que pode ser útil.

Muitas pessoas me perguntam como se defender quando são interrompidas. Tento mudar sua perspectiva. Defender-se não é a melhor forma de equilibrar o poder; para mim, isso é competir pelo controle. Enfatizar o poder para proteger nossos próprios interesses normalmente termina funcionando contra nós mesmos em situações de grupo. Mas enfatizar o poder para proteger os interesses dos outros quase sempre trabalha a nosso favor. Quem você preferiria ao seu lado: a pessoa que interrompe todo mundo, a pessoa que se defende quando interrompida ou a pessoa que para outra quando ela lhe interrompe?

O Direito de Recusar

Dizer sim é fácil; apoiar os outros em seus esforços os deixa felizes. Dizer não é mais difícil e é um exercício ao enfatizar o poder. Exercitar o direito de discordar, vetar, redirecionar ou se recusar a aceitar os desejos de outra pessoa é uma manifestação concreta de autoridade: o direito de dizer aos outros o que podem ou não fazer. Quando exercida com responsabilidade, a capacidade de dizer não é um aspecto essencial de se usar bem o poder, especialmente em um papel de alto poder. É preciso manter as equipes focadas nas prioridades importantes, manter os projetos dentro do cronograma e abaixo do orçamento, e evitar que as pessoas se desviem ou saiam do rumo. Dizer não é um problema somente quando uma pessoa no poder desconsidera sugestões, pedidos ou oportunidades indiscriminadamente, por razões pessoais que não beneficiam o grupo.

Tive que aprender a arte de dizer não à medida que internalizei as responsabilidades administrativas de meu papel como professora. O papel vem com muito pouco poder, pouco status e muitas responsabilidades: garantir que os alunos mantenham o foco para serem aprovados em seus cursos e se formarem com sucesso, e que o processo que estou usando para avaliar seu progresso seja equitativo. Inicialmente não sabia que tipo de desafios esse papel apresentaria, mas desde então descobri que muito do que faço com minha "autoridade" é dizer não a pedidos de tratamento especial. A maioria dos alunos com quem lido nesse papel faz suas coisas, conclui seus trabalhos e age de acordo com as regras, e nunca os vejo ou escuto fora da aula. Entretanto, sempre há uns poucos que escuto, muito, e que frequentemente pedem algo para o qual não são elegíveis. Aprendi a dizer não em muitas "linguagens"; pessoalmente, ao manter minha cabeça imóvel em vez de concordar enquanto escuto e, às vezes, quando também movimento meus lábios. Por e-mail, controlo o ritmo para garantir que tenho um bom tempo para considerar os pedidos e sua legitimidade, o que significa que não estou respondendo muito rápido. É importante algumas vezes fazer com que as pessoas saibam que sua "emergência" não é uma emergência para mim. Aprendi a usar o mínimo de palavras possível quando respondo para evitar oferecer pontos que possam ser negociados. Aprendi a pontuar para as pessoas que o que estão pedindo não é justo com seus colegas. Há muitas boas maneiras de se dizer não.

Quando Enfatizar o Poder É uma Escolha Clara

Como você poder ver com esses exemplos, enfatizar o poder não é o mesmo que vencer uma disputa. Se enfatizá-lo é uma abordagem vencedora para a interação social depende do contexto: o cenário, seus objetivos, com quem você está lidando e, o mais importante, quanto poder você realmente tem. No restante deste livro, os "*comos*" e os "*quandos*" serão especificados nos mínimos detalhes. Mas, por ora, é suficiente dizer que enfatizar o poder (ou amenizá-lo) é um comportamento aprendido e alguns são mais especialistas nisso do que outros. Alguns de vocês podem estar se perguntando: *Por que eu iria querer fazer isso?* Você deveria querer aprender como enfatizar o poder, pois haverá momentos nos quais outras pessoas precisarão que você aja dessa maneira para proteger seus interesses. Alguns de vocês podem se perguntar: *Por que eu iria querer fazer alguma outra coisa?* A mesma regra se aplica. Quando for capaz de enfatizar o poder, ou amenizá-lo, para fazer com que as pessoas importantes para você se sintam mais seguras, muito provavelmente será mais bem-sucedido do que quando fizer uma dessas coisas porque parecem "naturais" ou "autênticas".

A maioria das pessoas, em grande parte das situações, quer a mesma coisa: impressionar as outras pessoas e ganhar seu respeito sem ser intimidante ou

A Arte e a Ciência de Enfatizar o Poder

agir com superioridade. Isso ocorre independentemente de sua posição real em uma hierarquia. Se você está disputando papéis com seus colegas ou atuando a partir de uma posição superior ou subordinada, os repertórios para enfatizar o poder ou amenizá-lo são as ferramentas das quais precisa para gerenciar o equilíbrio. É como estar em uma gangorra ou o que o psicólogo de Harvard Richard Hackman chamou de "barra do equilíbrio de autoridade"; você tem que saber como jogar seu peso no ambiente ou, pelo menos, mudar seu peso de uma perna para a outra em resposta ao que os outros estão fazendo, para não cair.

Enfatizar o poder pode parecer hostil. Mas o importante é ter em mente que, em muitas situações de grupo, enfatizar o poder é a coisa mais generosa que a se fazer. Em todos os grupos precisamos de alguém que se posicione, dê direcionamento e mantenha as coisas sob controle. Saber que alguém está preparado para manter as coisas em andamento e cortar maus comportamentos, imediatamente permite que todos relaxem e mantenham o foco na tarefa que estão realizando.

Quando você é a pessoa no comando, deve querer representar o papel. Você tem que fazer com que as pessoas saibam: *Eu tenho a situação sob controle*. Ninguém quer ser um idiota. No entanto, para fazer certo para as pessoas que dependem de nós, todos precisamos aprender como e quando usar o poder de forma dominante.

Enfatizar o poder em um papel subordinado também pode funcionar, porém é mais arriscado. Para dar suporte à pessoa acima, você ocasionalmente terá que fazer uma avaliação real da situação. Algumas vezes, elas estarão erradas. Algumas vezes ultrapassarão os limites. Outras, assumirão riscos desnecessários. E você ainda terá que fazer com que saibam que, se não podem mudar como lidam com você, você pensará em sair. É importante estar consciente do poder que você tem como subordinado para se proteger,

proteger os outros e proteger seu chefe dos riscos associados ao fato de se ter poder. O segredo é estabelecer confiança antes de tudo, demonstrar que você conhece seu lugar e expressar que está agindo com os interesses das outras partes em mente.

Entre colegas é inquestionável que enfatizar o poder pode ser uma abordagem eficaz para ganhar status e poder. Pesquisas sobre hierarquias sociais de todos os tipos mostram que a dominância é um dos indicadores mais fortes de quem se alça primeiro e mais rapidamente a posições de influência. Em um estudo conduzido por Cameron Anderson, Don Moore e colegas da UC Berkley, por exemplo, os colegas que demonstravam excesso de confiança em suas repostas para uma série de problemas conquistaram status mais rapidamente do que os outros que eram mais ajustados. E, mais tarde, mesmo depois que os membros do grupo descobriram que os colegas mais respeitados estavam errados, o status dos membros com excesso de confiança não foi prejudicado. Excesso de confiança não é tão arriscado como pensamos, de acordo com esse estudo.

Todos apreciamos pessoas que estejam dispostas a assumir riscos para levar o grupo adiante.

Então, enfatizar o poder é uma forma de vencer uma disputa por status, mas não é sempre o melhor caminho. Uma abordagem dominante ou autoritária em usar o poder é mais apreciada e preferida do que abordagens mais participativas quando os grupos estão em crise e sentem que precisam de um braço forte no leme. Além disso, estudos mostram que, quando os detentores de poder usam domínio, controle e até mesmo agressividade para beneficiar seu próprio grupo, eles são vistos como competentes e atenciosos. Essas duas qualidades formam a base dos julgamentos de confiança. Então, como regra geral: enfatizar o poder muito provavelmente é uma abordagem eficaz para usar o poder quando é o que o grupo precisa.

3

A Arte e a Ciência
de Atenuar o Poder

Ambas as habilidades de enfatizar e atenuar o poder são úteis e até mesmo necessárias para se ter sucesso em um mundo hierárquico. Entretanto, a maioria de nós tende a recorrer mais a uma abordagem do que a outra. Alguns parecem destinados a conduzir, enquanto outros parecem destinados a desempenhar um papel de suporte. Alguns são melhores no ataque e outros na defesa. Uns são naturalmente intimidadores e outros, encantadores. Parte disso está, sem dúvida, incorporado no que acreditamos, mas a biologia não explica tudo. Enfatizar ou atenuar o poder são repertórios de comportamento aprendidos, que se tornam naturais e familiares, ou não, dependendo de quem somos e do que aprendemos em nossas vidas pessoais sobre como conseguir o que precisamos e ter sucesso.

O Sequoia Capital é um dos maiores operadores dos EUA no negócio de capital de risco. De acordo com algumas estimativas, o valor de mercado atual combinado das empresas que o Sequoia financiou — incluindo Apple, Google, PayPal, Oracle, YouTube, Instagram e Yahoo! — é de 1,4 trilhão de dólares ou 22% da Nasdaq. A companhia é conhecida mundialmente por seu poder e prestígio, e ter uma reunião com o Sequoia é ao mesmo tempo um sonho e um pesadelo para o empreendedor. Por um lado, conquistar o apoio do Sequoia é motivo de orgulho. Por outro, a perspectiva de ter que impressionar uma sala cheia de sócios do Sequoia é intimidadora o suficiente para que muitos fundadores de empresas hesitem até mesmo em abordá-los.

No mundo do capital de risco, os sócios do Sequoia são famosos por seu intelecto preciso e sua determinação em vencer. Fundado em 1972 por Donald T. Valentine, o escritório dos EUA é conduzido hoje por Roelof Botha, filho de um ministro das relações exteriores da África do Sul e que é, quase sempre, literalmente a pessoa mais inteligente na sala. Ele se formou na Universidade de Cape Town com a maior pontuação média já registrada em seu curso e foi orador de sua turma na Escola de Pós-Graduação em Negócios de Stanford. Botha é como um grande urso. É caloroso, fisicamente grande e ri com facilidade. Mas não se engane: ele destroçará seu melhor argumento.

A estrela de Botha brilhou rapidamente no Sequoia, e ele galgou a liderança das operações nos EUA em 2017. Na época, apesar de seu destaque e reputação mundialmente conhecidos, a firma estava internamente lutando para se adaptar ao mundo em mudança ao seu redor. Por exemplo, havia aproximadamente uma dúzia de sócios de investimento nos EUA naquele momento, e nenhum deles era mulher.

Botha sabia que isso tinha que mudar. Ele explica: "O desafio em nosso negócio é que temos tradicionalmente contratado em empresas de nossa carteira. Recrutar nessas empresas é fácil no sentido de estarmos recrutando de nossa rede existente, então temos muitas informações sobre essas pessoas, e elas nos conhecem também. Mas, nesse caso, existe a tendência de ver as coisas e pensar como nós."

Ir além da rede conhecida exigia certo esforço, mas Botha sabia que diversidade de perspectivas era crítico para o sucesso da empresa e ter mais diversidade seria bom. Em 2013, Botha esteve em uma conferência do Goldman

A Arte e a Ciência de Atenuar o Poder

Sachs com o sócio do Sequoia, Alfred Lin. Em uma sessão que participou, Jess Lee, uma mulher jovem e CEO de uma startup chamada Polyvore, apresentava sua empresa (uma plataforma digital de estilo que depois foi comprada pelo Yahoo!) para investidores em potencial. "Ela me impressionou tanto", disse Botha, "que me aproximei em seguida e a convidei para almoçar".

Lee recorda que, quando Botha se apresentou, ela estava muito contente. "O Sequoia estava interessado em minha empresa!", ela disse. "Pensei que eles queriam investir." Então, quando percebeu que o que queriam era convencê-la a deixar sua empresa e trabalhar para o Sequoia, foi um pouco frustrante. "Não queria ser uma investidora naquele momento", ela disse. "O papel não me atraía de forma alguma."

Botha retrocedeu, mas não desistiu. Dois anos depois, a Polyvore foi vendida para o Yahoo! e Lee recebeu um telefonema. "Desta vez eles me chamaram para passar um dia no escritório. Fui para Sand Hill Road, conheci a equipe, participei de algumas reuniões de apresentações de empresas e, no final, percebi que estava em uma entrevista de emprego." Eles tentaram lhe fazer uma proposta, mas ela os interrompeu, por lealdade à sua equipe no Yahoo!. Foi uma surpresa. Quem diz não para um emprego desses? Ainda assim, os sócios estavam determinados a convencer Lee. Contudo, tiveram que aceitar o fato de que sua abordagem usual não estava funcionando.

Foi um longo cortejo, diz Botha. Em vez de sua rotina de jantares chiques, passaram um tempo observando Lee e tentando entender como ela era e do que gostava. "Queríamos fazê-la entender que estávamos dispostos a nos adaptar e nos relacionar da forma como ela era", diz Botha. "Descobrimos que ela era bem prática. Ela tinha um carro velho e gostava muito de fazer *cosplay* [representação de personagem a caráter, em tradução livre] de seus personagens de quadrinhos favoritos. Então, Jim (Goetz, antecessor de Botha) teve uma ideia: "Por que não nos vestimos como personagens de desenhos animados e fazemos uma proposta para ela em um café?" Fomos a algumas lojas de fantasias no final de semana. Experimentei uma fantasia dos *Flintstones* primeiro, mas percebi que estaria passando a mensagem errada carregando uma clava com meus braços expostos, era muito machista. Não era certo. Então experimentei uma fantasia de Woody, de *Toy Story*... e Jim encontrou uma fantasia de Buzz, estávamos enviando mensagens de texto um para o outro, e ele achou que seríamos dois personagens que combinavam."

E não eram somente fantasias antigas. Dois dos investidores de risco mais importantes em atividade apareceram para recrutar uma nova sócia vestidos como dois dos personagens mais engraçados, amados e leais que a Pixar já produziu. E não pararam aí. Os executivos chamaram seu chefe de design no Sequoia, James Buckhouse, para ajudá-los a bolar uma forma criativa de apresentar a proposta. "Vamos fazer um poster de 'Procurada'", ele disse, "no estilo caubói". Ele desenhou uma representação perfeita da personagem Jessie, de *Toy Story 2,* que se juntou à equipe dos mocinhos e, por uma incrível coincidência, tinha o primeiro nome da candidata (Jess). Uma legenda ao final do poster dizia: *Você aceita juntar-se a nós em uma nova aventura?*

Eles convidaram Lee para um café, em uma unidade do Peet's, em Los Altos. "Ela não esperava por isto", diz Botha. "Tentamos surpreendê-la sem defesas." Pegaram suas bebidas, escolheram uma mesa e colocaram as cabeças de seus personagens para esperar por ela.

Dessa vez Lee estava mais aberta. As coisas tinham mudado no Yahoo! e ela estava reavaliando suas opções. Quando entrou no café, Lee procurou no ambiente dois investidores de risco típicos, no estilo casual de grife, traje profissional no Norte da Califórnia. Mas, quando olhou ao redor, não viu ninguém que se enquadrasse no perfil, somente dois bobalhões em uma mesa vestidos como Woody e Buzz Lightyear. Quando ela os viu, seu primeiro instinto foi tirar uma foto com seu celular e postar no Snapchat com a legenda *Que m***a é essa.* Mas, então, olhou de novo e eles tiraram as cabeças dos personagens e mostraram o cartaz. "Eu caí na gargalhada", ela disse, "e fui em direção a eles". "Sim, eu aceito", ela disse. Somente depois ela perguntou qual seria a remuneração.

"Fui surpreendida", disse Lee. "Percebi que eles queriam trabalhar comigo e me aceitariam como realmente sou, que estavam tranquilos com meus hobbies incomuns. Seria divertido trabalhar com eles e seríamos uma equipe. Uma grande peça se encaixou para mim naquele momento. Pude ver que eu teria relacionamentos verdadeiros com essas pessoas. E me senti muito especial."

Nem é preciso dizer que o que Botha e seus colegas fizeram não era normal. Mas foi inteligente e estratégico, embora parecesse um pouco arriscado. Eles encontraram um jeito de impressionar Lee sem intimidá-la, para mostrar que compreendiam quem ela realmente era como pessoa e que valorizavam e respeitavam suas diferenças. Em vez de mostrar sua força — oferecendo mais dinheiro, elencando seus recursos e tentando mostrar o quão maravilhosos eram, — eles se rebaixaram um nível (ou dois). Ridículo? Talvez. Valeu o risco? Com certeza. Não custou quase nada para eles e conquistou a confiança de Lee. Eles mostraram que fariam o que fosse necessário para garantir que ela se sentisse confortável em fazer parte da equipe. E deu um exemplo internamente para a empresa: quando se trata de executar objetivos de diversidade, você faz o que for necessário para realizar a tarefa.

Até o dia daquela entrevista, esses investidores de risco muito bem-sucedidos tinham feito o que sabiam fazer melhor: mostrar seu poder de forma intuitiva — o enfatizando e ostentando. Não exigia muito esforço; de fato, fluía naturalmente. Enfatizar o poder é fazer coisas, de propósito ou não, para se valorizar, se destacar, afirmar o controle, exigir respeito e lembrar aos outros o quão especial você é, em vez de tentar ocultar isso. É uma abordagem de exercício do poder que se baseia, ao menos em parte, em coação e intimidação, pois enfatizar o poder é mostrar que você é um competidor que pretende ganhar.

64 Agindo com Poder

Como vimos no último capítulo, é o estilo que tendemos associar a pessoas poderosas. Porém, como essa história mostra claramente, quando se trata de usar bem o poder, atenuá-lo pode ser uma estratégia bem-sucedida.

Esses caras tomaram uma decisão consciente e planejada de atenuar seu poder. Eles tentaram elevar sua candidata, representar seu poder de forma amena e ceder a vantagem. Atenuar o poder não é mostrar fraqueza. É mostrar que somos fortes e seguros o suficiente para correr riscos pessoais e colocar os interesses dos outros à frente dos nossos próprios. Quando atenuamos o poder, fazemos coisas que demonstram respeito, consideração e deferência (e não os exigimos) para baixar e desarmar as defesas dos outros. Atenuar o poder é tentar se conectar para integrar os outros. Assim como enfatizar o poder, atenuá-lo é uma ação com o objetivo de nos fazer parecer menos intimidantes, menos capazes de ganhar uma luta e menos implacáveis do que poderíamos ser de verdade. Mas isso não significa que não é verdadeiro. Quando atenuamos o poder, estamos mostrando que nos importamos mais em permanecer do que sair, mais em conectar do que controlar. Atenuar o poder não é abrir mão do seu poder; é decidir que vencer essa batalha específica — no caso dos investidores de risco, vencer essa contratação em particular— pode requerer sacrificar um pouco do status e da autoridade, que são fontes de força e conforto para pessoas que ocupam posições mais altas.

Muitas vezes supomos que pessoas poderosas sempre enfatizam seu poder porque podem e pessoas sem poder sempre o atenuam porque têm que fazer assim, mas, na verdade, não se pode tomar nenhuma dessas coisas como absolutas. Também se presume que enfatizar o poder sempre é uma tentativa hostil de intimidar ou ameaçar, o que, às vezes, é o caso. Mas enfatizar o poder também pode ser uma forma de cuidar de alguém que precisa de proteção. Da mesma forma, embora atenuar o poder seja frequentemente visto como uma tentativa de apaziguar ou abdicar responsabilidade, também pode ser uma forma de mostrar respeito, construir confiança e fazer com que os outros se sintam seguros.

Enfatizar e atenuar o poder não são simplesmente as escolhas ou os estilos de atores individuais; são sempre parte de um diálogo, como uma dança ou partida de esgrima, onde cada ação é uma reação ao que veio antes. Quando dois atores enfatizam o poder, parece uma competição e você pode perceber faíscas voando. Quando dois atores atenuam o poder, parece um impasse, pois quando ambos insistem em fazer deferência ao outro, a ação caminha para uma estagnação. Essa foi a base para uma tirinha de humor chamada *Alphonse and Gaston*, sobre dois personagens cômicos que eram obcecados por sua deferência ao outro, dizendo: "Você primeiro!" "Não, você primeiro!" "Não, eu insisto, você primeiro!" Quando ambas as partes insistem que a outra "vá primeiro", é difícil que alguém vá para frente.

Por essa razão em si, a capacidade de representar o poder em ambas as formas é uma habilidade social importante. E as duas abordagens, quando usadas conscientemente no contexto correto e no momento certo, podem ser eficazes em conseguir que os outros se alinhem em relação a um objetivo comum.

Atenuar o poder não é menos útil do que enfatizar o poder, mas serve a um propósito diferente. Se enfatizar o poder é uma forma de demonstrar credibilidade, atenuar o poder é uma forma de demonstrar acessibilidade. Se enfatizar o poder mostra que você quer lutar pelos outros, atenuar o poder mostra que você está disposto a se sacrificar pela equipe. Atenuar o poder pode parecer arriscado; muitas pessoas se preocupam em parecer fracas. Contudo, atenuar o poder não é necessariamente abrir mão do controle, e também pode ser um sinal de força. Atenuar o poder é uma forma de equilibrar o controle com conexão, lembrando aos outros que você é capaz de colocá-los em primeiro lugar e pode precisar que eles façam o mesmo. Sempre que atenuamos o poder, mostramos aos outros que estamos dispostos a sacrificar a relevância pessoal para promover os interesses do grupo. Isso dá aos outros a permissão para fazer o mesmo.

Não estou falando de fingir se importar com os interesses dos outros quando você não se importa. Na verdade, isso não é tão fácil de se fazer por um motivo. O que estou falando é sobre adotar comportamentos que demonstrem atenção ao buscar gentilmente o equilíbrio de poder em relação aos outros.

Isso pode ser conseguido ao se diminuir em relação aos outros: ao pedir desculpas, fazer graça de si mesmo, tentar não ser notado, permitindo que outras pessoas tomem decisões por você ou agindo de formas que sinalizem que você não é digno de status e atenção. Mas também pode ser conquistado ao elevar os outros em relação a você mesmo: tratar alguém com deferência e respeito, ouvir com atenção, concordar ou tentar prever suas necessidades, explícita ou implicitamente, para lhes dar suporte na consecução de suas agendas.

Keity Johnstone descreve esses comportamentos como parte do que significa "amenizar". Johnstone enfatiza as formas frequentemente involuntárias pelas quais tentamos evitar provocar os outros. Na vida, muitas vezes fazemos essas coisas sem pensar (e o mesmo ocorre em relação à enfatizar o poder). Entretanto, no teatro, os atores realmente escolhem fazer essas coisas para incorporar a realidade de um personagem. Ao atenuar sua representação, um ator opta por falar rapidamente, mas hesitante: às vezes gagueja, usando *eh, hã, você sabe, tipo* e outras formas de hesitação que expressem incerteza, timidez e insegurança. Atenuar é frequentemente associado a falar menos, ao passo que enfatizar está associado a falar mais vezes. Mas, ao falar, atenuar é usar mais palavras, mais sons e com eles preencher um tempo menor do que se vê ao enfatizar. Atores atenuando sua interpretação tentam preencher

A Arte e a Ciência de Atenuar o Poder

o silêncio. Usam frases longas e desconexas para evitar dar a qualquer pessoa uma abertura na qual poderiam ser interrompidos. Uma atriz atenuando sua interpretação modifica sua fala e diminui a entonação, ou termina com um aumento no tom, falando mais alto, como se suas frases fossem perguntas para estimular os outros a responder. Quando se atenua a representação, o tom de voz fica mais alto, a voz mais aspirada e mais estridente ou tensa. Explosões em volume alto e gritos também podem ser um sinal de que um ator está atenuando a representação, de uma forma surpreendente, pois perder o controle denota medo, frustração e atitude defensiva: características de pessoas que sentem que perderam a vantagem.

Ao atenuar a interpretação, um ator tende primeiro a quebrar o contato visual, olhar ao redor no ambiente e para longe enquanto fala. Quando alguém se dirige a ele, por outro lado, o ator olha intencionalmente para quem está falando para garantir que não está perdendo nada.

Ao representar de forma atenuada, os atores também sorriem com mais frequência do que fazem quando enfatizam a interpretação, e não é porque a vida é melhor estando por baixo. Ao contrário, sorriem como que pedindo desculpas, para garantir que ninguém mais estará desconfortável. Esses tipos de sorrisos podem parecer forçados, fracos, congelados no rosto. Oscar Wilde descreveu uma vez esse tipo de sorriso como "um distintivo de apaziguamento". A ciência do sorriso sugere que dar risadinhas também é um ato de submissão. Risadinhas, assim como sorrisos contidos, são uma tentativa de garantir que ninguém se ofendeu e assegurar aos outros que a pessoa não precisa ser levada tão a sério. Sorrir e dar risadinhas frequentemente são combinados com levantar as sobrancelhas, balançar a cabeça em aprovação, se comprometer e olhar para alguém com os olhos arregalados, criando uma aparência de "rosto de bebê". E, ao atenuar a interpretação, os atores tendem a mover o corpo de formas vagas e bruscas, que denotam incerteza, hesitação, dispersão de energia e falta de comprometimento. Todas essas ações comunicam ausência de ameaça.

Se enfatizar significa ocupar espaço e tentar expandir a presença física pessoal, atenuar significa tentar se esconder, fisicamente retroceder ou tornar-se imperceptível. Um ator atenuando a interpretação move-se rápido, se mistura silenciosamente e dá passos curtos (como uma gueixa) ao tentar ser invisível. Ao atenuar a representação, usa-se o corpo de formas que demonstrem confusão, falta de direção e insegurança, quase como se desculpando simplesmente por estar ali. Ao amenizar, uma atriz interpreta como que se protegendo de uma ameaça física e psicológica, e demonstra desconforto, arrumando as roupas, tocando o rosto e os cabelos, e inquietando-se. São todos hábitos compensatórios que podem ser difíceis, mas completamente possíveis de controlar.

Enquanto enfatizar a interpretação, bancando o durão, comunica dominância, é possível amenizar a representação ao criar e expor pontos de vulnerabilidade física em uma tentativa de parecer não ameaçador. A mensagem que um ator envia quando atenua sua representação, de acordo com Johnstone, é: *Por favor, não me morda, não valho a pena.*

Recuando

Embora as ações relacionadas a atenuar a representação costumem ser demonstradas inconscientemente, há ações estratégicas, como no caso de enfatizar a atuação. Você atenua seu poder por uma razão. Na maioria dos encontros sociais, grande parte dos animais (incluindo muitos de nós, humanos) prefere *não* lutar. É um instinto de sobrevivência excelente. Assim, se uma estratégia é mostrar os dentes e tentar intimidar um rival a se afastar, uma resposta ainda mais segura poderia ser sorrir sem mostrar os dentes e, de preferência, se afastar. É uma forma de rolar, como os animais fazem ficando de costas em uma posição na qual estão fisicamente indefesos, de modo que não haja razão nenhuma para o ataque.

Estudiosos do comportamento animal usam os termos *submissão* e *apaziguamento* de certa forma como sinônimos para descrever como os animais tentam indicar que não representam uma ameaça e estão dispostos a recuar em uma disputa por recursos escassos. Com os humanos, submissão e apaziguamento também comunicam a ausência de ameaça, a presença de vulnerabilidade e uma predisposição em colocar os interesses dos outros em primeiro lugar. Mais uma vez, não é um sinal de que o animal não tem poder; é um sinal de que, naquele momento, o animal não pretende usar o poder que tem. Em resumo, é o que significa atenuar o poder.

Quando pensamos sobre o significado de ser poderoso, o termo *moderado* não é o que vem à mente. Mas os verdadeiros detentores de poder do mundo atenuam seu poder boa parte do tempo, em parte porque aprenderam que isso tem muitos benefícios. As pessoas sentem desprezo por aqueles acima delas na hierarquia e podem querer obter as vantagens que estes possuem. Uma pessoa verdadeiramente poderosa é frequentemente motivada a manter a discrição.

A Piada é sobre Mim

Enquanto caçoar de outras pessoas pode ser uma forma de tentar nos sobressair, caçoar de nós mesmos é uma forma de tentar, antecipadamente, nos diminuir. Todos fazemos piadas ou comentários autodepreciativos sobre nós mesmos de vez em quando, e alguns diriam que as mulheres, especialmente, são conhecidas por isso. A paródia hilária de Amy Schumer sobre esse tópico destaca perfeitamente a dinâmica. "Amy, adoro seu chapéu", diz uma das mulheres. "Você bebeu?", responde ela. "Pareço um homem armênio!"

"Parabéns por sua grande promoção", diz outra, incitando a resposta: "Serei demitida em, tipo, 2 segundos." Exageradas? Talvez. Mas a razão por que é engraçado é que essas conversas acontecem o tempo todo. Humor autodepreciativo é um movimento clássico de atenuar o poder e as mulheres, em particular as que têm dificuldade em aceitar elogios e cumprimentos, às vezes o usam. As mulheres (com status e poder menores do que os homens em muitos contextos) são socializadas para fazerem os outros se sentirem bem consigo mesmos e, frequentemente, a forma mais fácil de conseguir isso é destacar todas as fraquezas e garantir que os outros saibam que não pensamos que somos melhores do que eles, de forma alguma. Muitas mulheres (e homens) são amadas especificamente por seu uso de humor autodepreciativo; sempre nos sentimos bem com nós mesmos quando estamos com essas pessoas. Mas esse esquete ilustra o problema. Se todos estão constantemente se depreciando, a conversa pode não engrenar, não há oportunidade para sinceridade e é difícil conseguir fazer qualquer coisa. E, no final, ninguém é valorizado.

Não há problemas em se sentir envergonhado quando outra pessoa chama atenção para uma conquista, e é normal querer parecer humilde. Mas, se o objetivo é fazer com que outra pessoa se sinta melhor consigo mesma, é melhor aceitar um elogio do que se esquivar dele. Se você impressionou alguém e acha que a pessoa está errada sobre você, o que isso implica no julgamento dela? Às vezes, é melhor simplesmente dizer muito obrigado e mudar o assunto para algo mais importante.

Pedindo Ajuda

Pedir ajuda é uma ótima forma de mostrar deferência, ao mesmo tempo em que eleva os outros. Conheço uma pessoa que usa isso como um tipo de estratégia de negociação. Ela faz um pedido a seu chefe, mas de uma forma que pareça um problema que está tentando resolver; por exemplo: "Recebi uma oferta de trabalho de outra instituição, e realmente gostaria de ficar. Você conseguiria me ajudar a recusar de modo mais fácil?" Isso permite que seu chefe se sinta bem consigo mesmo, e também dá o que ela quer (presumindo que queira ficar).

Muitas vezes relutamos em pedir ajuda, pois pensamos que os outros se sentirão incomodados, mas uma pesquisa de meu colega de Stanford, Frank Flynn, mostra que, em geral, a maioria das pessoas gosta de ajudar quando pode. Ninguém gosta da ideia de fazer papel de bobo, no entanto, responder a um pedido de ajuda pode parecer heroico; todos gostamos de saber que somos necessários e temos o poder de fazer a diferença na vida de alguém.

Quando uma pessoa poderosa pede ajuda ou admite uma área de fraqueza, isso pode ser, na verdade, um ponto forte. Como Howard Schultz, ex-CEO da Starbucks e conhecido por construir uma das marcas e franquias mais bem-sucedidas da história moderna, disse ao repórter Adam Bryant em uma entrevista para o *New York Times:* "Eu diria que um dos principais pontos fortes de um grande líder e um grande CEO — não o tempo todo, mas quando apropriado — é demonstrar vulnerabilidade, pois isso trará as pessoas para mais perto de você e mostrará a elas seu lado humano." Pedir ajuda quando se está em uma posição de poder é uma forma de trazer os outros para perto e convidá-los para o seu lado.

Limites Que Não Ultrapassamos

Outra forma de atenuar o poder é permitir que os outros definam os limites sociais. Cada um de nós vive dentro de uma bolha de espaço pessoal que define o limite entre nossas esferas públicas e privadas. Na maioria dos contextos, o tamanho da bolha de uma pessoa corresponde à sua posição social, com as pessoas de maior posição tendo uma bolha maior, que mantém os outros a uma distância maior. É uma das razões pelas quais funcionários de posições mais altas e mais baixas na hierarquia tendem a se agrupar em partes diferentes de um espaço. Quanto mais baixo seu status, mais afastado você se senta do chefão (ou quem quer que esteja no comando) em uma reunião. Isso mostra respeito pelo direito da pessoa de posição mais alta a seu espaço pessoal e informa quem está "dentro" ou "fora" dele. Assim, sentar a uma distância segura da pessoa mais experiente em uma mesa é uma forma de sinalizar que não superestimamos, ou mesmo subestimamos, o quão importante somos.

Respeitar que os outros têm limites, físicos ou sociais, é uma forma de atenuar o poder ao mostrar consciência de que os outros têm o direito de decidir por si mesmos se querem estar perto de você. Para uma pessoa que têm posição maior, permitir que os outros tenham o direito de decidir sobre qual distância é mais confortável para elas é uma forma de elevá-las e colocar-se em um nível mais acessível. Passa a mensagem: *Você faz as regras e eu as seguirei.*

Busca de Aprovação

A necessidade de aprovação é uma motivação humana fundamental. Todos queremos que os outros gostem de nós e nos julguem positivamente. Quando buscamos aprovação, estamos atenuando o poder. Algumas pessoas fazem isso ao pedir permissão antes de agirem; outras preferem agir primeiro e se desculpar depois. De qualquer forma, pedir permissão ou se desculpar são ações de apaziguamento. Elas convidam os outros a nos julgarem e nos redirecionarem. Desculpar-se também é reconhecer que a pessoa a quem se pede desculpas deve receber uma explicação.

Estar propenso a dar a uma pessoa mais controle e direitos do que ela pode ter, baseado simplesmente na posição, é uma forma poderosa de atenuar o poder. E a capacidade de mostrar respeito pelos outros, independentemente de sua posição ao reconhecer que sua aprovação importa, é uma ótima forma de fazer com que as relações hierárquicas funcionem.

Concordar, Só para Ficar Bem

Concordância, consentimento e deferência aos desejos dos outros são formas de mostrar que estamos dispostos a deixar que os interesses de outra pessoa sejam mais importantes que os nossos. Somos todos muito propensos a fazer isso quando lidamos com pessoas que têm posições mais altas que as nossas, e fazemos bem. É uma das normas hierárquicas mais fortes que há, e concordar com os desejos de outra pessoa pode ser uma forma de mostrar que sabemos qual é o nosso lugar.

Mas usar muito essa tática, dizendo sim porque parece mais fácil no momento do que dizer não, mesmo querendo ficar bem, não é bom para ninguém. E não se conquista status por ser conhecido como alguém que *sempre diz sim*, alguém que sempre concorda com a chefe, não importando o quão errada ou enganada ela esteja. Também é um erro concordar com alguém quando não queremos ou concordar em fazer alguma coisa quando não temos intenção de fazê-la. Esses comportamentos não são exemplos de "agir"; são exemplos de mentir. Quando dizemos uma coisa com a intenção de fazer outra totalmente diferente, isso corrói nossa integridade e enfraquece a confiança. É uma forma de mostrar que nossos próprios interesses em nos manter seguros são mais importantes do que a necessidade da outra pessoa por um posicionamento honesto.

Muitos de nós também fazemos deferência quando não deveríamos, simplesmente porque queremos que gostem de nós. Mas os líderes que muitas vezes atenuam seu poder e tentam agir como "alguém do time" (como o personagem de Steve Carell no seriado *The Office*) terão dificuldade em voltar ao papel de "chefe" quando for necessário. Em um artigo de 2003 da *Harvard Business Review*, David McClelland e David Burnham relataram que gestores que se preocupavam muito se os outros gostavam deles eram, ironicamente, rejeitados como gestores, pois criavam ambientes caóticos e desorganizados. Eles também praticavam favoritismo, mudando as regras para subordinados difíceis de forma a ficarem bem com eles. Seus subordinados os viam como inconsistentes e imprevisíveis.

No ano anterior, eu estava em uma reunião com cerca de 100 fundadores de novos negócios que haviam recebido apoio de investidores de risco e estavam no processo de transformar colegas com uma ideia legal em executivos responsáveis por gerenciar centenas de pessoas. Para cada pessoa que eu encontrava e que temia não ser respeitada o suficiente ou ser muito legal e sem autoridade suficiente, encontrava outra que temia que o controle que exercia a faria parecer idiota. Eu disse a elas: "O que desejo é que vocês estejam criando algo no trabalho que seja tão importante para vocês mesmos que não importa se alguém gosta de você ou não. Se vocês realmente se importarem, e deixarem isso óbvio — tomar poder ou abrir mão dele porque essas ações fazem sentido para a empresa, considerando os desafios que vocês enfrentam no momento —, o resto se resolverá sozinho."

Quando Atenuar o Poder é uma Escolha Clara

Há muitos anos fui a um jantar. A anfitriã era uma amiga. Nossos filhos estavam juntos na pré-escola e tínhamos os mesmos interesses. Na época, eu era diretora adjunta de um programa de formação para mulheres em posições de liderança, e ela era uma executiva bem-sucedida em transição de carreira, que estava escrevendo um livro sobre casais com carreiras duplas. Seu marido

A Arte e a Ciência de Atenuar o Poder

era formado em Stanford e ela havia decidido organizar um pequeno jantar para algumas mulheres também formadas na Escola de Pós-Graduação, algumas eram membros da faculdade que ela conhecia pessoalmente e outras, poucas conhecidas, para conversarmos sobre liderança feminina. Era um evento pequeno e informal. Enquanto olhava os aperitivos, uma mulher jovem e animada se apresentou a mim e disse que haviam dito a ela que deveria me conhecer. Ela estava curiosa sobre minha perspectiva em relação à natureza dos desafios da liderança feminina. Ela disse que tinha trabalhado no Google, tinha muitas dúvidas e perguntou se poderíamos nos sentar juntas. Assim fizemos, e ela foi uma ótima companhia: acolhedora, entusiasmada, aberta, absorvendo avidamente o que eu tinha a oferecer e compartilhando visões, observações e experiências pessoais. Quando o jantar terminou, nos despedimos.

"Me desculpe", perguntei, "qual é o seu nome?"

"Sheryl Sandberg", ela respondeu. Gostei dela, então tentei me lembrar de seu nome. Não tinha ideia de quem era.

Desde então, como membro do conselho do *LeanIn* [movimento de empoderamento feminino, em tradução livre], vim a conhecê-la muito bem. De todas as formas, Sheryl é poderosa; seu nome aparece em muitas listas. Ela é famosa, claro, e rica. Ela tem um trabalho grande e desafiador como diretora de operações do Facebook — uma das empresas mais poderosas existentes —, na qual gerencia as vantagens e as desvantagens que essas responsabilidades implicam.

Mas o poder pessoal de Sheryl, o poder que explica todo seu sucesso até o momento, tem menos a ver com qualquer papel profissional, e muito mais com a forma como ela aborda as relações. Sheryl Sandberg é extraordinariamente talentosa, extremamente dedicada e inacreditavelmente focada. E, apesar dos desafios que o Facebook está enfrentando atualmente por ter sido usado por agentes inimigos para corromper o processo eleitoral dos EUA, também acredito que ela pode ser a pessoa mais atenciosa que já conheci. Sheryl é acolhedora, amigável e apaziguadora, e tem consciência disso. Contudo, o mais importante é que sua conduta é levar a sério seus compromissos com os outros. Ela quer ajudar, fazer a diferença e ser útil, e isso é evidente na forma como cuida de suas relações, fazendo apresentações, oferecendo perspectivas e aconselhamentos, recomendando pessoas para trabalhos, promoções e conselhos diretivos, atribuindo responsabilidade às pessoas que trabalham para ela e construindo comunidades para o progresso das causas com as quais se importa.

Quando falamos sobre poder e de onde ele vem, Sheryl fica genuinamente intrigada: "Alguém ainda pensa que poder tem a ver com dominância?" O poder de Sheryl não vem da manipulação, do controle, ou de fazer valer o peso de sua posição; ao contrário, ele vem de um desejo genuíno que outras pessoas têm de estar conectadas a ela e retribuir seu comportamento atencioso.

Atenuar o poder é moderar, mas pode ter um grande impacto. É como formamos conexões, estabelecemos confiança e fazemos as pessoas se sentirem seguras em nossa presença. Deferência pode não ser o que vem à mente quando pensamos em ação poderosa, embora mesmo em nossa cultura hipercompetitiva do século XX seja uma forma comum, viável e mesmo altamente bem-sucedida de se usar o poder que é frequentemente associado a ganhar mais. Parece óbvio quando você pensa sobre isso. Para crescer em uma hierarquia, você primeiro deve demonstrar respeito pelos outros. Como um executivo que conheço disse: "Deferência é como você conquista o direito de liderar."

Estudos de grupos de iguais confirmam isso. Em um estudo, o psicólogo Joey Cheng e seus colegas pediram a grupos de alunos que fizessem um exercício de tomada de decisão em grupo e, depois, avaliassem uns aos outros em relação ao quão influente cada um havia sido. Cada membro da equipe também recebeu notas de seus colegas e observadores externos sobre

A Arte e a Ciência de Atenuar o Poder

vários comportamentos: controla os outros, escuta, compartilha experiência e defende sua própria posição. Dominância, uma combinação de notas que os pesquisadores definiram como "o uso da força e da intimidação para induzir medo", previa status e influência, como o esperado. Mas os pesquisadores também identificaram uma abordagem alternativa que era igualmente bem--sucedida. Prestígio, definido como "o compartilhamento de conhecimento ou habilidades para ganhar respeito", foi associado aos alunos que eram mais assertivos e comprometidos, mas em vez de debaterem ou tentarem forçar suas ideias aos outros, eles escutavam, eram receptivos, falavam com mais cautela e ofereciam suas ideias à medida que elas eram necessárias. Esse estilo respeitoso de participação mostrou-se tão preditivo de status, poder e influência quanto a dominância. A diferença foi que, ao final do experimento, os alunos com altas notas de prestígio eram admirados e respeitados. Eram vistos como tendo habilidades especiais, capazes de fazer contribuições valiosas e tendo a probabilidade de ser bem-sucedidos. Os alunos que tentaram dominar, conquistaram o poder, porém, nesse caso, a um custo.

A lição é: em um grupo de iguais, quando você está lutando por status e influência, há mais do que um caminho para o topo. Você pode enfatizar o poder e ser temido, ou atenuar o poder e ser amado. Em ambos os casos, se sua abordagem agrega valor, porque você sabe algumas coisas e está disposto a assumir riscos para compartilhá-los, você pode acabar em uma posição poderosa.

De fato, muitos argumentaram que atenuar o poder é, de forma geral, uma abordagem melhor para gerenciar uma equipe. Sempre que a pessoa no comando precisa de mais informação, de engajamento para uma implementação eficaz e está trabalhando com uma equipe experiente, os benefícios de atenuar o poder superam os custos. Uma abordagem autoritária e dominante de usar o poder, que se baseia no medo, está associada ao melhor desempenho somente quando o gestor sabe mais e pode contar com o comprometimento total daqueles responsáveis pela execução das tarefas. Além disso, uma abordagem autocrática de gerenciamento está associada a uma maior produtividade quando o chefe está, de fato, olhando. Por outro lado, uma abordagem mais respeitosa e democrática está associada à maior produtividade, criatividade, aprendizado e comprometimento quando o chefe não está por perto. Especialistas em gerenciamento chamam esse estilo de *liderança participativa*, uma abordagem caracterizada por envolver os subordinados no processo de tomada de decisão: solicitando seu conhecimento e competência (sem necessariamente abdicar o controle), prestando atenção em suas forças e interesses, e até retrocedendo para permitir a funcionários de nível menor se apropriarem de estratégias de maior nível. Liderança participativa é atenuar o poder ao se elevar e empoderar os subordinados para escolher um curso de ação, mais do que tentar controlar os resultados e como eles são alcançados. Envolve diminuir-se ao falar menos, fazer perguntas e usar mais um discurso receptivo. Liderança participativa, em outras palavras, se baseia em atenuar o poder.

Embora as pessoas tendam a apoiar líderes políticos autoritários em tempos de crise, em todos os outros momentos os líderes participativos são preferidos. Um estudo recente dos linguistas Ari Decter-Frain e Jeremy A. Frimer, por exemplo, constatou que a aprovação pública do Congresso era maior quando os políticos "usavam linguagem receptiva, expressavam emoções positivas e ansiedade, e usavam palavras compassivas". Os pesquisadores concluíram que, nesse contexto, cordialidade era mais importante que competência para prever a influência. Consistente com essas observações, Victor Vroom, da Universidade de Yale, constatou que, embora em média a maioria dos gestores reportasse se basear mais no autoritarismo do que nas alternativas a ele, mais participação é melhor em todos os contextos. Estudos também descobriram que, mesmo os gestores que pensam ser participativos, não estão atenuando

A Arte e a Ciência de Atenuar o Poder

seu poder tão eficazmente como poderiam. Os subordinados veem seus chefes como mais autoritários do que os chefes veem a si próprios.

Em resumo, embora a maioria dos gestores se preocupe sobre como enfatizar seu poder de forma mais eficaz, eles podem se beneficiar mais ao dominar a arte de atenuar o poder. Não é algo complicado, mas, quando nos preocupamos sobre quanto poder temos, pode ser difícil delegar.

Todos queremos ser levados a sério, porém isso não é sempre o mais importante. Uma ex-aluna que liderou a organização de suporte de uma grande multinacional explica o porquê. Ela ficava na matriz nos EUA e supervisionava equipes em todo o mundo. Uma ficava na Índia, onde os negócios tendem a ser mais hierárquicos do que nos Estados Unidos, e levou algum tempo até que ela se adaptasse a como os subordinados indianos faziam deferências a ela. "Frequentemente saio de nossas reuniões sentindo que minha equipe não compartilhou totalmente o que estava pensando", ela disse, "e que estava tentando concordar comigo em vez de dar sua opinião sincera".

Ela decidiu que a forma mais eficaz de melhorar a dinâmica seria tentar encurtar a distância entre ela e a equipe. Assim, ela preparou uma viagem para o escritório na Índia com o objetivo de desenvolver essas relações. Ela se reuniu com cada pessoa individualmente, mas em vez de usar o tempo para falar sobre trabalho tentou conhecer e ajudar a pessoa a conhecê-la. Em vez de almoçar em sua mesa, almoçou com a equipe todos os dias. Embora estivesse cansada devido à viagem, jantou com eles todas as noites. "Até fui com a equipe a uma partida de *laser tag* [tiro a laser, em tradução livre]", ela disse, "o que realmente ajudou a equipe a me ver menos como uma figura de autoridade, pois sou terrível jogando *laser tag*".

Funcionou. Ao atenuar seu poder de propósito, ela lembra, "fui capaz de interagir com a equipe de uma forma que fez com que as pessoas se sentissem confortáveis em ser diretas comigo sobre o que estava ou não funcionando. Isso nos permitiu operar de forma mais eficaz".

Poder Inteligente

Na maior parte do tempo você fará o que é natural, e isso funcionará bem. Você tem feito essas coisas a vida inteira. Mas você também pode se tornar mais consciente e decidida, e pensar em como representar seu papel da melhor forma, quando o que é natural não estiver funcionando ou estiver enfrentando um novo desafio.

Muitas vezes me perguntam como causar uma boa primeira impressão quando os papéis são ambíguos. Um jeito prático, especialmente em uma situação nova, é perceber onde seu parceiro está iniciando e enfatizar o poder o suficiente para ser levado a sério, ao mesmo tempo em que o atenua na medida do necessário para evitar representar uma ameaça. O ponto-chave a lembrar nesses momentos é: o poder, pelo menos do tipo que dura, vem de se fazer o que é melhor para o grupo, em termos de promoção de objetivos e interesses compartilhados, mesmo quando parece arriscado e "não autêntico". Algumas vezes isso requer dar um passo adiante e assumir o controle, mesmo quando não temos certeza de onde estamos. Outras vezes, requer recuar e deixar outra pessoa estar no comando.

Você pode não acertar todas as vezes. O que importa é tentar. Quando você o fizer, seus superiores se sentirão apoiados e seus subordinados se sentirão protegidos. Seus colegas considerarão você fácil de lidar. Suas ações facilitarão as vidas das outras pessoas. E você ganhará status por isso.

Para agir com poder, e fazê-lo bem, você tem que se apropriar do poder que tem, de forma que possa usá-lo com intenção consciente em vez de depender do instinto de protegê-lo. Felizmente, estudos mostram que essa orientação em relação ao poder é, e pode ser, aprendida.

PARTE III

Entrando em Cena

4

Entrando no Personagem

Como Ser Você Mesmo Sem Perder o Enredo

Quando comecei a levar atores e diretores profissionais para as aulas do MBA, o nível de interesse dos alunos era pouco maior que seu ceticismo. Racionalmente, conseguiam ver o potencial de estudar atuação como forma de usar o poder, mas não estavam confortáveis com a ideia de "atuar" na vida real. Em termos abstratos, parecia manipulador e falso. Eles não queriam "ser" outra pessoa. Só queriam ser uma versão melhor de si mesmos.

No começo de cada aula, observava-os chegando e "sendo eles mesmos". "E aí? Como vão as coisas?", um perguntava. "Ótimo!", era a resposta invariável. "Como foi o feriado? Como foi a festa? Como está a busca por trabalho?" "Muito bem!", era sempre a resposta. Eles se gabavam. Estavam sempre sorrindo. Quem visse pensaria que a vida deles era uma maravilha. Mas eu sabia que não. Eles tiravam essas máscaras em meu escritório. Estavam enfrentando problemas de saúde, tragédias familiares, problemas com vistos, questões de relacionamento e alguns estavam se esforçando academicamente, à beira de serem reprovados. Essas eram as mesmas pessoas que estavam dizendo "ótimo!" e "muito bem!" quando os vi na aula e ninguém estava exatamente mentindo. Estavam representando, fazendo escolhas sobre qual lado de si mesmos revelariam e quais manteriam atrás das cortinas.

Esse tipo de comportamento é normal, e até útil, de várias formas. Em seu livro famoso *Representação do Eu na Vida Cotidiana*, Erving Goffman descreveu como "ser você mesmo" é, essencialmente, uma atuação. Todos somos motivados a nos mostrarmos da melhor forma, ele argumentava, e fazer isso demanda esforço e planejamento. Estrategicamente escolhemos roupas e acessórios, formas de falar e nos mover, e até mesmo em quais palcos apareceremos, para não passar uma impressão falsa sobre nós mesmos, mas para nos manter seguros psicologicamente à medida que enfrentamos a bagunça, a insegurança e a confusão que são uma parte inevitável da experiência interna. As interações sociais, de acordo com Goffman, são atuações. "Ser você mesmo", em outras palavras, é uma interpretação.

Interpretar, dessa forma, não é tentar ser outra pessoa. É uma abordagem disciplinada, um código de conduta, para o autogerenciamento. Pode soar contraditório. No entanto, atores são simplesmente pessoas que, assim como todos nós, devem gerenciar as partes mais ruidosas de si mesmos — seus sentimentos, necessidades e inseguranças, desejos, hábitos, ansiedade sobre o desempenho e seus medos — de forma a revelar seus lados mais úteis nos momentos apropriados. E, realmente, não é o que todos queremos fazer? Mostrar o melhor de nós mesmos em vez de nos esquivar, nos esconder ou optar por desistir simplesmente não estando presentes?

Em nossa cultura individualista, onde autoeficácia é um valor sagrado, tendemos a nos definir em termos de personalidade, ou seja, aquele conjunto único de traços que explicam todas as nossas ações e é supostamente constante em todos os contextos. Não importa se nos imaginamos tímidos ou extrovertidos, tensos ou descontraídos, agradáveis ou questionadores, ou qualquer outra coisa; tendemos a acreditar que devemos ser sempre quem realmente "somos" e fazer o que sempre fazemos, independentemente da situação. Não gostamos da ideia de que devemos mudar como agimos ou nos apresentamos para corresponder às expectativas dos outros. Mas já fazemos isso o tempo todo. E, algumas vezes, talvez até mesmo na maioria das vezes, deveríamos.

A Arte de Ser Você Mesmo

Na vida, assim como no teatro, todos temos papéis a representar, e alguns papéis vêm com mais poder do que outros. Papéis diferentes vêm com roteiros diferentes ou, como chamam os psicólogos, *esquemas* que determinam em termos amplos como devemos nos comportar. Em casa, é esperado que pai e mãe protejam a criança, façam escolhas por ela e deem ordens a ela, se necessário, enquanto é esperado que a criança faça o que os adultos dizem. Na sala de aula, é esperado que o professor fale com autoridade sobre o que é verdadeiro e correto, e que afirme a validade de seu conhecimento e experiências sobre os dos alunos, quando apropriado. É esperado que os alunos prestem atenção, peçam permissão para falar e entreguem suas tarefas no prazo, quer tenham vontade de fazê-las quer não. No trabalho, é esperado que a pessoa que conduz uma reunião mantenha as coisas no caminho certo, defina o que está ou não na agenda e controle como as pessoas participam, ao passo que, dos participantes, é esperado que compareçam, aguardem instruções e acompanhem a discussão.

Não estou sugerindo que você deveria "fingir até acreditar" ou tentar ser alguém que não é, mas que tente aceitar a realidade do palco no qual está: mergulhar nele totalmente, comprometer-se a estar lá e mostrar-se como uma versão de você que faça sentido. Não é suficiente ser você mesmo, seguir seus instintos ou fazer o que flui naturalmente ou por força do hábito. Em vez disso, devemos fazer uma pausa, olhar à nossa volta e nos colocar no estado de espírito correto — ou ocupar o lugar correto, como diz um de meus alunos — para fazer o que for necessário para que representemos nossos respectivos papéis. O objetivo não é somente brilharmos como nós mesmos. É fazer com que os outros pareçam bem também. E, para tanto, temos que seguir o enredo.

Seguindo o Enredo

Serena Williams teve uma atitude inesperada durante as finais de 2018 do U.S. Open, o maior palco do tênis profissional. Normalmente calma e controlada nas quadras, Williams mostrava repetidas vezes ser mais do que capaz de demonstrar espírito esportivo e se colocar acima de suas emoções. Contudo, naquele dia, em alguns momentos na quadra central, ela se perdeu. Ela estava se esforçando para acompanhar Naomi Osaka, relativamente desconhecida, que havia idolatrado Williams a maior parte de sua vida. À medida que a partida esquentava, o árbitro da cadeira deu a Williams a primeira de duas faltas e ela começou a se revelar. No início, ela foi reservada, desafiando a falta apontada pelo árbitro por haver trapaceado ao receber instruções das arquibancadas, mas ela enfatizou seu poder ao tentar mostrar a ele sua falta de experiência com ela como jogadora. Quando ele não voltou atrás, ela arremessou a raquete e recebeu a segunda falta. Em vez de desistir, ela se aproximou dele de novo, dizendo que ele devia desculpas a ela, o que fez com que ela recebesse a terceira falta por "abuso verbal". Ela perdeu um game, a partida e 17 mil dólares pelas três violações das regras. Depois da partida, ainda sendo filmada, ela apelou ao árbitro argumentando que o tratamento que havia recebido era sexista, o que, para ser justa, foi debatido por especialistas nos dias seguintes. Entretanto, as ações dela na quadra aquele

Entrando no Personagem

dia não foram úteis para ela nem para sua oponente, que, tendo derrotado Williams honestamente, teve roubado seu momento de fama.

Serena Williams tinha todo o direito de sentir raiva e questionar se estava sendo tratada de forma justa. Mas perdeu a noção da situação. Ela é uma campeã e uma potência em todo sentido dessas palavras. E no U.S. Open não importa a fama ou a realização da pessoa, o árbitro é quem manda.

Os ingleses têm uma expressão para esse tipo de coisa: chamam de *perder o enredo*. Perder o enredo, assim como "não seguir ordens", significa agir de forma inapropriada, pois não se encaixa no contexto e viola as normas sociais de uma forma que não beneficia ninguém. Na vida, assim como no teatro, o enredo é a premissa; ele tem a ver com a narrativa, a parte das circunstâncias dadas que definem o que os atores combinaram fazer e como se comportar ao fazer. Perder o enredo é como representar seu papel em uma história e, no meio da apresentação, perder o rumo de onde se está, por que está ali e o que se deve fazer. Seria como se o Darth Vader de repente começasse a cantar na ponte da Estrela da Morte.

Para usar bem o poder, precisamos seguir o enredo. Precisamos aceitar que, exceto nos momentos mais pessoais, estamos representando um papel em uma história que não é somente nossa. Isso significa estar conectado a realidades compartilhadas sobre quem faz o que, quando e como, e isso implica seguir as regras do decoro e da etiqueta, pois são as formas como mostramos um ao outro que também nos importamos com seus resultados. A capacidade de seguir o enredo — entrar no personagem, seguir o script e comportar-se de forma a promover objetivos compartilhados — em grande parte define o que significa ser um ator social eficaz, não somente no palco, mas em nossas vidas cotidianas.

Quando agimos como se tivéssemos mais poder do que realmente temos ou o atenuamos de forma que não faça sentido para as pessoas ao nosso redor, perdemos o enredo. Isso acontece com todos nós de tempos em tempos, quando nosso próprio drama nos sobrecarrega. Às vezes, as consequências são triviais — quando o chefe pergunta "Como foi seu fim de semana?" e você acidentalmente acaba compartilhando muitas informações pessoais. Em meu primeiro semestre na pós-graduação eu disse "Boa sorte!" a um professor famoso antes da apresentação de seu seminário anual aos alunos e, no mesmo momento, soube que eu havia dito algo errado. Ele não precisava de palavras de encorajamento de uma aluna nova na pós-graduação para ter sucesso naquele dia. Eu saí do enredo, perdi o rumo da situação e disse algo que pode ter parecido inapropriado. Em vez disso, um "estou ansiosa para assistir ao seu seminário hoje" teria transmitido mais respeito por sua posição. Porém, fui distraída por minha própria insegurança em sua presença e acabei projetando essa insegurança nele.

Às vezes, perder o enredo tem consequências sérias, e até mesmo criminais. Quando perdemos o controle sobre nossos papéis e responsabilidades por estarmos muito focados em nós mesmos, em nossos medos e inseguranças, corremos o risco de causar danos permanentes a nossas reputações e relacionamentos. Para representar bem nossos papéis atuais — e, mais importante, assumir novos papéis com confiança —, precisamos nos livrar de velhos hábitos. Precisamos colocar nossas crianças interiores para dormir, nos esforçar além das formas ultrapassadas de nos enxergarmos e nos relacionarmos com outras pessoas. As formas como todos representamos nossos medos podem parecer autênticas, mas nem sempre ajudam. Todos temos uma história com o poder que é levada para papéis na vida adulta de uma forma ou de outra. Ao assumir novos papéis que não combinam com a velha forma de fazer as coisas, temos que fazer ajustes. Para usar bem o poder, não é suficiente ser capaz de fazer as coisas que funcionaram em outro lugar nem representar nossos papéis de formas que pareçam naturais e seguras. Temos que ficar confortáveis em fazer as coisas novas que pareçam não naturais, mas que façam sentido nos palcos onde estamos. Não é uma questão de ser você mesmo ou tentar ser outra pessoa. É o desafio de alinhar seus pensamentos, sentimentos e ações com suas responsabilidades com as outras pessoas.

Assumindo Papéis e Responsabilidades

De forma abstrata, pensamos sobre poder em termos de direitos e privilégios. Mas na realidade, quando o poder vem com os papéis que estamos representando de verdade, ele tende a ativar responsabilidades. Pesquisas mostram que pessoas que se definem mais em termos de papéis (ex.: esposa, filho, gerente) do que de atributos (ex.: inteligente, divertida, introvertida) são mais propensas a colocar as responsabilidades à frente de suas necessidades, e isso também é verdade em estudos sobre poder. O psicólogo político David Winter descobriu que os presidentes dos EUA que eram filhos mais velhos tinham carreiras menos marcadas por escândalos — eram menos propensos a cometer infidelidades conjugais ou má conduta sexual ou lutar contra vícios — do que aqueles que nasceram depois ou eram filhos únicos. Esse resultado é consistente com estudos que mostram que a ordem de nascimento prediz sentimentos de responsabilidade e a capacidade de postergar a satisfação na infância.

Isso acontece porque ser o "irmão mais velho" ou a "irmã mais velha" geralmente envolve fazer sacrifícios pessoais e procurar o bem-estar dos irmãos mais novos de formas que ser o "irmão mais novo" ou a "irmã mais nova" não envolve. Irmãos mais velhos não fazem o papel de "bebê" por muito tempo; o papel é usurpado pelo novo bebê, que tem mais necessidades, e os mais velhos são forçados mais cedo a uma posição mais "amadurecida" de expressar suas necessidades para dominar o controle de seus impulsos egoístas e colocar as necessidades dos outros em primeiro lugar. Psicólogos argumentam que os filhos primogênitos aprendem desde uma tenra idade que não podem sempre ter o que querem e quando querem, pois há outros na família cujas necessidades não são menos importantes. As pessoas que são recompensadas por colocar os outros em primeiro lugar aprendem a fazer isso por vontade própria e a ver isso como um fim em si. Então levam essa mentalidade para papéis adultos, que afetam como usam o poder.

Estudos encontraram efeitos similares em mulheres no poder, comparadas aos homens, pelas mesmas razões. Meninas e mulheres são socializadas para se verem como provedoras e desempenharem o papel de cuidadoras na maioria das culturas. Assim, não deveríamos ficar surpresos que muitos estudos concluam que as mulheres, em média, usam o poder com mais responsabilidade e são menos inclinadas à corrupção do que os homens. Dados do setor de microcrédito também embasam essa conclusão. Muhammad Yunus, fundador bengalês do Banco Grameen, uma organização que fornece microcrédito para indivíduos e pequenos negócios em regiões pobres, descobriu que as mulheres tendem a usar esses empréstimos de forma mais responsável do que os homens: para comprar uma galinha, uma cabra ou algumas sementes, que gerem recursos adicionais para alimentar crianças desnutridas ou mandá-las para a escola. Yunus também descobriu que as mulheres são mais propensas do que os homens a quitar os empréstimos.

Isso não tem a ver com gênero. É uma questão de como pessoas de todos os gêneros se definem: como agentes individuais ou membros de uma comunidade, como atores solitários ou parte de um elenco ou produção. Pessoas que se veem como parte de um grupo definem o interesse pessoal em termos, ao menos em parte, do que é de interesse das pessoas com as quais se sentem mais conectadas. E isso as torna mais responsáveis com o poder.

Entrando no Personagem

Isso significa que as hierarquias sociais nas quais algumas pessoas têm mais poder que outras podem ser uma força construtiva nas vidas social e organizacional, mas somente quando todos os atores estão completamente comprometidos. Quando pensamos em alcançar o poder como uma conquista, sem internalizar o que nosso próprio poder significa para outras pessoas, ou quando fingimos que as diferenças de papéis e poder entre elas não importam, falhamos em fazer o certo pelas pessoas que dependem de nós. Criamos uma cultura de insegurança. A confiança é minada. Quando realmente não nos comprometemos em representar nossos papéis, os outros não sabem como representar os deles. Ninguém presta atenção nas outras pessoas nem sabe como se comportar. A hierarquia funciona quando os subordinados se comprometem a representar o papel de subordinado, independentemente de seus sentimentos sobre se deveriam ter um papel melhor, e quando os superiores se comprometem a representar o papel de "liderança" independentemente de suas inseguranças ou de se sentirem "prontos". Um papel, uma vez que tenha sido designado, não é uma escolha pessoal. A forma como você o desempenha, por outro lado, é profundamente pessoal.

Quando meus alunos abriam grandes sorrisos e diziam que a vida estava "maravilhosa" ao se encontrarem na sala de aula, estavam atuando, em parte, com uma autoimagem em mente. Mas também estavam se mostrando como a versão de si mesmos que acreditavam ser a mais útil para todos. Sabiam que fazer o papel do aluno de MBA feliz, de alto potencial, mas "não tão cheio de si" — o que todos eram, além de outras coisas — era o que se esperava deles naquele contexto. Alunos vão à aula para aprender. Se todos, inclusive eu, chegássemos para a aula com toda nossa bagagem pessoal à mostra, seria impossível para qualquer um conseguir o que esperava da aula. Fazer escolhas sobre quais lados mostrar e quais ocultar é generoso e necessário para manter a ordem social. Atuar, com base nessa definição, é uma abordagem para um autogerenciamento que coloca a responsabilidade pelos outros em primeiro lugar para criar um ambiente seguro no qual todos possam fazer o mesmo.

Competindo por papéis. Papéis nem sempre são designados, isso é fato; às vezes temos que lutar por eles. E o poder tem um papel importante nesse caso também. Mesmo onde não há títulos oficiais ou relações de subordinação, talvez especialmente em contextos mais informais, as pessoas tentam puxar para si papéis que acreditam que trarão status e segurança. Ou, pelo menos como notei, tentam assumir papéis que as manterão longe da base da ordem de prioridades, onde estariam arriscadas a não fazer parte de nada. Sem a clareza da hierarquia formal, temos que descobrir "em pleno voo" onde nos encaixamos e como nos destacar.

Isso ocorre em famílias, por exemplo, onde é incomum ver irmãos representando o mesmo papel. Pelo contrário, eles tentam se diferenciar, conquistar um status especial como "o atlético", "o engraçado" ou, se necessário, "o carente". Todos buscamos papéis únicos nos quais possamos fazer contribuições únicas e agregar um valor diferenciado; isso ajuda a ter um lugar especial no grupo, com nossas necessidades de pertencimento e aceitação atendidas.

Entrar no personagem sem a ajuda de títulos formais e relações de subordinação não se trata somente de entender quem tem mais poder, mas também as razões pelas quais você tem o poder que tem, em primeiro lugar: é sua especialidade, suas conexões sociais ou o fato de que você é a pessoa mais, ou menos, intimidadora no ambiente? Uma diretora jurídica que conheci certa vez se queixou que, embora seu parecer jurídico fosse raramente questionado pela equipe executiva, seus conselhos de negócios não eram levados tão a sério (apesar de sua grande experiência). Ela se perguntava se o fato de ser mulher tinha a ver com isso. Lembrei a ela que, pelo fato de ser uma advogada e seu

Entrando no Personagem

trabalho representar o papel de policial de trânsito, dizendo a seus colegas para diminuir a velocidade e seguir as regras da estrada, eles provavelmente a viam como uma influência conservadora (a advogada na reunião), que poderia fazer com que duvidassem de seus comentários sobre o negócio. Perceber que seu papel na equipe era fornecer aconselhamentos indesejados mudou sua forma de agir. Ela disse que foi libertador perceber que ela era alguém de fora, pois seu papel requeria isso, tornando mais fácil para ela falar mais alto, fazer mais pressão e não se sentir ofendida quando lhe diziam para se limitar à sua área. Não temos como controlar sempre como os outros nos percebem ou percebem os papéis que representamos em seus dramas pessoais. Porém sempre podemos controlar como reagimos ao que vem em nossa direção.

Sempre me impressionei com o exemplo de John Clendenin, da Xerox, que foi estagiário da empresa enquanto estudava administração e, logo após se formar, foi contratado para gerenciar um homem com 20 anos de experiência e a quem havia prestado contas como estagiário. Clendenin tinha um novo poder formal, mas seu antigo chefe, Tom Gunning, tinha mais status e experiência na empresa. Sem dúvida isso foi estranho, mas Clendenin encarou a situação de frente. Descobriu qual era o restaurante preferido de Gunning, levou-o para almoçar e lá tiveram uma conversa franca. "Eu não coloquei você nessa situação", ele disse, mas acrescentou, "você pode fazer dela algo bom para nós dois". Clendenin sabia que precisava de um veterano do setor com muitos contatos e conhecimento da organização ao seu lado para que pudesse ser bem-sucedido, e disse a ele: "Preciso de você... Sou uma pessoa leal e vou te defender... Mas você tem que me ajudar. Se você não for fazer isso dar certo, então não seja um obstáculo." Clendenin deixou claro para seu subordinado que estava disposto a enfatizar seu poder, se necessário, para desempenhar seu papel de forma eficaz, mas também que estava pronto para cuidar de seu subordinado se pudesse contar que ele faria o mesmo. Gunning disse que a sinceridade de Clendenin funcionou e os dois tornaram-se colegas próximos.

Para usar bem o poder, precisamos levar nossos papéis a sério e nos ver como parte de algo maior: como alguém cujo interesse pessoal inclui apoiar causas maiores que si mesmo, não somente como o meio para um fim, mas porque fazer o certo por outras pessoas é um fim em si mesmo. De fato, é para isso que servem os papéis, para apoiar as causas do grupo. E, quando assumimos nossos papéis com seriedade, isso, por sua vez, nos fortalece. Como o colunista David Brooks escreveu certa vez: "Somos todos frágeis quando não sabemos qual é nosso propósito, quando não nos jogamos completamente em um papel social, quando não nos comprometemos com certas pessoas, quando nos sentimos como um nadador em um oceano sem fim... As pessoas tornam-se realmente fortes somente depois de imbuírem-se de fé por alguma verdade, missão ou amor."

Aceitando o Papel

Muitas vezes decidimos (inconscientemente) quais papéis levar a sério com base em nosso drama interno e não nos enredos compartilhados, o que torna mais difícil usar o poder de forma eficaz. Aprendi essa lição da forma difícil, com uma assistente que precisava muito de mim. Ela era inteligente e dedicada, como a maioria das assistentes que tive. E ela foi extremamente respeitosa quando nos encontramos pela primeira vez, talvez mais do que o normal. Era o jeito dela, acho, de dizer o que precisava de mim: assumir a responsabilidade. Mas eu não entendi. Queria que ela gostasse de mim e se sentisse confortável comigo, e não senti que tinha o direito de lhe dar ordens. Então fui amigável, porém muito "distante". Não fui atenta nem comprometida o suficiente; e, ocasionalmente, eu cometia um erro. Estava

Entrando no Personagem

atenuando meu poder — e muito, pensando bem — porque era como eu mais me sentia como eu mesma e isso foi uma estratégia que havia funcionado para mim no passado. No entanto, ela via que eu não estava assumindo meu papel com seriedade e começou a sentir-se incomodada, compreensivelmente, e um pouco passivo-agressiva. Se eu não estava comprometida em representar meu papel como a chefe cuidadora e responsável, ela não se comprometeria com seu papel de subordinada respeitosa.

Pude ver a relação se desgastando, mas não entendia o porquê. Havia usado essa abordagem em outras relações, contudo, algumas pessoas toleram o vácuo de poder à minha volta melhor do que ela. Essa garota precisava de mais estrutura. Alguém para tomar as rédeas e, se eu não fizesse isso, ela teria que tentar.

Como normalmente acontece em tais situações, a solução se apresentou assim que parei de pensar a respeito. Nesse caso, aconteceu enquanto eu estava dormindo. Décadas antes, quando estava na faculdade, eu havia trabalhado para um cara chamado Mike, um fuzileiro naval aposentado que gerenciava as dependências de condicionamento físico em um grande resort nas montanhas Catskill. Mike era um personagem. Tinha ombros largos e se vestia de branco todos os dias, desfilando pelo local como se fosse mestre e comandante — peito aberto, queixo levantado, com cabelo perfeitamente arrumado. Mike era bastante rígido. Durante minha entrevista para o emprego, depois de me fazer uma série de perguntas rápidas, pegou um tubo de chumbo, lançou-o na outra ponta da piscina e apontou. "Vá pegá-lo", ele disse. Eu fui.

Consegui o trabalho. Em maio, o primeiro ano terminou e apresentei-me para o trabalho junto com cinco outros universitários buscando dinheiro extra e uma experiência divertida de verão. Nossa primeira tarefa foi lavar os banheiros. Mike nos levou aos banheiros públicos e apontou. Alguns foram embora na hora, mas eu tapei meu nariz, literalmente, e peguei uma escova.

Em junho, quando os hóspedes começaram a chegar, aqueles de nós que não haviam saído, ficaram responsáveis, cada um, por uma área do deck da piscina que tinha cerca de 100 espreguiçadeiras, 100 colchonetes grossos e 10 guarda-sóis pesados, que arrumávamos e montávamos diariamente; depois desmontávamos, arrumávamos e os deixávamos impecáveis todas as noites. Era um trabalho pesado. E cada noite, quando pensávamos que tínhamos terminado, Mike vinha conferir nossas áreas antes de nos deixar ir embora. Ele se deitava com a barriga no chão, totalmente alinhado com o deck de cimento da piscina em seu uniforme branco e encostava seu rosto no chão, com olhos de águia bem abertos procurando qualquer sujeira embaixo das espreguiçadeiras. Se via alguma coisa, gritava o número da cadeira. Ou andava até ela e apontava.

Eu não havia pensado em Mike por anos, mas, do nada, uma noite ele apareceu em um sonho. Estava apontando para uma espreguiçadeira do deck. Não tinha nada embaixo dela, porém havia alguém em cima — uma jovem à sombra, deitada como uma chefe. Era minha assistente.

Quando acordei, fiquei impressionada, mas então entendi: tinha algo errado com essa imagem. No sonho eu era a garota da piscina e minha assistente era "a cliente". Meu subconsciente trouxe Mike para me ensinar uma lição: eu tinha algo errado para pôr em ordem.

Mas como? Pensei como Mike lidaria com a situação. E o vi apontando.

Pouco tempo depois, recebi de minha assistente um e-mail que não gostei. O tom era desrespeitoso. Pedi a ela para vir a meu escritório em certo horário. Imprimi uma cópia do e-mail e destaquei a frase ofensiva. Ela bateu à minha porta, que estava aberta. Levantei-me e, com a mão estendida, disse a ela para se sentar. Coloquei a folha em frente a ela e, então, assim como Mike, apontei: "O que você quis dizer com isto?" Tirei minha mão da página, olhei diretamente em seus olhos e vi o sangue sumir de sua face. Ela começou a

Entrando no Personagem

falar rapidamente, desculpando-se de todos os jeitos imagináveis, tentando se explicar. Observei-a em silêncio até que terminasse. Então, deixei passarem alguns segundos mais. "Ok", eu disse. "Obrigada por vir."

Foi diferente de todas as interações que havíamos tido antes ou que tivemos depois. Enfatizei meu poder e ela atenuou o dela; quer dizer, cada uma de nós se colocou exatamente no lugar onde deveria estar. A mudança foi imediatamente sentida. Dali para frente, cada uma de nós foi mais cuidadosa e um pouco mais comprometida em cumprir nossos papéis. Embora nunca tenhamos falado sobre o que aconteceu, nossa relação começou a funcionar. E ainda funciona até hoje.

Foi um grande momento em meu desenvolvimento. Agir da forma como fiz naquela reunião pareceu artificial sob vários aspectos — foi representado e de forma alguma pareceu natural ou "normal" para mim. Entretanto, eu sabia que se quisesse fazer o certo por essa subordinada, e as muitas que vieram depois dela, precisaria me preocupar menos sobre ser eu mesma e agir como a pessoa no comando.

Atuar significa autoexpressão com propósito, e representar de forma que faça sentido requer que estejamos comprometidos com nossos papéis. Mas atores em uma peça sabem como a história termina — se seu personagem tem sucesso ou fracasso, e por quê — enquanto na vida, certamente, não sabemos como nada termina; estamos construindo as coisas à medida que avançamos. Nem sempre temos tempo para ensaiar ou um diretor para nos dizer o jeito "certo" de representar. Na vida, passamos a maior parte do nosso tempo apenas improvisando. Essa incerteza pode ser assustadora, então é sempre tentador se apegar a algo que pareça familiar. Contudo, para ter sucesso no mundo, assim como no palco, você tem que querer sair de sua zona de conforto.

Da mesma forma que os atores, precisamos mais de nós mesmos — mais coração, mais estômago, mais clareza de propósito e, também importante, mais imaginação — para representar nossos papéis de forma eficaz. Algumas vezes precisamos usar menos de nós mesmos também — menos medo, menos vergonha e menos "eu deveria". Em vez de desperdiçar energia tentando esconder as partes que mais tememos em nós ou tentar parecer "normais", a atuação demanda apropriar-se de tudo isso, ir mais fundo e ter a coragem de dar vida mesmo às partes mais assustadoras.

O desafio de entrar no papel pode parecer intimidante se você não sabe por onde começar. Atores profissionais, certamente, usam o que é conhecido como "técnica". Eles entendem que não são realmente os personagens que estão representando. Assim como todos nós, os atores têm que encontrar um caminho para aproximar a forma como se colocam no mundo em suas vidas não profissionais e como os personagens que representam se colocam no mundo. Para criar representações mais naturais e verdadeiras, os atores se esforçam em internalizar as circunstâncias de um personagem e usá-las como se fossem suas.

A Trajetória Contínua

Konstantin Stanislavski é mais conhecido como o professor de interpretação responsável por essa abordagem ou o que é amplamente conhecido como "atuação com método". Mas Stanislavski também foi ator, diretor e proprietário do prestigiado Teatro de Arte de Moscou. Um ávido apreciador de circo, balé e marionetes, Stanislavski aperfeiçoou seu ofício ao ir para o mundo "no personagem". Ele se disfarçava de vidente ou mendigo e andava pela cidade para experimentar como seria a vida no lugar de outra pessoa. Fazendo isso, ele acreditava, poderia representar esses personagens com mais verdade no palco.

Apesar de ter ocorrido no início do século XX, o método Stanislavski continua a fornecer o fundamento básico para a arte de atuar e é praticado atualmente. Em vez de apenas representar as cenas exatamente como ensaiadas ou posar como um personagem no palco, Stanislavski propunha que o ator deveria aspirar experimentar a vida do personagem à medida que a ação se desdobrava. Ele acreditava que um ator deveria se esforçar para manter o que ele chamava de *unbroken line* [trajetória contínua, em tradução livre] da experiência ao representar. Não quer dizer que o ator deveria tentar se tornar o personagem que estava representando, em si. Mais do que isso, o ator deveria imaginar no máximo de detalhes possível como seria experimentar pessoalmente a realidade do personagem. A trajetória contínua é como uma costura que une o ator e o papel. Sanford Meisner, outro professor lendário de teatro que aprimorou o trabalho de Stanislavski, a definia assim: "Atuar é viver de forma verdadeira sob as circunstâncias imaginárias dadas." Todos podemos abordar nossos papéis dessa maneira, como artistas, trazendo interpretação pessoal para a representação do que é dado.

O Mágico "Se"

Para viver de forma verdadeira em circunstâncias desconhecidas, muitos atores usam variações do método de Stanislavski, tentando imaginar e internalizar as circunstâncias do personagem "como se" fossem suas próprias.

Há alguns anos, tive a oportunidade de experimentar essa técnica. Eu era testemunha-chave de defesa em uma ação judicial e estava para ser interrogada. Sabia que a intenção do procurador, e sua única esperança, era tentar atacar minha credibilidade. Ele me faria perguntas pessoais embaraçosas e tentaria fazer com que parecesse que eu tinha algo a esconder.

Senti-me extremamente vulnerável. Sabia que a defesa estava contando comigo para me mostrar e parecer digna de crédito, para responder às perguntas de forma verdadeira e escolher minhas palavras com cuidado. Ao mesmo tempo, estava enfrentando um advogado hostil e muito experiente. E o estava enfrentando em seu território. Sabia que teria que proteger meus limites pessoais e encontrar alguma forma de permanecer calma e com clareza de pensamentos enquanto estivesse sendo atacada. Eu não deixaria que o promotor definisse meu papel naquele palco aquele dia. Precisava de uma alternativa forte para internalizar com antecedência.

Então, na noite anterior à destituição, assisti a *Game of Thrones*. Não sou uma fã regular, verdade seja dita, o seriado não havia me atraído a atenção antes. Mas naquela noite, ao mudar de canal fiquei encantada com a linha da história de Daenerys Targaryen, a rainha justa e jovem, que quando criança foi vendida com seu irmão como escravos sexuais e agora emergia como um dos soberanos mais poderosos da trama (acho que isso acontece na 5ª temporada). Daenerys aspira ser bondosa e ao mesmo tempo temida. Tendo encontrado, cuidado e incubado um trio de ovos de dragões, passou a ser a mãe de três dragões enormes, que cuspiam fogo e que, basicamente, se tornaram seus guarda-costas. Ela era poderosa, apesar de se sentir vulnerável; uma protetora de dragões e também carente de sua proteção. A Mãe dos Dragões. Sua personagem me tocou.

Na manhã seguinte, ao mesmo tempo em que me vestia para o ir ao depoimento, ela apareceu em meu pensamento. Olhei no espelho e tive a visão dela vindo em minha direção, passando por uma paisagem árida e vestindo aquela capa com ombreiras que pareciam pequenas asas. Troquei minha malha preta por um blazer azul com belas ombreiras e instantaneamente me senti mais como alguém que sabia pelo que lutava e tinha pouco a temer. E se eu também fosse a Mãe dos Dragões, pensei. O que mais poderia fazer?

Quanto mais eu pensava sobre isso, mais real se tornava. Se eu era a Mãe dos Dragões, isso significava que eu tinha filhos, o que é verdade, então sabia como era. Senti-os perto de mim em meu coração e junto ao meu corpo, do jeito como uma mãe faz, mesmo que não possa vê-los. Os dragões eram muito grandes para caberem no quarto de minha filha, obviamente, então imaginei-os se esparramando como gatos deitados ao Sol na entrada de minha casa, esperando-me sair e dizer a eles para onde estávamos indo. À medida que me dirigia ao escritório do advogado adversário, eles voavam bem próximos, fornecendo proteção aérea enquanto acompanhavam meu carro. Entrei no fórum e eles me seguiram, com os sons de suas grandes garras ressoando no chão com meus saltos. Eles sentaram-se atrás de minha cadeira.

Fixei meu olhar no do procurador que estava me interpelando. "Vá em frente, otário", disse a mim mesma. "Eles cospem fogo."

Pode parecer louco, mas não é piada. Stanislavski acreditava que aplicando totalmente os sentidos para imaginar todas as visões, sons, sensações táteis e aromas, um ator poderia desarmar impulsos defensivos que normalmente controlariam nosso comportamento e nos impeliriam a nossas partes vulneráveis que pensamos que precisam de proteção. Por esse motivo, o psicólogo de Harvard, Bessel van der Kolk (conhecido por seu trabalho pioneiro sobre transtorno de estresse pós-traumático) recomenda o teatro como terapia para pacientes cujas defesas dominaram suas vidas. Quando a necessidade de nos protegermos evapora, nos tornamos capazes de fazer mais. Podemos nos mudar completamente em relação a um novo conjunto de circunstâncias. É assim que um ator dá vida a um personagem e essa é uma ferramenta eficaz para agir com poder, não importa sua profissão, quando "ser você mesmo" não está funcionando.

O "Mágico Se" é um exercício de usar sua imaginação. Ele não pode mudar a realidade de quem você realmente é ou a realidade de suas circunstâncias, mas pode mudar como você experimenta a si mesmo e a suas circunstâncias. Essas interpretações das circunstâncias de nossa própria vida importam; elas afetam profundamente nossos resultados. Pesquisas sobre profecias que se concretizam e a ameaça do estereótipo, por exemplo, mostram, sem dúvida, que as coisas que mais tememos podem ser verdadeiras e tendem a se tornar realidade. Por que não usar o "Mágico Se" para criar uma realidade para você que seja baseada não em quão impotente você teme ser, mas em quão poderoso poderia ser?

Ao encarar um desafio que nos faça sentir impotentes — um novo papel, uma conversa difícil ou uma situação desconhecida —, é útil nos perguntarmos, com antecedência, não *quem eu temo ser*, mas *em quem eu espero me espelhar? Qual personagem posso internalizar para ter o impacto que aspiro?* Pode ser a coragem e a força do general Patton; a compaixão "nerd" de Mr. Rogers; a confiança brincalhona e habilidosa da estrela do futebol Tobin Heath; a tranquilidade descontraída de Barack Obama; o otimismo animado de Ronald Reagan; a bondade maliciosa de Ellen DeGeneres; a garra de Beyoncé; a determinação educada de Anderson Cooper; a mentalidade prática de Jeff Bezos; até mesmo a "consideração sábia, sem sentido, incondicional e positiva de minha avó"; meus alunos usaram todos esses personagens para ajudá-los a trazer mais do que precisavam em atuações específicas.

Os 10 Mil de Oprah

Há alguns anos, Oprah Winfrey foi uma convidada em Stanford e foi entrevistada em nossa série de conferências *View from the Top* [Visão do Topo, em tradução livre]. Em frente a um auditório lotado de 600 lugares, uma aluna se levantou e perguntou a Oprah como ela faz para ir a uma reunião importante na qual sabe que é a única mulher ou a única pessoa negra. Sem titubear, Winfrey respondeu que ela não vai à reunião sozinha. "Vou como uma pessoa", ela disse, mas "me coloco como 10 mil", inspirando-se no poema de Maya Angelou "Our Grandmothers" [Nossas avós, em tradução livre], que é um tributo às ancestrais da poetisa e às batalhas que lutaram por sua liberdade. Angelou escreveu: "Ninguém, nem 1 milhão, ousa negar-me, meu Deus. Sigo em frente sozinha e me coloco como 10 mil." [Em tradução livre.]

Quando Winfrey entra em uma sala de reuniões repleta de homens brancos, ela faz uma escolha sobre como representar seu papel. Ela para por um momento e chama um exército espiritual. Winfrey não entra como sendo a única mulher negra na sala. Entra com seu povo em sua mente e seu coração, em sua experiência, como uma das muitas mulheres negras que já representaram grandes e pequenos papéis em todos os lugares e em outros momentos da história.

Em seu discurso de inclusão no Hall da Fama da NAACP [Associação Nacional para o Progresso das Pessoas de Cor, em tradução livre], Winfrey fez referência a essa forma de pensar sobre o papel que ela representa em um palco maior e o contexto que dá poder a ela. Ela disse o nome de algumas das 10 mil, chamando-as de "10 mil elevado à décima potência". Foram as mulheres afro-americanas que, como ela, queriam mais para si mesmas e para as pessoas que amavam, que trabalharam duro, lutaram contra o preconceito e quebraram barreiras como ela o fez, que sabiam que a liberdade e a oportunidade estavam próximas, mas não chegaram a viver para vê-las. "Por causa delas", ela disse, "hoje me coloco sobre uma rocha sólida. Como elas foram as sementes, tornei-me o fruto". Oprah Winfrey nos disse que, embora pareça para todos que ela está sozinha em uma sala cheia de homens brancos, essa não é a verdade dela. E o fato de que ninguém mais pode ver seu povo com ela fisicamente não significa que ele não esteja "realmente" ali. Ele está com ela em sua experiência, é a sua verdade, e ninguém pode tirar isso dela.

Figurinos e Objetos Cenográficos

Você sabe que não é a Oprah nem a Mãe dos Dragões, no entanto, pode usá-las como inspiração para a abordagem de seus próprios papéis. Não fui rodeada por nenhum dragão cuspidor de fogo no dia em que fui para aquele depoimento, mas fui acreditando que a verdade e a justiça estavam do meu lado (e estavam). Ouvi recentemente outro exemplo de uma pessoa que escreveu os nomes das pessoas que a apoiavam — família e amigos que estavam ao lado dela — em vários Post-its, e foi para uma audiência com os nomes no bolso.

As coisas que você leva consigo importam, em sua mente ou nos bolsos. E atores usam objetos cenográficos da mesma forma, para ajudá-los a ficar em contato com a realidade que é mais útil como forma de manter o enredo. Um executivo sênior, por exemplo, pode carregar um tablet, um caderno Moleskine ou um fichário de couro ou, mais provavelmente, nada (pessoas poderosas tendem a não carregar nada porque os outros carregam coisas para elas). Tenho um conhecido que trabalha em Washington, D.C., e frequentemente presta testemunhos no Congresso. Nesses dias, ele leva um fichário fino com ele — não um fichário grosso — para mostrar que está preparado, mas a maior parte do que precisa está em sua cabeça. O fichário é um objeto cenográfico. Adorei a imagem de Hillary Clinton durante as audiências sobre o ataque ao complexo diplomático dos EUA em Bengasi, olhando para baixo sobre seus óculos e folheando papéis como se estivesse muito entediada. As coisas que carregamos afetam o que fazemos, como interpretamos e respondemos a nossas circunstâncias, e como representamos nossos papéis.

Entrando no Personagem

Os figurinos também têm esse efeito. As pessoas usam roupas; os atores usam figurinos. É a mesma coisa. Escolhemos as roupas que vestimos não somente porque são práticas, bonitas ou estilosas. Roupas, como os outros itens que carregamos conosco, também são simbólicas. Elas transmitem significado que afeta a outras pessoas e a nós também. As coisas que vestimos e levamos em nossos corpos reforçam realidades compartilhadas sobre quem somos para nós mesmos e para os outros. Elas podem fortalecer uma trajetória contínua.

Alguns atores reconhecidamente usam suas roupas fora do palco ou longe das câmeras com esse propósito; andam e falam, literalmente, como se estivessem no lugar do personagem. E, ao agir com poder, precisamos escolher os figurinos com cuidado. Eles podem ajudar ou prejudicar os objetivos que estabelecemos para nós mesmos.

Vestindo o personagem. Quando começou seu trabalho como pastora, a Rev. Dra. Sara Shisler Goff ficava incomodada a maior parte do tempo sobre a seriedade do papel que estava representando. Aos olhos dos seus paroquianos, ela representava a substituta de Deus: o mais sublime dos papéis com as responsabilidades mais pesadas. Era seu trabalho estar ali nos momentos mais íntimos e pessoais das vidas de estranhos, tranquilizá-los, dar um sentido e conforto a eles. Um verão antes de ser ordenada, quando trabalhava como capelã de um hospital, Sara foi chamada ao lado do leito de um paroquiano que estava morrendo. "Eu era a capelã", ela recorda. Mas não me sentia muito como tal. A família estava ali de pé, esperando, e todos olhando para a pastora que deveria fazer o que é esperado dessa função. "Eles presumem que você já tenha feito isso antes." Mas ela não tinha. "Não é o lugar para se dizer: 'É minha primeira vez.' Era fácil ficar perplexa e pensar *Como farei?* Poderia ficar presa nesses pensamentos ou não."

O simples ato de colocar o colarinho clerical ajudou, especialmente no primeiro momento. Parecia uma permissão para se apresentar e representar seu papel, e ela também podia sentir que deixava as outras pessoas à vontade. Ela descobriu que, quando estava "no figurino", as pessoas se relacionavam com ela de forma diferente, e seu respeito e reverência davam a ela permissão para fazer o que ela tinha que fazer para representar seu papel como os outros precisavam.

Com tempo e prática, ela diz, entrar no personagem fica mais fácil. Ela acha que agora consegue se sentir, e agir, de forma pastoral de short e camiseta se necessário. "Estou nesse papel agora e algo maior toma conta. Você tem que acreditar no que está acontecendo. O papel está acontecendo. Se você está presente e tenta não estragar as coisas, não importa o que diga. Ser a pastora te dá permissão de ficar ali", ela diz, "para passar por silêncios constrangedores, momentos difíceis e encontros estranhos sem ter que se sentir consciente ou deslocada".

Há razões para os códigos de vestimenta na vida. Alguns têm valor utilitário; por exemplo, um policial usa uma arma carregada em um coldre, pois é responsável por proteger os cidadãos dos criminosos. Alguns policiais também vestem equipamento de proteção, coletes à prova de bala e botas pesadas, e essas coisas aumentam seu peso. A função primária desse equipamento é, certamente, proteger o policial, mas também muda a forma como ele se movimenta. Um policial vestindo seu uniforme se move como um gorila. Quando o vemos caminhando em nossa direção, com passos pesados, sabemos na hora que ele está no comando. Uniformes lembram às pessoas de seus respectivos papéis; eles injetam certeza e previsibilidade em situações estressantes e caóticas, e lembram a todos os protocolos que podem mantê-los seguros.

Entrando no Personagem

Minhas amigas que são médicas dizem que nunca entram em um quarto sem jaleco e estetoscópio. São objetos cenográficos, elas me dizem, que nem sempre são necessários para a visita a um paciente. Mas muitos médicos acreditam que ajuda carregar esses símbolos de status e conhecimento clínico para fazer com que os pacientes sintam-se seguros e lembrar aos médicos para se apropriarem de sua autoridade. Não é só para mostrar. As coisas que vestimos mudam a forma como os outros reagem a nós, e elas também nos modificam.

Muitas mulheres que trabalham fora me dizem que, embora preferissem não usar salto alto, elas não veem como se livrar deles. Por quê? Saltos altos elevam, literalmente; eles deixam uma pessoa mais alta e podem certamente contribuir para o quão confiável uma pessoa parece e se sente (há exemplos famosos de homens poderosos que eram conhecidos por usar saltos também, por essa razão). Mas há outras formas de os saltos nos elevarem, além de simplesmente na altura. O som de saltos altos batendo em um piso duro, por exemplo, anuncia a chegada de alguém. Pense no barulho de uma marcha e o que ele evoca. Em palcos menos dramáticos, aquele assessor que conheço em Washington, D.C., diz que usa sapatos com solas duras quando é chamado a depor no Congresso, pois o som de seus próprios passos nos pisos de mármore ajuda a definir a cena. "Gosto que saibam que estou chegando", ele diz; é a sua forma de fazer uma entrada. O som de seus pés no chão lembra a ele mesmo e a todos os outros que ele é uma força a ser considerada. Para as mulheres, saltos altos podem também ser sexy, e há poder nisso. Algumas mulheres se vestem de formas que valorizam sua feminilidade e atratividade física, pois acreditam que isso aumenta seu poder, o que é verdade em muitos casos. Mas tome nota: em contextos profissionais, os saltos altos não têm o mesmo efeito que saltos com uma base maior. Uma mulher no primeiro estilo, em termos físicos, será mais facilmente derrubada.

O termo paramentar-se entrou para o léxico como uma forma de descrever a preparação mental que a maioria dos profissionais faz ao se preparar para executar algo grandioso. Não é somente questão de parecer profissional; há algo sobre a forma como um paletó, para homens e mulheres, protege o corpo e adiciona extensão aos ombros, que realmente faz as pessoas parecerem fisicamente mais respeitáveis. Às vezes, não é tanto a realidade compartilhada que precisa ser reforçada, mas a pessoal. Em situações em que precisamos nos sentir e agir com poder, as coisas que vestimos podem nos dar a confiança de que parecemos com o papel, e isso também ajuda a entrar no personagem.

Apropriando-se do Espaço Fora de Seu Território

O território é muito importante para o poder. Animais vão para grandes áreas para reivindicá-las, e as pessoas fazem isso também, pois sabemos instintivamente que quem detém o espaço faz as regras. Jimmy Kimmel uma vez fez piada sobre quando o presidente Trump se senta em uma mesa com outras pessoas; ele move coisas para os lados, às vezes até mesmo as coisas dos outros, para criar mais espaço para si mesmo. Mas esse impulso não é peculiar somente a ele; uma pessoa que conheço, que visitou alguém na Casa Branca durante outra administração, descreveu ter entrado em uma reunião em que a pessoa mais poderosa na sala estava sentada em uma cadeira grande e confortável na ponta da mesa, enquanto ele foi relegado ao lado mais afastado, em uma cadeira frágil e comum, apertada de tal forma contra a parede que ele mal podia chegar até ela. O território envia um sinal claro sobre quem tem o poder em dada cena.

O território nos dá permissão para afirmar o poder; quando estamos em casa, estamos no comando. Uma reunião no escritório, por exemplo, imediatamente muda o balanço de poder a seu favor, mesmo se você não é a pessoa mais experiente entre os presentes. Quando encontro executivos em uma sala de aula em Stanford — no meu território —, eles levantam suas mãos antes de me fazerem uma pergunta, embora muitos sejam superiores a mim em seus territórios e, alguns, em quase todos os outros lugares.

Diversas vezes me perguntam sobre o desafio de "dominar o ambiente". Muitas pessoas pensam que tem a ver com confiança e como nos portamos, mas, na verdade, é uma questão de território. É especialmente difícil dominar um ambiente quando você se sente um convidado na casa de alguém. Às vezes, é melhor atenuar o poder: para se submeter a seus "anfitriões" como sinal de respeito, da forma como você deveria, caso fosse convidado para um jantar. Em outras, pode ser preciso enfatizar o poder: dar os passos para se apropriar de seu espaço quando você não está em seu território.

Salas de aula são um exemplo fascinante. Herminia Ibarra, autora de *Act Like a Leader, Think Like a Leader* [Aja como Líder; Pense como Líder, em tradução livre], descreve como ensinaram a ela, como professora da Escola de Negócios de Harvard, a estabelecer seu "território" antes de os alunos chegarem, andando por toda a sala, todos os cantos, descendo da tribuna e caminhando ao redor. Quando estava aprendendo a dar aulas para executivos, notei que, em algum ponto, uma vez que eles normalmente se encontram na mesma sala de aula com diferentes palestrantes entrando e saindo, eu frequentemente me sentia como uma intrusa entrando na "sala de aula deles" quando chegava para lecionar. A experiência me fez sentir mais hesitante, mais preocupada em quebrar as regras deles e menos segura imaginando se eu fazia parte daquele lugar. Então comecei a entrar cedo na sala, andar por ela, lembrando a mim mesma que, embora eu fosse uma convidada em seu programa, eles eram convidados na minha aula. Não era questão de me impor sobre ninguém, mas isso me dava a oportunidade de agir como "a anfitriã". "Ser anfitrião" é uma boa forma de se apropriar de um ambiente. É simpático e faz seus convidados se sentirem honrados de estarem ali. Mas eles estão na sua casa. Você faz as regras.

Territórios neutros, por outro lado, podem reduzir os desequilíbrios de poder existentes. É por isso que muitas empresas fazem reuniões "off-site" [fora do escritório, em tradução livre], pois sabem que às vezes é necessário estar em um território neutro para abrir canais de comunicação e fazer com que as pessoas parem de pensar sobre diferenças de status que as dividem no escritório. É também a razão pela qual jogos de campeonatos, como o Super Bowl, acontecem em um lugar diferente da cidade de origem dos times participantes e a maioria das grandes negociações acontece em ambientes neutros.

O tipo do território também importa. Talvez devamos agradecer a Havery Weinstein pelo fato de a maioria de nós agora entender que é arriscado organizar uma reunião em um quarto de hotel. Eu aconselho meus alunos de doutorado a evitar festas após jantares em conferências, pois as normas que ditam o que é um comportamento aceitável onde as pessoas vão para beber e soltar seus cabelos são completamente diferentes das que ditam o que é aceitável em uma situação profissional inquestionável, ou mesmo em um local diurno sadio. Pessoas menos experientes ficam especialmente em desvantagem nesses contextos, pois olham para as outras em busca de pistas sobre como devem se comportar.

Mau comportamento à parte, algumas conversas são simplesmente melhores em locais abertos, enquanto outras são melhores a portas fechadas. Às vezes, faz sentido enfatizar o poder de forma privada e atenuá-lo publicamente. Por exemplo, uma CEO pode preparar seu sucessor ao fazer deferências a ele e o elogiar em público, enquanto dá conselhos sobre o que ele deveria fazer diferente em particular. De forma similar, pode ser mais gentil e muito mais produtivo falar com um colega ou um subordinado sobre

Entrando no Personagem

um erro em um ambiente pequeno e reservado do que em um ambiente com muitas pessoas em volta; ajudar alguém a manter a dignidade pode ser uma forma generosa de atenuar nosso próprio poder para evitar que outra pessoa se desestabilize. E, obviamente, é muito mais seguro para um subordinado dar más notícias para um superior em particular. Por outro lado, quando alguém, superior ou inferior, agiu de forma verdadeiramente grave que coloca os outros em risco, pode ser importante reforçar negativamente o mau comportamento em público de forma que os outros entendam as consequências.

Quando se trata de território, a internet é um exemplo fascinante: é um tipo de terra de ninguém na qual muitas regras tradicionais de poder desaparecem. É, ao mesmo tempo, o território de ninguém e o território de todos. Considere como, nos anos recentes, plataformas de mídias sociais, como Facebook e Twitter, têm sido um grande equalizador. Uma pessoa relativamente "não importante" ou "normal" pode atrair muitos seguidores — e um poderoso megafone — que não teria de outra forma, com base em conhecimento ou experiência prática. As mídias sociais também empoderam as pessoas para exercerem influência ou expressarem opiniões de formas que elas não se atreveriam em interações presenciais: o custo de tomar partido no Twitter ou de atacar uma pessoa com status e autoridade é geralmente bem menor do que na vida real. Isso é consistente com alguns estudos menos amplamente publicados sobre obediência, conduzidos por Stanley Milgram em Yale, no qual participantes passaram a responder cada vez menos a figuras de autoridade à medida que as distâncias física e social entre eles aumentavam. Não deveríamos ficar surpresos; estudos mostram que as pessoas são muito mais propensas a violar normas de adequação até em e-mails, que não são anônimos. Quando o território está disponível para quem o tomar, são frequentemente os atores mais agressivos que o conquistam.

O ponto é este: você pode escolher como estabelecer as coisas, não somente o que vestir e quem ser, mas também onde se encontrar para influenciar como a ação se desdobra.

Atuar como anfitrião. Uma jovem executiva que conheço estava encantada com o primeiro trabalho que conseguiu como uma MBA recém-formada. Aos 28 anos de idade, ela havia sido contratada por uma empresa Fortune 500 como diretora regional, com a tarefa de melhorar 15 locais que estavam em situação difícil. Era um papel grande. A maioria de seus subordinados eram mais velhos e mais experientes que ela. Ela estava ansiosa para entrar no ritmo e também estabelecer boas relações de trabalho. Assim, passou os primeiros meses reunindo-se com todos eles. Eles se queixavam bastante, sobre tudo. Nada estava funcionando. E ela sentiu que teria que provar seu valor. Então começou a resolver os problemas para eles. "Eu sabia que podia me envolver e fazer eu mesma o trabalho", ela diz, "e por um tempo foi o que tentei fazer". O que ela precisava aprender era ser a chefe, a nova xerife da cidade, a pessoa que definia os novos padrões e responsabilizava os subordinados por seu próprio desempenho. Precisava aprender a interagir com eles de uma forma que os mantivesse focados em resolver os problemas dela, e não o contrário.

Ela precisava enfatizar seu poder, mas de uma forma que não desmotivasse as pessoas. Chegamos a conversar sobre isso. "Como posso me apropriar do espaço", ela perguntou, "no território deles, sem agir com arrogância?". Sugeri que ela tentasse pensar sobre si mesma mais como uma anfitriã do que como uma convidada em uma festa. E foi o que ela fez.

"Estou na região há 1 ano", ela disse, "e chegamos em um ponto onde a retenção e a motivação estavam em baixa. Era necessário que entendessem que eu precisava mais da parte deles, mas que também poderíamos criar uma cultura em que as equipes tivessem vontade de trabalhar, apesar das dificuldades. A ideia de ser anfitriã realmente fez sentido. Em uma situação normal, quando quero construir um relacionamento, convido alguém para minha casa e faço algo legal para esta pessoa". Nesse caso, ela não podia convidá-los para sua casa, então tentou trazer um pouco de casa para eles.

Ela comprou máquinas de waffle, ingredientes e começou a levantar cedo todas as manhãs para chegar no escritório e começar a prepará-los. "Pedi aos gerentes para programarem suas pausas de forma que pudessem passar no andar para comer, e eu estaria lá com waffles quentinhos", ela explicou. "Eu os servi, nos sentamos e conversamos. Alguns trabalhavam durante o intervalo, acho que não queriam estar junto comigo, mas os outros realmente responderam; eles vinham e se abriam, e alguns até mesmo tentavam ajudar com a preparação. Isso criou uma verdadeira comunidade."

Ela escutou bastante, como disse, e também disse a eles o que precisava que fizessem, gentilmente, mas não em termos vagos. Nem todos responderam de imediato, mas com o tempo as pessoas começaram a aparecer. "Como uma mulher que é jovem e parece jovem, pode ser difícil entrar em um ambiente com presença executiva", ela disse. "Foi um exemplo forte de que não tenho que me mostrar como outra pessoa; posso usar o que importa para mim a meu favor. Nunca apareceria da forma como muitos homens na empresa faziam, mas pude ser genuína e atenciosa; é como acredito que um líder deve ser."

O Padrão de Integridade

Quando pensamos sobre assumir um papel, muitos de nós lutamos com o que vemos como uma escolha binária — *posso ser verdadeiro comigo ou posso tentar ser outra pessoa, o que significa fazer coisas que "não são como sou"*. Muitos cientistas sociais veem as coisas assim; não é como um ator pensa. Joel Podolny, meu ex-colega em Stanford e atual reitor da Apple University, descreve essa tensão como uma competição entre duas lógicas: a lógica da pessoa que é definida pela personalidade, hábito e o que parece mais autêntico, e a lógica da situação, definida pelo contexto, papéis e normas sociais.

Agir com poder é um desafio de assumir o papel. E "autenticidade" não é o teste correto. Quanto atuamos, no palco ou na vida, o desafio é encontrar formas de dizer a verdade, de sermos autênticos com o que falamos e fazemos, mesmo que as ações, por si, sigam um roteiro. Representar *um* papel não é o mesmo que atuar; é mais como ensaiar, não fazer para valer. É confiar em um script e não se apropriar das palavras: como quando o chefe diz "minha porta está sempre aberta", mas, toda vez que você se aproxima, a porta está fechada. Atuar é um desafio de alinhar a lógica da pessoa com a lógica da situação, sem a mínima agressão a nenhuma das duas. Em vez de tentar sermos nós mesmos, ao atuar nos esforçamos para ter integridade.

Integridade é "o estado de ser todo e por inteiro". É garantir que você está 100% preparado mental e emocionalmente para fazer a coisa responsável, isto é, o que você aspira fazer em virtude de seu comprometimento com o seu papel, não importando o que está acontecendo nos bastidores. O objetivo é trazer seu eu "verdadeiro", incluindo sua experiência pessoal e jeito único de ver o mundo, para o papel, como fonte de criatividade, interpretação e significado. Isso significa primeiro que precisamos nos trazer para a realidade, no palco onde estamos. Precisamos sair de nós mesmos — nossas histórias, lutas pessoais, exaustão, frustração e sentimentos sobre quanta atenção ou apoio desejamos e quanto poder "merecemos" ou não — e começar a reparar em quem somos para as outras pessoas e o impacto de nossas ações no mundo

Entrando no Personagem

à nossa volta. Precisamos focar mais o trabalho que estamos fazendo do que como parecemos ou nos sentimos enquanto o fazemos.

Agir com poder é lutar por integridade ao fazer o que for necessário para entrar em um estado mental que possibilite fazer o que é responsável.

Quando um papel representa um desafio no teatro, é uma oportunidade para crescer como ator. Muitos atores relatam que são modificados para sempre por alguns papéis. O teatro é uma das poucas situações em que é dada permissão para ir psicológica, física e emocionalmente a lugares onde nunca havíamos estado antes. Na vida real, novos papéis nos permitem usar o poder de formas como nunca pensamos que poderíamos; eles dão uma oportunidade de crescer como pessoa. Quando você pensa dessa forma, atuar não é limitante, é libertador e até mesmo empoderador. Atuar nos permite ultrapassar as visões convencionais de nós mesmos e nos abrir a novas formas de pensar e ser.

Muitos de meus alunos relatam que atuar é viciante; depois de participar de uma aula, eles querem fazer mais. Não se sentem falsos, "enganadores" ou autoconscientes quando estão atuando; sentem-se mais reais, mais entregues à ação e mais vivos. As interações entre eles não parecem mais "representadas", estranhas nem desconexas; de fato, sentem-se mais íntimos. Em nossas vidas cotidianas estamos muito focados em manter o controle, manter nossas partes mais selvagens, passionais e vulneráveis atrás das cortinas. Mas é necessário trabalho para manter tudo isso amarrado. Atuar nos dá permissão para abraçar mais a nós mesmos, convidar uma gama maior de personagens que vivem dentro de nós a virem para o palco e, ao fazer isso, frequentemente descobrimos coisas sobre nós mesmos que não teríamos como saber de outra forma.

Como o grande dramaturgo David Mamet coloca, um ator deve lutar para não inventar nada, mas também não negar nada. Ser você mesmo é atuar, e atuar é ser você mesmo. Uma vez que podemos ver essa verdade sobre a vida social, usar o poder fica muito mais fácil.

5

Sendo o Coadjuvante

Como Agir com Poder em um Papel de Suporte

Os desafios específicos associados a assumir um papel variam dependendo de quem somos. Algumas pessoas lutam para seguir em frente e liderar; elas podem temer a responsabilidade ou sentir que não estão prontas. Mas, para cada pessoa que se esforça em seguir em frente, há uma que não sabe como recuar. Não importa quem você seja, todos subordinam-se a alguém. Assim, para usar o poder de forma eficaz, todos precisamos dominar a arte de representar um papel de suporte. Algumas vezes, agir com poder significa assumir uma responsabilidade maior. Este capítulo é sobre como agir com poder quando temos que assumir uma responsabilidade menor.

Esquecendo-se de Mudar de Função

É fácil esquecer que o poder não se transfere automaticamente de uma cena para outra. Na realidade, é claro, nossos papéis mudam constantemente, e a dinâmica do poder muda com eles. Para usar bem o poder, precisamos assumir cada novo papel com seriedade e escolher como representá-lo. Um executivo me disse que uma luz se acendeu para ele quando fiz esse comentário em uma aula. Aproximadamente seis meses antes ele tinha feito uma grande mudança de carreira, deixando seu papel de CEO em uma firma de consultoria para trabalhar em período integral na empresa de um ex-cliente. Contudo, não estava dando certo, e agora ele finalmente soube o porquê. "Ainda estou no modo CEO, dizendo o que eu acho que ele deveria fazer como se eu soubesse mais, mas agora ele é meu chefe." Ele riu e balançou sua cabeça. "Tenho que aprender a baixar o tom."

Esse ex-CEO havia perdido o enredo ao agir da forma que lhe parecia natural, familiar e até mesmo autêntica, mas ela não se encaixava na nova história. Ele estava fazendo o que sempre havia feito — que o tornou bem-sucedido antes nessa relação — em vez de perceber que estava representando um novo papel. Parece que, como CEO, ele havia enfatizado seu poder, demonstrando competência, dando direcionamento e agindo como "o expert", e isso funcionou tão bem que seu cliente quis contratá-lo. Ambos ainda tinham poder, mas a mudança de papéis mudou tudo. Para fazer a relação funcionar, ele precisava de uma nova forma de atuar, como uma mudança de "poderoso" para "assessor".

Às vezes, o papel permanece o mesmo, mas os atores mudam e isso requer um ajuste adequado. O que significa ser um bom subordinado, por exemplo, pode mudar dependendo de quem é o chefe e como esse ator gosta de representar seu papel. Um chefe que se sente mais confortável em enfatizar o poder ficará mais confortável com subordinados que atenuem o poder e um chefe que prefere atenuar o poder achará mais fácil trabalhar com subordinados que consigam enfatizar o poder. As mesmas ações que ajudam a ter status com um chefe podem ter efeito contrário com outro. Aprendi essa lição recentemente, de forma desajeitada, quando tive um novo chefe. Meu

Sendo o Coadjuvante

supervisor anterior havia sido muito distante, ele gostava de dizer sim para tudo e me encorajava a pressionar pelo que eu queria. Se eu estava produzindo e tinha um argumento persuasivo, ele quase nunca dizia não. Então, aprendi a lidar com ele dizendo o que eu queria e por quê. Enfatizei meu poder, e parecia funcionar bem para ambos. Quando meu novo chefe assumiu, não havia me ocorrido que minha abordagem-padrão deveria ter fases. Na primeira vez que precisei de algo dele, nos falamos rapidamente por telefone. Disse a ele o que eu queria e por quê. Ele disse não, o que, por si, foi tão inesperado que nem reparei. Irredutível, imaginei que ele ainda não havia entendido como as coisas funcionavam. Afinal de contas, ele era novo em seu papel, mas eu não era nova no meu. Caramba! Me envergonho só de lembrar. Entusiasmada, tentei de novo, explicando por e-mail por que sua contraoferta não funcionaria. No dia seguinte, ele entrou em meu escritório sem se anunciar, sentou-se na borda da minha mesa e disse para eu me acalmar. Fiquei envergonhada, e expliquei a ele, desculpando-me bastante, que estava seguindo um velho script. "Oh, não!" Lembro-me de dizer isso, à medida que levava minhas mãos para minha boca, em modo de total apaziguamento. "O que fiz?" Ele explicou calmamente que achou que eu estava sendo muito agressiva. Era função dele decidir o que eu precisava, ele disse; eu estava tentando tomar decisões que estavam acima do meu nível. "Eu estava agindo pelas regras antigas", disse a ele. "Você decide. E o que quer que decida, eu apoiarei."

Esses tipos de mudanças — novos papéis e novos atores — podem causar estresse e insegurança em qualquer um. Robert Sapolsky, o biólogo de Stanford que estuda respostas ao estresse em babuínos selvagens, descobriu que mesmo macacos contraem-se e têm mudanças hormonais relacionadas ao estresse quando um novo ator entra em cena e perturba a velha forma de se fazer as coisas. Instabilidade entre hierarquias ativa temores e inseguranças arraigados, que nos fazem ficar agarrados a velhos hábitos e disparam impulsos

120 **Agindo com Poder**

irracionais precisamente no momento em que precisamos analisar as opções e tentar algo novo.

Em um de meus ensaios preferidos, "On Love and Power" [Sobre Amor e Poder, em tradução livre], o cientista político Hans Morgenthau escreveu que as necessidades de amor e poder são impulsos, e que ambos provêm da mesma raiz existencial. Nossos maiores medos na vida são relativos a ficarmos sozinhos ou sermos excluídos do grupo, e ele acreditava, como muitos psicólogos, que todos buscamos amor e poder inconscientemente, em vários graus, por essa razão.

No entanto, especialmente quando nossos medos de sermos excluídos estão aumentados, esses motivadores são disparados. Quando a necessidade por amor é elevada, tememos a rejeição e naturalmente tentamos agradar aos outros para obter aprovação, o que, na verdade, pode ser útil quando se está em um papel de subordinado. Porém, quando a necessidade de poder está aguçada, às vezes é porque tememos não ser importantes o suficiente, e isso motiva comportamentos que podem estar fora de sintonia com as expectativas do papel.

Os psicólogos Delroy Paulhus e Oliver John descreveram esse perfil como o complexo de "super-herói". Em seu estudo com executivos alemães, eles descobriram que o subgrupo de pessoas cuja necessidade por poder era elevada desenvolveu ilusões positivas sobre si mesmas para ajudá-las a lidar com seus sentimentos de insegurança. Os super-heróis em seu estudo relataram que subir na hierarquia era uma prioridade no trabalho, e eles se apresentavam como pessoas dignas de promoção. Especificamente, relataram que eram mais inteligentes e tinham mais habilidades sociais do que os outros diziam ser e ter.

Quando uma pessoa não consegue resistir a oportunidades de se elevar (o arquétipo do super-herói é ligeiramente mais comum em homens), todos os outros sentem-se rebaixados, incluindo aqueles que realmente têm posições de nível maior. Um super-herói (por definição) deve salvar o dia ao resgatar os outros de suas incompetências e vulnerabilidades próprias para se sentir poderoso. Ele faz o que for necessário — dá conselhos não solicitados, diz-se especialista em todos os assuntos, esquece nomes, discorda de qualquer um que pareça saber mais e lembra aos outros de suas conquistas.

Assim, é possível perceber como ter um complexo de super-herói pode gerar dificuldades ao desempenhar um papel de subordinado. Um super-herói precisa colocar-se no topo e, como resultado, tem dificuldade em descer um nível, dar a vez ou até mesmo aguardar nos bastidores. O medo de não ser importante, ser desvalorizado ou subestimado pode tornar muito difícil resistir à tentação de roubar a cena.

Avaliando Mal o Ambiente

Uma vez entrevistei um candidato a uma vaga de emprego que chegou sem os materiais que eu havia pedido que ele levasse, então se recostou e colocou os pés sobre minha mesa. Difícil de imaginar, não? Acho que ele estava tentando se conectar comigo, mostrando que éramos "da mesma turma", mas teve o efeito contrário. Uma coisa é você acreditar que é qualificado para um grande papel ou que acredita em seu potencial de crescimento; outra é fingir que está no mesmo nível do diretor de elenco. De maneira similar, uma coisa é sentar-se com confiança em uma entrevista de emprego, com uma postura física aberta, outra completamente diferente é agir como se dominasse o lugar: ser muito relaxado, muito amistoso com o entrevistador; tentar dominar a agenda; ou, pior, calar a entrevistadora (ou colocar os pés em sua mesa) para mostrar o quão confortável você está, quanto respeito merece e quão perfeito você é para a função.

Todos nós, particularmente as mulheres, já ouvimos o conselho de que precisamos reivindicar um assento à mesa. E é geralmente um bom conselho, com uma ressalva: você deve fazer parte do assento e da mesa. Todos os assentos em todos os ambientes não são criados igualmente, e nenhum assistente jamais ganhou status por se sentar na cadeira do chefe. De forma similar, a recomendação geral de posicionar-se em uma reunião para ganhar respeito, ou evitar ser marginalizado, somente funciona se as coisas que você diz, ou o fato de estar falando, agregam valor aos outros na reunião. Se você ainda não obteve status, se não houve real necessidade de se pronunciar naquele momento e você não tem algo útil para dizer, essa estratégia muito provavelmente dará errado. Como regra geral, quase nunca se obtém status por falar mais, simplesmente porque você percebe que não falou o suficiente.

Agir como se tivesse mais poder do que tem é um erro de principiante. E é perfeitamente compreensível. As pessoas assistem em segredo a uma palestra TED sobre "poses poderosas" para se prepararem para uma reunião, apresentação ou entrevista importante e pensam que, uma vez que entram na sala, devem agir com confiança para causar uma boa impressão. Mas agir "como se" nesse caso não é a melhor estratégia. Você deve agir consciente do poder que realmente tem, em virtude do papel que está realmente desempenhando, não do poder que você teme perder se demonstrar à outra pessoa respeito ao qual ela tem direito em virtude do papel por ela representado.

Recentemente, um colega me contou que "passou do limite" quando foi chamado para uma sessão de *coaching* com um grupo de executivos. Quando ia começar a falar, notou que o cliente de maior nível na sala estava com os olhos grudados no celular. Para chamar sua atenção, meu colega ficou em pé olhando diretamente para o cliente, sem falar nada, como um professor severo do ensino fundamental faria. Foi uma tentativa de retomar controle da sala, mas também um erro de cálculo grosseiro da dinâmica de poder entre um

Sendo o Coadjuvante

consultor e um cliente. Ele superestimou seu status, perdeu o enredo e acabou perdendo o cliente.

Em geral, tendemos a nos preocupar mais com os custos de subestimar nossa posição em um grupo do que superestimá-la, mas é um erro de cálculo. Em um estudo do psicólogo e especialista em hierarquia social Cameron Anderson, membros de grupos de trabalho estudantis que superestimaram sua posição social — especificamente relatando que se posicionavam em um nível superior ao de seus colegas — não eram somente impopulares; seus colegas rebaixavam suas contribuições em relação ao esforço do trabalho, dizendo que poderiam receber menos do que os outros cujas crenças sobre status eram mais claramente calibradas. Mostrar a outra pessoa mais respeito do que você deveria é um erro relativamente seguro. Mas você não consegue enfatizar seu próprio poder sem atenuar o poder de outra pessoa. Demonstrar bem pouco respeito por uma pessoa altamente respeitada no grupo sugere que você não sabe seu lugar, o que pode ser extremamente custoso, como cometer suicídio social. É por isso que enfatizar o poder o tempo todo não funciona.

Existe algo particularmente desgastante sobre as pessoas que agem como se fossem mais importantes do que são. Mas por quê? Em primeiro lugar, quando você passa do limite dessa forma, envia uma mensagem às outras pessoas sobre como se vê em relação a elas. Isso diz a seus superiores que você não acha que eles merecem o poder e o status que receberam. Comunica a seus pares que você se acha melhor que eles. É como lançar insultos a todos à sua volta. A incapacidade de avaliar um ambiente é um risco real, uma luz vermelha para empregadores e clientes em potencial, e para praticamente todo mundo, em qualquer contexto. Sugere que você se importa muito com você mesmo e sua aparência no palco, e não o suficiente com os outros.

Minha filha uma vez teve a honra de conhecer a juíza Ruth Bader Grinsburg, da Suprema Corte, em uma excursão da escola à Washington, D.C.

Ela depois descreveu o horror que sentiu quando um de seus colegas do oitavo ano interrompeu a juíza Grinsburg gritando: "Você poderia falar mais alto, não conseguimos te ouvir aqui atrás!" Alguém de 13 anos de idade talvez possa ser desculpado por não perceber que, apesar de ser encorajado a usar a voz na sala de aula, ninguém dita ordens a um juiz da Suprema Corte, não importa onde esteja. Ouvi essa história somente porque as crianças que estavam na sala onde aconteceu estavam comentando sobre o fato, com vozes incrédulas, enquanto eu as levava no banco de trás de minha minivan. Se alunos do oitavo ano conseguem perceber que esse comportamento foi "exagerado", por que alguns adultos plenamente desenvolvidos ficam totalmente alheios quando devem ler o ambiente?

Frequentemente perdemos controle das normas hierárquicas quando a lógica da pessoa predomina sobre a lógica da situação: quando as pistas que recebemos de dentro de nós são muito barulhentas. É natural sentir-se ansioso ou inseguro quando acreditamos que há muito em risco e nosso status está em jogo, mas a ansiedade que emerge nessas situações é capaz de disparar impulsos que podem não ser apropriados para uma pessoa em seu papel.

Sempre que falo sobre super-heróis em sala de aula, alguns aparecem depois em meu escritório. Esses alunos sabem quem são. Eles dizem: "Sempre recebo feedback que sou muito competitivo, muito agressivo e arrogante. Não quero ser assim, mas não consigo aceitar quando sou criticado ou me sinto rebaixado por algum motivo. Tenho que vencer a discussão." Um aluno meu, super-herói, descreveu um incidente em uma aula quando ele representava o jovem fundador de uma startup que estava se apresentando para membros da diretoria — constituída por executivos reais que estavam nos visitando aquele dia. Ele passou horas e horas se preparando, e agora, inesperadamente, "sua diretoria" o demitiu na hora. "Foi ruim", ele me disse. "Briguei com eles, exigi uma explicação, insisti que tinha sido injusto, e tentei provar que estavam errados." Na situação, ele quis demonstrar graça, resiliência e decoro próprios de um CEO. Mas, em vez disso, fez birra.

Representar um Papel de Suporte

É normal pensar em papéis hierárquicos como uma escolha entre liderar e seguir. Mas não é assim que os grupos realmente funcionam. Grupos funcionam quando aqueles em papéis de suporte se veem como parceiros daqueles que têm posições superiores. Isso pressupõe reconhecer que, em um papel de suporte, você é necessário, e isso te dá poder, o que traz suas próprias responsabilidades. Quando entra em um carro, você pode se sentar no banco de trás e brigar com as outras crianças para ver quem consegue mais espaço. Ou pode escolher o banco do passageiro e se imaginar como coadjuvante. É necessário um nível diferente de comprometimento, e a predisposição de colocar a outra pessoa em primeiro lugar.

Ser coadjuvante é incompatível com usar seu papel como trampolim para algo maior e melhor para você. É difícil viver verdadeiramente um papel quando você o vê como uma oportunidade para conseguir chegar a outro lugar.

Um executivo que conheço lida com isso o tempo todo. Ele frequentemente percebe que pessoas que procuram papéis específicos em organizações grandes de destaque que ele lidera o fazem menos porque querem servir a organização ou promover sua missão, e mais porque querem ser associadas com a marca, criar uma plataforma pessoal, construir um currículo e ser vistas como influentes. Muitos livros sobre poder dirão que é o jeito certo de pensar sobre poder. Sempre achei isso sem sentido. Todos sabem quando acontece. Essas pessoas não perderam somente o enredo, elas nunca se importaram com o enredo para começo de conversa. As organizações e os papéis não são recursos a serem consumidos para o crescimento pessoal (exceto talvez em nossas próprias mentes). São oportunidades para contribuir com algo mais importante do que o crescimento pessoal e, talvez algumas vezes, de ser reconhecido por isso.

Todos queremos impressionar os outros, conquistar seu respeito e crescer profissionalmente. E nos preocupamos, às vezes, que atuar em um papel menor possa nos fazer parecer pequenos, fracos ou pouco importantes.

Mas ter a confiança de sentar-se calmamente enquanto outra pessoa recebe os aplausos é tanto uma fonte de poder como uma capacidade de se aproveitar os holofotes. Em seu livro *Powers of Two* [Poderes de Dois, em tradução livre], Joshua Wolf Shenk observa que muitas das inovações mais importantes da história, embora frequentemente atribuídas aos esforços de um gênio solitário, são, na verdade, o trabalho de pares — John Lennon e Paul McCartney, Steve Jobs e Steve Wozniak, Bill Gates e Paul Allen, por exemplo — que "têm um membro nos holofotes o outro nos bastidores." "A ironia é que, enquanto os olhares naturalmente seguem a estrela, o centro de gravidade do par está normalmente com quem vemos menos", escreve Shenk.

Foco no Ofício

Para cada pessoa que almeja os holofotes, sempre há uma que gosta de fazer o trabalho nos bastidores. David Litt, um dos mais importantes escritores de discursos do presidente Obama, cuja especialidade era escrever piadas e tiradas nos discursos do presidente, descreve como, no primeiro mandato, o presidente nem conhecia seu nome. "Não era como em um episódio de *Nos Bastidores do Poder*", ele disse. "Nunca tive uma conversa com o presidente enquanto caminhávamos. Eu era uma das pessoas que dava uma folha de papel para alguém na conversa durante a caminhada e, então, saía rapidamente de cena", disse ao *New York Times*. "Não fiz muita história e está tudo bem."

Sendo o Coadjuvante

A capacidade de permanecer focado no trabalho, no ofício, nos objetivos maiores, mesmo às custas de nossa própria glória pessoal, fornece um poder tremendo. Não importa se o papel é de membro da equipe presidencial, mentor, *coach*, assessor, sócio, diretor de operações ou qualquer outra coisa. Representar um papel de suporte requer humildade, flexibilidade e confiança para ceder o holofote a outra pessoa. Você deve se orgulhar de fazer o que for necessário para a outra pessoa parece bem. Lisa Fischer, por muitos anos vocalista de apoio dos Rolling Stones, por exemplo, não é uma fã típica. Ela descreve como, em sua audição com Mick Jagger, ela colocou sua fita demo e começou a cantar, e ele começou a fazer sua parte — movimentando seus braços, dançando e girando em volta dela. Mas ela ficou inabalável, indiferente, simplesmente ligada na música, e isso a ajudou a ser escolhida. "Algumas pessoas farão qualquer coisa para serem famosas", ela disse ao *New York Times*. "Eu só queria cantar."

Quando você foca fazer seu trabalho e aperfeiçoar seu ofício, isso sugere que se importa mais em sua contribuição com os resultados do grupo do que com quanto reconhecimento receberá. É um sinal claro que você se importa mais com a arte do que em ser conhecido como artista. E é especialmente importante para construir confiança quando se está em um papel de suporte.

Papéis existem para apoiar causas coletivas. Quando aceitamos um trabalho, somos pagos para colocar a organização em primeiro lugar. Os papéis que representamos não são "nossos"; não os detemos e não os levamos conosco. Meramente os ocupamos por um período de tempo. O objetivo não deveria ser fazer de tudo para acumular poder pessoal, riqueza e fama. Ganhamos poder, e talvez também riqueza e fama, somente quando nos fazermos úteis ao influenciar os resultados dos outros de uma forma positiva. Se também subirmos como resultado dessas ações, ótimo. Mas tenho bastante certeza de que guiar todas as nossas escolhas em termos do que nos elevará como indivíduos quase sempre vai contra nossos objetivos.

Muitas pessoas resistem a assumir papéis que não se pareçam com um degrau acima. Porém, isso foca o status e a promoção e pode custar a elas oportunidades de serem parte de algo significativo. Sheryl Sandberg descreve como quase perdeu uma chance (ou uma grande oportunidade) quando foi convidada pelo então CEO Eric Schmidt a trabalhar no Google em 2001. Ela estava preocupada que o cargo não fosse grande o suficiente e pudesse representar um passo atrás. Schmidt disse a ela: "Quando te oferecem um lugar em um foguete, você não pergunta qual é o lugar, simplesmente entra." Ela entrou, e não olhou para trás. Ela disse que foi um dos melhores conselhos que já recebeu. O que é gratificante, na vida, é servir a um propósito maior em papéis onde você pode ter impacto real, não somente aqueles que ficam bem no currículo.

Sacrificar-se pela Equipe

Quando estamos em uma posição subordinada, todas as ações podem parecer arriscadas. Mas uma predisposição a assumir riscos pessoais pelo bem do grupo é a fonte mais confiável de status que há. Quando nossas ações mostram que nos importamos com os outros, que estamos prontos para sacrificar nossos próprios interesses para apoiar os interesses de outras pessoas, ganhamos sua confiança. Quando nossas ações demonstram que nos importamos mais com nossos próprios interesses do que com o que é melhor para o grupo, a confiança e o status se esvaziam.

Não é tanto uma questão de se importar ou não com as outras pessoas e os grupos aos quais pertencemos — acredito que a maioria das pessoas se importa —, mas se somos ou não capazes de demonstrar que nos importamos.

Sendo o Coadjuvante

E demonstrar que nos importamos se resume a uma questão de sacrifício: Quanto você está disposto a arriscar a perder para que os outros possam ganhar? O quanto você está envolvido no jogo? Isso é difícil de fingir.

Para desempenhar um papel de suporte de forma eficaz, podemos enfatizar ou atenuar o poder, mas para ser útil e construir confiança devemos estar conectados com o que está acontecendo no momento, demonstrando assim que estamos atentos ao que é mais importante para os outros. Temos que aproveitar o momento de assumir um risco que tenha o potencial de beneficiar todo o grupo. Para tanto, temos que permanecer conectados com o que está acontecendo em cena e nos ver como parte disso.

O melhor exemplo que posso pensar para ilustrar esse ponto é algo que presenciei no trabalho. Temos uma tradição em Stanford chamada de "Desafio Executivo", durante o qual uns 470 alunos do primeiro ano de MBA representam, em massa, uma série de exercícios de dramatização com ex-alunos que comparecem no dia.

Os alunos chegam no dia do desafio e encontram um grupo seleto de ex-alunos que vêm de todas as partes do mundo para a atividade. Eles recebem um estudo de caso e têm aproximadamente 1 hora para se preparar. Eles representam empresários (ex.: empreendedor, líder de equipe) e os ex-alunos representam as partes interessadas (ex.: membros da diretoria, investidores de risco, clientes e consumidores). O objetivo é chegar a um acordo ao final de uma reunião de meia hora.

Essas reuniões acontecem na frente de um painel de uma banca julgadora — ex-alunos e voluntários da faculdade — que avalia seis diferentes pares de alunos em diferentes versões da mesma reunião ao longo do dia. Os alunos devem fazer suas argumentações sobre soluções para problemas e discutir os números, ao mesmo tempo em que gerenciam a si próprios, uns aos outros e, especialmente, os ex-alunos na sala, que não estão lá para facilitar as coisas para eles. É uma simulação, claro, mas o que está em jogo é muito importante. Os colegas dos alunos estão assistindo, seus professores estão assistindo e eles estão interagindo com ex-alunos que podem vir a ser contatos de negócio no futuro. Eles estão criando suas primeiras impressões. O que fazem no papel, conta. Seus instintos revelarão o que eles trazem para o papel ou quem são como atores.

Em geral, os alunos chegam muito bem. A maioria age como o esperado: perspicazes, com brilho nos olhos e, algumas vezes, pouco experientes. Alguns parecem estar usando os ternos dos pais. Estão assustados, é compreensível, e alguns saem-se melhor em disfarçar do que outros. Fiquei impressionada em mais de uma ocasião. Mas, em um determinado ano, uma aluna fez algo que realmente me impressionou. Ela definiu para mim o que significava usar o poder em um papel de suporte.

Minha memória desse incidente é mais uma foto do que um filme completo. Sei que havia dois alunos à frente, na sala, mas vejo somente um deles, uma mulher afro-americana de pele escura. Ela é pequena e bela, e está vestindo um paletó azul-marinho. Tudo ao redor dela está desfocado. Vejo dois dos ex-alunos — em sua maioria homens brancos — do outro lado da mesa, alguns de costas para mim, outros de lado. Vestem roupas caras e estão um pouco agitados, ajeitando-se em suas cadeiras e prontos para lançar perguntas duras. Ela está no centro, calma, mas ativa, como o olho de um furacão. Tudo gira em torno dela.

Ela tem um parceiro que também é animado; ele fala bastante. Ela é mais quieta, mas não silenciosa, e tranquila, mas não paralisada. Não parece ter medo. Sua energia está focada. Seu rosto está relaxado. Quando sorri, posso ver seus dentes brancos.

Sendo o Coadjuvante

Um dos executivos repentinamente se projetou para frente, em direção a um deles. "E se vocês estiverem errados", ele gritou, mexendo suas mãos. "E se der errado? Quem assumirá a responsabilidade?"

Os alunos não estão esperando por essa pergunta.

"Quem é a pessoa de contato?", ele exigiu.

Isso desestabilizou o colega da mulher; mas ela se virou, olhou na direção do executivo e, sem hesitar, falou: "Você me procura."

Tenho arrepios só de escrever sobre isso. Ela fez todos pararem na hora e os deixou sem palavras. O poder na sala foi para ela. Os ex-alunos se acalmaram e sentaram-se em suas cadeiras. Sem mais perguntas. Seu parceiro soltou o ar. Com uma frase, ela disse a eles que assumiria a responsabilidade por qualquer risco que estivessem assumindo e que ela iria, e poderia, defendê-los. Eles foram vendidos. O acordo foi fechado.

A equipe alcançou um acordo com minutos sobrando. A maioria das outras equipes no mesmo dia quase ficou sem tempo antes mesmo de conseguir fazer um pedido. A mulher e seu colega apertaram as mãos de todos e saíram da sala. E os executivos, com seus olhares surpresos, reconheceram entre si que tinham visto algo especial. Em sua sessão de feedback, lembro-me que elogiamos seu desempenho, mas tivemos dificuldade em articular o que, exatamente, o tinha tornado tão poderoso.

Ela não tinha sido a pessoa que falou mais alto; não estava tentando ser a pessoa mais inteligente na sala. Não foi a mais controladora, assustadora nem a mais expansiva. Não bajulou, se mostrou ou mesmo atraiu a maior parte da atenção. Mas esteve totalmente presente. Sua energia estava focada e contida. Ela esteve paciente, disciplinada e completamente no controle de si mesma. E ela estava, obviamente, prestando atenção. Ao contrário dos outros lutando e competindo por status, ela parecia a pessoa madura na sala, não parecia ser uma jogadora. Ela queria fazer a diferença. Sim, era um exercício de assumir um papel. Mas seu desempenho foi inspirador e inesquecível, e revelou algo profundo sobre seus instintos.

Em um mundo individualista, onde é considerado normal lutar por status e atenção, e onde a autodefesa é considerada a melhor forma para se obter sucesso, essa atriz distinguiu-se ao fazer o oposto. Suas ações diziam: *Estou aqui por vocês e o que quer que aconteça, eu posso resolver: Venham comigo.* Ela se colocou entre os maiorais da sala e seus medos. Ela sabia o que eles precisavam, ao passo que seus colegas não. E, quando seu parceiro hesitou em se colocar na linha de tiro, pela razão que fosse, ela se sacrificou pela equipe. Ela deu um passo à frente e reivindicou status sem permissão, mas o fez em um momento e de uma forma que cuidou de todos os outros. Ela se destacou porque estava por inteiro.

No teatro, diretores de elenco procuram por muitas coisas. Comprometimento com o papel é uma delas. Ele ajuda a ter um histórico de bom desempenho. Ajuda a ter uma boa reputação, isto é, boa repercussão, o tipo que vem de ter trabalhado bem com outras pessoas e respeitado normas profissionais de conduta em produções anteriores. Ajuda a ter o olhar certo, mas não é a coisa mais importante. Grandes atores roubam a cena ao desempenhar papéis aos quais são designados, mesmo os menores, com comprometimento completo e total, de formas marcantes, pessoais e inesquecíveis. Para usar bem o poder, não é suficiente se colocar em frente à câmera somente o tempo necessário para um *close*. Temos que estar por inteiro, procurar oportunidades de fazer a diferença e fazer o que for necessário, quer isso nos destaque no momento quer não. Ao menos em parte, é como conquistamos papéis maiores no futuro.

6

O Show Deve Continuar

Entrando em Cena e

Apropriando-se dos Holofotes

Supõe-se que é da natureza humana interessar-se pelo poder: não somente achá-lo interessante, mas ser atraído por ele, desejar mais, buscar para si mesmo. O filósofo alemão Friedrich Nietzsche foi um dos primeiros a descrever essa motivação, que ele chamou de "o desejo de poder". Nietzsche acreditava que abordamos toda e qualquer circunstância da vida por meio do esforço de obter a posição mais alta possível. Ele acreditava que esse tipo de esforço é saudável, e até mesmo necessário, para justificar a existência da humanidade.

Mas a ideia de ter poder é, para muitas pessoas, mais atraente do que a realidade. Meus colegas e eu costumamos brincar que, embora adoraríamos receber ofertas para os maiores cargos em nossas respectivas áreas, não temos certeza de que as aceitaríamos. Muitas pessoas, em muitas situações, estão mais confortáveis nos bastidores do que nos holofotes, e muitos de nós preferem ser amados a ser temidos.

A ansiedade de desempenho, especialmente em um grande papel, pode ser realmente um problema sério. Em meados dos anos 1990, eu estava dando aulas de comportamento organizacional no programa noturno da Kellog School of Management, da Universidade Northwestern. Os alunos eram gestores que iam para a aula depois de um dia cheio de trabalho. Estavam exaustos, mas também cheios de energia pela oportunidade de dar um passo atrás e refletir sobre os desafios que estavam enfrentando em seus trabalhos.

Em um ano, para acender uma discussão sobre o impacto dos papéis organizacionais, decidi mostrar um clipe do famoso experimento de aprisionamento de Stanford, conduzido em 1971 por Philip Zimbardo para estudar os efeitos psicológicos do poder. Estudantes universitários que se inscreveram para fazer parte de uma cenário simulado de prisão — montado no subsolo do Departamento de Psicologia de Stanford — foram aleatoriamente designados para o papel de prisioneiro ou de guarda, pelo período de duas semanas, enquanto Zimbardo (no papel de superintendente) e seus assistentes de pesquisa assistiam.

Alguns resultados desse experimento são amplamente conhecidos. Em anos recentes, a tortura psicológica infligida por alguns dos "guardas" foi comparada ao abuso sofrido pelos prisioneiros descobertos em Abu Ghraib. As coisas ficaram tão feias que o experimento foi cancelado depois de apenas seis dias.

Antes de mostrar o clipe do filme na aula, pedi aos meus alunos (todos tinham experiência como gestores) para se colocarem no lugar dos participantes. Pedi a eles que imaginassem que foram designados para o papel de guarda da prisão e se apresentariam para o trabalho pela primeira vez no dia seguinte. "O que você estaria pensando?", perguntei.

Não consigo me lembrar o que esperava que eles dissessem, mas assumi que, o que quer que fosse, daria uma abertura interessante para o quanto o poder pode transformar pessoas normais em algozes abusivos. Eles ficaram quietos por uns instantes.

"Eu ficaria assustado", um finalmente admitiu.

"Com o quê?", perguntei, pensando que talvez ele não teria entendido bem o exercício. "Você estaria no comando."

Então outros se juntaram. Eles queriam fazer um bom trabalho, porém não tinham certeza se conseguiriam ser bem-sucedidos. Eles deveriam manter as coisas sob controle, mas não podiam usar a força. Os prisioneiros não ficariam felizes com o esquema; e se eles se recusassem a obedecer? Os guardas não tinham poder real além dos seus títulos formais de "guardas", e temiam que os prisioneiros percebessem isso. À medida que eles imaginavam se apresentar como guardas de prisão, seu medo de ser desmascarados era palpável. Em essência, estavam com ansiedade de desempenho e disseram que isso os deixava no limite.

Marc Andreessen, o lendário investidor de risco e fundador do primeiro navegador de internet Netscape, fez um comentário famoso ao dizer que há somente duas reações ao ser, de fato, a pessoa responsável por uma startup: euforia e terror. E, como todos que gostam de montanhas-russas dirão, pode ser difícil dizer a diferença. O estudo de aprisionamento de Stanford foi considerado por décadas como o exemplo clássico de como as pessoas ficaram embriagadas ou eufóricas com o poder, e é citado como "prova" de que a reação típica ao poder é abusar dos indefesos por diversão. Mas não havia sinal dessa mentalidade em meus alunos quando pedi para estarem lá no papel de guarda. O que veio à mente deles, antecipadamente, foi o medo.

Medo e Três Formas de Representá-lo

Em geral pressupõe-se que os guardas no estudo de aprisionamento de Stanford eram insensíveis, cruéis e até mesmo sádicos por natureza. E é verdade que alguns guardas lidaram com a pressão de fazer o que pudessem para desestruturar os prisioneiros — tudo, desde humilhá-los verbalmente e tirar seus colchões até deixá-los dormir no concreto duro e trancá-los em "confinamento solitário". Esses comportamentos foram amplamente publicados. Entretanto, o que é menos conhecido sobre o estudo de aprisionamento de Stanford é que nem todos os guardas reagiram assim. Na verdade, de acordo com relatórios do estudo, os guardas usaram seu poder de três formas distintas, e elas apareceram em proporções iguais.

Agressores. Quando entrevistados sobre a experiência anos depois, o que os guardas que abusaram dos "prisioneiros" descreveram de várias formas não foi o desejo de machucar, mas, sim, de fazer um bom trabalho. Em uma entrevista recente, um participante lembrou de querer entregar os resultados que Zimbardo queria: demonstrar como o poder levava ao abuso. Esses guardas enfatizaram seu poder ao fazer tudo o que podiam para garantir que os prisioneiros se sentissem totalmente indefesos, de forma que pudessem ficar sob controle, como haviam recebido instruções. Mas suas motivações estavam embasadas no desejo de ganhar aprovação dos pesquisadores e se afirmar perante seus colegas — para serem "os melhores" no que tinham sido chamados a fazer —, não coagir nem machucar os outros gratuitamente. Eles queriam sobressair em seus papéis, e fizeram tudo o que foi preciso.

Burocratas. Enquanto alguns guardas foram "acima e além" do que poderia ter sido esperado, "exibindo" para o pesquisador o quão bem eles podiam controlar os prisioneiros, alguns simplesmente tentaram atender às expectativas (em oposição às aspirações) perfeitamente. Tentaram seguir estritamente as regras, fazendo exatamente o que foram instruídos, nem mais, nem menos. Esses guardas representaram seu papel de forma séria — estavam altamente conscientes e foram descritos pelos pesquisadores como firmes, mas justos. Definiram o bom desempenho como fazer o trabalho "corretamente".

Em contraste com os que exageraram ao assumir riscos pessoais para mostrar criatividade e iniciativa, os que representaram de forma correta eram avessos ao risco; eram menos preocupados em "detonar", preferindo "colocar os pingos nos *is* e os traços nos *ts*". Representavam seus papéis abdicando seu poder; estavam somente seguindo ordens.

Apaziguadores. Havia outro grupo de guardas cujo comportamento não foi amplamente discutido. Em vez de jogar sujo ou certinho, esses fizeram o papel de legais. Eles tentaram apaziguar e criar laços de amizade com os prisioneiros, fazendo favores especiais e dando a eles tratamentos especiais. Queriam manter os prisioneiros "gordos e felizes", de forma que os prisioneiros gostassem deles e, possivelmente, não se revoltassem.

Essas três respostas à ansiedade de desempenho entre os guardas no estudo de aprisionamento de Stanford não são diferentes do que vemos em outros estudos sobre poder e liderança. Algumas pessoas enfatizam seu poder, outras o atenuam e há aquelas que o desempenham de forma estrita. Porém, cada resposta é uma forma diferente de lidar com a ansiedade de desempenho que vem com um papel de alto poder.

Não é intuitivo que as pessoas sintam-se assustadas quando seguem em frente em suas vidas. No entanto, como muitos sabem, uma das grandes ironias do poder é que buscamos papéis de liderança para nos sentirmos mais seguros e mais no controle, mas aí a coisa muda de figura: percebemos que o momento em que assumimos uma posição de poder é também o momento em que percebemos quão pouco controle temos de fato. Como qualquer mãe/pai, gerente ou líder de equipe sabe, assumir uma posição de poder enquanto se sente inseguro sobre sua capacidade de controlar as coisas é um pesadelo, literalmente, como nesta situação: Estou tentando chegar na aula no horário e estou presa entre os andares em um elevador, não consigo encontrar minha sala de aula, estou completamente despreparada ou preparei os temas errados. Estou de pé, de frente para a turma, tentando começar a aula e os alunos estão indo e vindo como se eu nem estivesse ali. São todos pesadelos que tive de verdade.

Não se trata de controle, é claro. É a possibilidade de estar em um grande palco. Principalmente, imaginamos que os ocupantes de papéis de grande poder recebem menos pressão por desempenho do que o restante de nós. Mas, quando vemos o poder mais de perto, da perspectiva do ocupante da posição, não é bem assim.

Poder e Ansiedade de Desempenho

De um dia para o outro você pode passar de membro da equipe a líder. Você pode passar de auxiliar a chefe. Você não se sentirá uma pessoa diferente, mas o poder muda tudo. Muito provavelmente, você não se sentirá mais poderoso do que no dia anterior, mas para os outros você não é a mesma pessoa. Um papel de poder atrai atenção, grandes plateias e, frequentemente, avaliações duras. Ele vem com responsabilidade e grandes expectativas, e, às vezes, gera inveja e ressentimento. Assumir um papel maior nos coloca em um palco maior, onde, inevitavelmente, nos sentimos menores. E, no brilho dos holofotes, nos sentimos expostos, nus, com nossas fraquezas à mostra.

No mundo da gestão, o medo específico que acompanha o ato de assumir um papel maior é descrito como *síndrome do impostor*. É uma forma de ansiedade de desempenho que afeta todos os tipos de atores que se encontram representando papéis para os quais não se sentem totalmente preparados. A síndrome do impostor é um medo de se expor, de "quebrar o enredo" em termos de Stanislavski, e revelar a lacuna entre o ator e o papel para o qual foi escalado. É um medo de ser visto por completo, como em *O Mágico de Oz* ("Não preste atenção no homem atrás da cortina!") ou na história do rei que estava nu.

Todos nós já passamos por isto: lançados em um papel para o qual mal nos sentimos qualificados, para o qual esperam que possamos agir com autoridade e sobre o qual estamos inseguros se podemos desempenhar como o esperado.

Um psiquiatra que conheço, que trabalha em Cambridge, Massachusetts (perto de Harvard), diz ter aconselhado vencedores do Prêmio Nobel que sofriam dessa aflição. E um professor que conheço, com uma grande carreira neste momento, ainda visceralmente relembra como, no começo de sua carreira, seu impostor interno se revelou da forma mais literal possível. Ele havia se oferecido para dar uma aula sobre textos de três pensadores principais: Marx, Nietzsche e Freud. Ele conhecia seus trabalhos profundamente e, ainda assim, sem querer se referia ao curso como "Marx, Nietzsche e *Fraude*".

A síndrome do impostor é um medo de ser exposto e, às vezes, como esse deslize freudiano ilustra perfeitamente, reagimos ao nos expor. É um clássico se a escolha subconsciente é atenuar o poder, algo como mostrar sua jugular, dizendo: "Por favor, não me morda. Não valho a pena." Respostas à síndrome do impostor frequentemente tomam essa forma, mas nem sempre. Algumas pessoas em vez de se deixarem abater se retiram, se escondem, ficam imóveis ou ficam sem voz. Outros enfatizam em resposta à síndrome do impostor; tentam esconder suas fraquezas agindo com mais superioridade do que o necessário. A resposta clássica é preparar-se demais, treinar para o papel ao reforçar o conhecimento, a expertise e a confiança, então esperar muito antes de fazer uma entrada. Quando assumimos um grande papel sem técnicas para gerenciar a ansiedade do desempenho, todos esses impulsos podem funcionar contra nós mesmos, de várias formas.

Medo de Não Estar à Altura

Quando o objetivo é estabelecer confiança em um papel de muito poder, o medo de parecer incompetente pode nos distrair do que mais importa, que é o quanto nossos subordinados acreditam que levamos seus melhores interesses em conta. Não é intuitivo, mas pesquisas nesse ponto são claras:

a competência de um ator de muito poder é normalmente tida como certa. O maior problema, normalmente, é aprender a demonstrar que nos importamos.

Muitas vezes, sou contatada por amigos, colegas e ex-alunos quando recebem uma grande promoção. Querem conselho sobre como se apresentar às pessoas que supervisionarão e normalmente não querem fazer uma entrada até sentir que sabem o que estão fazendo. Querem saber como estão as coisas, conhecer a cultura e as políticas, decidir quais iniciativas priorizar e quais posturas adotar. Frequentemente não sabem ainda como planejam abordar os desafios importantes e temem aparecer sem respostas. Contudo, esperar muito para fazer uma aparição ou somente fazer uma aparição, isto é, tentar "entrar e sair", tem inconvenientes peculiares para um ator com muito poder.

Foi dito que o presidente George W. Bush perdeu muitos de seus apoiadores depois do furacão Katrina, quando ele esperou muito tempo para ir à Louisiana avaliar os danos, e então recebeu ainda mais críticas quando sobrevoou o desastre em um avião em vez de se encontrar em terra com seus eleitores. Por outro lado, o prefeito Rudy Giuliani foi aclamado nacionalmente por ficar no meio dos destroços do World Trade Center no dia 11 de setembro, usando um capacete de proteção. Quando você é a pessoa no comando, deve aparecer, mesmo que isso signifique se sujar ou se colocar em uma posição de risco. O fato de que Bush parecia estar mantendo distância da tragédia do Katrina, não se oferecendo para ajudar pessoalmente ou se eximindo de sua responsabilidade de ajudar, fez com que ele parecesse insensível e até mesmo hostil em relação às vítimas (apesar de não estar ativamente causando dano). Em uma foto célebre, Bush foi retratado olhando pela janela de seu avião enquanto sobrevoava a devastação e, embora dissesse que se sentia profundamente preocupado com o que tinha visto e seus assessores explicassem que ele queria evitar desviar a atenção e os recursos dos esforços de resgate, não foi como suas ações foram percebidas pelo resto do mundo.

O Show Deve Continuar

A lição é: quando você é a pessoa no comando, as pessoas o procurarão por muitos motivos. Na maior parte, estarão tentando entender o quão importantes são para você. Como a pessoa no papel de grande poder, você é o precursor da autovalorização de todos os demais. Você deve tornar uma prioridade mostrar às pessoas que elas são dignas de seu tempo e atenção, pois, como a pessoa com o papel de grande poder, você será o beneficiário de muitos privilégios. Mas, nesse caso, não receberá o benefício da dúvida.

Recentemente falei com uma amiga que tinha sido promovida para uma posição de diretoria em uma empresa de tecnologia cujo produto era uma inovação que estava preparada para criar um novo mercado, gerando uma grande repercussão. O único problema é que ela não fazia ideia de como esse novo e fascinante produto funcionava. Por um lado, ela queria entrar de cabeça e ajudar sua equipe a se ajustar à nova realidade. Por outro, não queria que eles pensassem que ela não estava tecnicamente preparada. Será que ela deveria pensar em ajustar seu estilo-padrão de gerenciamento ao assumir um papel muito maior em um setor totalmente desconhecido? Sabiamente, ela negociara algumas poucas semanas antes de começar, de forma a se atualizar na tecnologia e no setor no qual estava entrando. Sua inclinação era investir algum tempo para aprender um pouco sobre as pessoas também, antes de ter qualquer reunião com a equipe.

"Não espere", eu disse a ela. "A coisa mais importante é simplesmente estar lá. Conheça as pessoas imediatamente, mesmo que não saiba o que dirá a elas. Descubra como estão e quais são suas expectativas e preocupações. Você pode não fazer a entrada perfeita, mas ganhará pontos por demonstrar que se importa e está interessada no que importa para elas. Elas precisam ser capazes de te olhar nos olhos e ver que são uma prioridade para você, que você as respeita, está ansiosa para aprender com elas, e que está prestando atenção. Não se esconda até sentir que está pronta. Este é o primeiro passo."

Então, você deve estar lá fisicamente. Porém, como até mesmo os artistas mais experientes dirão, estar presente fisicamente não garante uma boa apresentação. O medo de aparecer em um grande palco pode deixar aflitos até mesmo os artistas mais experientes. Jay-Z (Shawn Corey Carter), o famoso rapper e produtor musical, descreve como engasgou durante seu primeiro show ao vivo. "Simplesmente esqueci as palavras", diz Carter. "Fiquei parado e tentei passar o microfone para Damon Dash, com quem cofundei a gravadora Roc-A-Fella. Dei o microfone para ele, como, 'toma'. Ele ficou como, 'cara, eu não canto rap!' Eu simplesmente não sabia o que fazer. Não sabia — eu estava, tipo, em choque."

De forma similar, a lendária cantora e compositora Patti Smith falou sobre ter sido estranhamente tomada pelo medo do palco, apesar de suas décadas de experiência se apresentando, ao prestar uma homenagem a Bob Dylan na transmissão pela TV do evento de concessão do seu Prêmio Nobel na Suécia. O próprio Dylan tinha recusado o convite; ele nem mesmo queria estar lá. Então Smith concordou em apresentar-se em seu lugar. Uma poetisa renomada, letrista e artista performática em toda sua forma, Smith tinha sido escolhida para se apresentar na cerimônia exatamente por esses motivos. Porém, quando o momento chegou, ela não conseguiu cantar.

"Os acordes de abertura da música foram tocados e me ouvi cantando", ela escreveu. "O primeiro verso foi razoável, um pouco tremido, mas estava certa de que conseguiria. Mas, ao contrário, fui pega por uma infinidade de emoções, em uma avalanche de tanta intensidade, que fui incapaz de lidar com elas. Do canto do meu olho pude ver o suporte enorme da câmera de televisão, todos os dignitários sobre o palco e as pessoas mais adiante. Desacostumada a uma situação nervosa insuportável como essa, não consegui continuar. Não havia esquecido as palavras que já eram parte de mim. Estava simplesmente incapaz de colocá-las para fora." Em resumo, Smith "engasgou". Ela estava

O Show Deve Continuar 143

tão longe de sua zona de conforto, que ficou momentaneamente incapaz de fazer o que tinha ido fazer.

Frequentemente, antes de uma grande reunião ou apresentação, um palestrante dirá: "Só quero resolver isto logo." Isso também é uma resposta ao medo de demonstrar fraqueza e a ansiedade que vêm com a apresentação. Muitos executivos lidam com seu desconforto com o poder, e o medo de não representar o poder da forma "certa", ao "se ausentarem" ou "serem relapsos", que são versões da mesma coisa. Pensamos que, se não aparecermos de fato, não poderemos estragar as coisas, então ficamos pensando por que os subordinados não confiam em nós. Se você não consegue encontrar uma forma de estar presente, isso mostra que você não quer estar lá. E, como você é a pessoa no comando, ninguém assumirá que é porque se preocupa muito com as pessoas, mesmo que essa seja a razão.

Isso é verdade quer estejamos no comando quer não. Em grandes reuniões, todos já notamos as pessoas que se envolvem em conversas paralelas enquanto outras estão falando. Podem estar presentes de corpo, mas em espírito não estão lá. Em vez de se manterem em contato com as razões pelas quais foram ao evento e seus resultados, que podem piorar a ansiedade do desempenho, fingem que estão participando quando, na verdade, estão cumprindo protocolos, sentadas ali, desempenhando o papel de participante enquanto assistem, julgam e deixam outros fazerem o trabalho pesado. Não estão certas se querem se arriscar a dizer o que estão pensando na frente de todo o grupo, então agem como espectadores em um evento esportivo, comentando sobre o que acontece a partir dos bastidores. Sem assumir um risco pessoal em se mostrar para todos, é difícil ser visto como um membro valioso para a equipe.

Medo de Responsabilidade

Em contraposição a Nietzsche, que acreditava que todos querem posicionar-se em primeiro lugar, os psicólogos Sigmund Freud e Erich Fromm argumentavam que, na verdade, a maioria das pessoas temiam o poder e tentavam evitar prestar contas por usá-lo. Muitos executivos lidam com essa ansiedade atuando como os "burocratas" no experimento de aprisionamento de Stanford, ou seja, seguindo as normas. Tentam seguir regras, obedecer políticas, princípios existentes e seus superiores em vez de chamarem para si a responsabilidade por suas próprias decisões.

Um exemplo pertinente (mas fictício) se passa no filme britânico *Decisão de Risco*, em que dois pilotos de drone inexperientes estão em um bunker em Nevada, aguardando pela ordem de lançar o drone que matará um homem-bomba em um bairro residencial em Nairóbi, no Quênia. A coronel britânica Katherine Powell (representada por Helen Mirren) quer lançar o ataque de mísseis, mas não consegue que ninguém o aprove, pois ninguém quer ser considerado responsável. Primeiro, ela consulta seu assessor jurídico, que recomenda que ela fale com seu tenente-general, que está supervisionando a missão. No entanto, o gabinete britânico precisa estar de acordo e ninguém quer ser a pessoa a dizer sim, então o tenente-general dirige-se ao ministro de Relações Exteriores, que tenta transferir para o ministro de Estado dos EUA, que está, ao que parece, em uma visita diplomática à China. Em um momento de alívio cômico, o ministro de Estado autoriza o ataque imediatamente, no meio de uma partida de pingue-pongue, como se fosse algo fácil. No final, a coronel aguerrida encontra uma forma de lançar o míssil, mas somente depois de circular por um verdadeiro exército de tomadores de decisão poderosos, com mais poder do que ela, mas que não querem ser considerados responsáveis se a missão der errado.

Para muitas pessoas — até mesmo a maioria, como parece —, o medo da responsabilidade é tão profundo que, quando o momento decisivo chega, preferem não tomar grandes decisões por si próprias. Elas podem querer estar na sala onde a decisão acontece, mas tentam evitar a cadeira na ponta da mesa.

Você pode supor que a maioria das pessoas sempre prefere vencer em vez de ficar em segundo lugar. Ao contrário, em uma pesquisa conduzida por meu colega e aluno de doutorado Em Reit, descobrimos que, em média, a maioria das pessoas (pouco mais da metade, pelos estudos) relatou que preferiria ficar em segundo lugar. A razão, ele especula, é que as pessoas gostam de maximizar o status em grupos, contudo, evitam ser responsáveis por usar o poder. Em resumo, a prestação de contas associada ao primeiro lugar nos grupos, para muitos, não vale a pena.

Quando o objetivo é buscar status, mas evitar responsabilidade, tendemos a tomar ações que reforcem o status quo. Não é necessariamente algo ruim, mas seguir as regras nem sempre é associado ao potencial de liderança ou a percepções de "grandeza" em um papel de muito poder.

Medo do Desprezo por Níveis Mais Altos

A maioria das pessoas teme fazer coisas que provoquem hostilidade nos outros, na maior parte do tempo. E usar o poder traz riscos especiais nesse departamento, em particular para aqueles com uma necessidade elevada de apreciação. Os ocupantes de posições de alto poder são alvos de inveja e ressentimento, quase que por definição, de acordo com o cientista político William Ian Miller, que descreve o "desprezo pelos níveis mais altos" como uma característica inevitável da vida hierárquica. Quando estamos preocupados em ganhar um concurso de popularidade, pode ser difícil usar bem o poder.

Recentemente conversei com um grupo de membros do conselho e fiquei sabendo como isso é comum. O CEO de uma firma de fundos de investimento depois se aproximou de mim e disse: "Acho que você acertou em cheio um dos maiores desafios de RH de nossa firma. Contratamos os associados e os melhores são promovidos. São superestrelas com números, em uma trajetória acentuada para cima, então tropeçam. Não conseguem lidar com o fato de serem promovidos acima de seus pares; querem fingir que ainda são iguais. De uma hora para outra, eles têm que responsabilizar seus amigos e querem fingir que isso não é trabalho deles! Perdemos um monte de bons profissionais dessa forma, e os grupos que eles gerenciam começam a se desmantelar. Eles não confiam em ninguém que esteja no comando. Isso traz à tona o pior em todos."

David Winter, o psicólogo político que estudou o impacto das necessidades elevadas entre os presidentes dos EUA e como isso afetou seus comportamentos durante os mandatos, escreve que Richard Nixon foi o exemplo clássico de uma pessoa poderosa que deixou sua necessidade de ser apreciado tomar o melhor dele. Suas tentativas de espionar oficiais do Partido Democrático ao grampear seu escritório central foram motivadas, de acordo com Winter, por uma paranoia intensa que se originava em seu medo de ser visto como um intruso de pouco status em Washington, e que os membros estariam querendo pegá-lo. É uma narrativa que reapareceu.

Canalizando Medo em um Desempenho Poderoso

Em resumo, a ansiedade de desempenho é uma parte normal ao assumir um papel maior. Mesmo atores profissionais experimentam medo do palco às vezes. Mas eles aprendem a esperar e até mesmo recebem bem o aumento da energia nervosa que chega antes de uma apresentação, pois têm técnicas para aproveitar essa energia e usá-la de formas construtivas.

Mantenha a calma e siga em frente. Em seu nível mais básico, a ansiedade é uma resposta psicológica, e você pode enfrentar os aspectos físicos em suas condições próprias. Atletas, dançarinos, músicos e, claro, atores lidam com a ansiedade de desempenho ao fazer um aquecimento físico antes do momento do show, que lembra ao corpo o que ele está lá para fazer. Eles se alongam, se soltam, tentam mover a energia através de seus corpos em vez de tentar bloqueá-la ou fazer com que vá embora. Um aquecimento físico é uma forma de se livrar da bagagem emocional, liberando formas familiares de segurar o corpo, abandonando o que acabou de acontecer e criando espaço dentro do corpo para flexibilidade física, agilidade e adaptação.

Há muitas formas de se aquecer antes de uma apresentação e, pelo fato de todos os atores para quem dou aula usarem métodos diferentes, tentei todos.

É útil aprender primeiro a reconhecer como é a sensação de ansiedade. Aprendi a fazer isso com Kay Kostopoulos, minha primeira professora de teatro. "Feche seus olhos e faça contato consigo mesma", ela dizia. "Como está sua postura? Onde está seu queixo? Como seu peso está distribuído? Você se sente leve ou pesada? O que está se passando na sua cabeça?" É um levantamento pessoal, como ela descreve, e vim a compreender esse processo como uma forma de notar não somente os sentimentos que estou experimentando e a linguagem corporal que estou demonstrando no aqui e no agora, mas também a bagagem que tenho trazido comigo de outros lugares. Ansiedade é energia; é como um motor e você quase pode ouvi-la zumbindo em seus ouvidos, bloqueando outros sons. Eu a sinto em minha face, na mandíbula tensionada, em um sorriso forçado ou uma sobrancelha franzida, e em meu peito, ombros e mãos que, às vezes, estão tensos sem razão aparente. Sinto-a em minha respiração, que pode estar superficial, e até mesmo temporariamente presa. Em minha mente, essas respostas naturais ao medo e à ansiedade são as tentativas de meu corpo de bloquear a energia que estou gerando ou eliminá-la.

Quando tenho essas sensações físicas, aprendi que posso simplesmente focar liberar a tensão e tentar movimentar a energia através de meu corpo. Uma psicóloga que conheço, que trata ansiedade, uma vez me disse que lembra a seus pacientes que a ansiedade é como uma onda; ela vem e ela passa. Em vez de tentar bloqueá-la ou neutralizá-la, ela recomenda tentar ajudá-la a passar. Às vezes, saio da sala onde me apresentarei e simplesmente dou uma volta, agito minhas mãos, expiro ar pela boca e faço alongamentos. Se pulo, me esforçando um pouco, minha respiração muda, começo a respirar fundo, relaxando, ao invés de respirar rápida e superficialmente. Um aquecimento físico movimenta a energia e o sangue da cabeça para o corpo, e quando faço essas coisas, quando sei que meu corpo está pronto para agir, o medo começa a parecer mais com entusiasmo.

Um aquecimento físico também pode te ajudar a parecer mais relaxado quando você está se sentindo tenso e é uma boa preparação para qualquer tipo de apresentação: uma grande apresentação para um cliente, uma reunião com seu chefe, uma entrevista ou uma reunião virtual, com ou sem vídeo. Recentemente fiz algumas sessões de coaching com executivos que estavam encenando uma conversa importante. Vi muitas piscadas, contrações, tremores, sorrisos falsos e sobrancelhas se movimentando. Pedi aos atores para esticarem seus rostos, como eu tinha aprendido a fazer, primeiro para abri-los o máximo possível, depois para fechá-los o mais apertado possível e, então, relaxando os músculos faciais, todos os tiques desapareceram. Para mim, parte da mágica de um aquecimento físico é que ele ajuda a focar a atuação, ou fazer algo, em vez do que estou sentindo. Geralmente, ajuda a liberar sua mente de pensamentos sobre como você está se saindo, de forma que seja possível focar fazer as coisas mais importantes.

O Show Deve Continuar

Ensaie. Em quase todo empreendimento, a prática leva à perfeição. É porque realizar uma ação desejada várias vezes a torna um hábito ou o que psicólogos chamam de uma *resposta dominante*. Estudos de *facilitação social* descobriram que a presença de uma plateia tende a aumentar as chances de uma resposta dominante em todos os tipos de tarefas. Então, é importante ensaiar a resposta antes de a plateia estar presente. Do contrário, você voltará para as outras respostas menos úteis e bem aprendidas.

A presença de uma plateia pode melhorar todos os tipos de desempenho, se o hábito acionado for o correto. Atletas experientes, por exemplo, frequentemente têm um desempenho melhor diante de uma plateia, pois a ansiedade é uma fonte de força física e, sobretudo, porque eles (e outros atores) sabem onde focar quando a ansiedade chega. Atores inexperientes, por outro lado, tendem a ficar abalados com uma plateia, pois não sabem o que fazer com a energia em excesso. E, nessas situações, a presença de uma plateia piora tudo.

Atores e atletas não são os únicos que precisam estar prontos para canalizar suas energias quando estão sob pressão. Para todos os tipos de profissionais, sobretudo os responsáveis por proteger outros em situações de alto risco, a prática é uma disciplina necessária. Policiais, bombeiros, socorristas e, cada vez mais, professores precisam saber onde focar quando a adrenalina sobe. É, pelo menos em parte, a razão para treinamentos de desastres: quando o alarme soa e o medo aparece, eles precisam saltar para a ação. Os primeiros a agir precisam correr para a cena, em um prédio em chamas ou o que quer que seja, prontos para salvar vidas, quando o instinto normal seria correr para o lado oposto. Fred Ryan, chefe de polícia em Arlington, Massachusetts, descreve que um dos momentos mais temidos por ele, como policial, é receber um chamado de ocorrência grave de acidente com veículo. "Não quero ir e atender à ocorrência", ele pensa. "Mas a adrenalina entra em ação. Pessoas dependem de sua ação imediata. Você deve estar à altura da situação."

A chave para um desempenho ótimo em qualquer empreendimento é a prática. Mas a prática não é só ficar mais confortável com seu discurso, os slides de sua apresentação ou suas falas, também envolve ficar confortável em representar seu papel. A prática é como a maioria de nós aprende a fazer grande parte das coisas. E usar o poder, como em muitos casos, fica mais fácil — mais natural, mais hábil e mais automático — quanto mais é feito. Requer desenvolver memória muscular e estabelecer rotinas para gerenciar sua atenção, sua mentalidade e seu corpo físico (fisiológico).

A maioria das pessoas, ao se preparar para um grande momento sob os holofotes, foca principalmente o que dirão. Passei muitas noites me mexendo e me virando na cama, à medida que as palavras — algumas coerentes, outras não — passavam pela minha cabeça contra minha vontade antes de uma grande apresentação. Acreditem, essa não é a forma mais produtiva de se preparar. Muito melhor, descobri, é levantar-se, vestir pelo menos parte de sua roupa (normalmente calço os sapatos que usarei na apresentação), pegar seus objetos de apoio (notebook, apontador a laser, avançador de slides) e movimentar-se enquanto fala. Deixe seu corpo absorver e informar o que você está tentando dizer; dê a ele uma chance de se apropriar das palavras.

Muitas vezes, quando aplico sessões de coaching, insisto que a pessoa com quem estou trabalhando realmente treine os 30 primeiros segundos da ação que abrem a cena: entrar na sala, caminhar até o palco, segurar o microfone, cumprimentar as pessoas individualmente no caminho, arrumar suas coisas, puxar a cadeira, sentar-se ou dar as boas-vindas aos outros em uma reunião. Elas aprendem a fazer coisas, como usar o tempo para lidar com seus objetos de apoio de forma competente, acomodar-se em suas cadeiras antes de começar a falar, treinar o que farão com suas mãos de forma que não se agitem e assim por diante. O ensaio é uma forma de canalizar a energia nervosa e evitar algumas surpresas, mas também de se condicionar a esperar um resultado positivo, provando a si mesmo que é perfeitamente capaz de fazer o que tem que ser feito, e que você pode lidar com o que vem pela frente.

Na ciência do desempenho ideal, o desempenho máximo é conhecido como *flow* [fluxo, em tradução livre], que é basicamente a experiência de perder-se no tempo e no espaço e apenas fazer. Flow é a ausência de autoconsciência, é um estado inspirador para um ator. E, para alcançar esse estado, é preciso aprender a gerenciar para onde vai sua atenção.

Saia de você. Quando agimos com poder, no palco ou na vida, é a coisa mais natural do mundo ficar focados em nós mesmos, nos sentir expostos no brilho dos holofotes, estar superatentos à plateia e imaginar todos aqueles olhares nos mirando de cima a baixo. A ansiedade de desempenho é, em sua essência, uma reação autoconsciente. A única forma de seguir com o show nesses momentos é perder seu "autoconhecimento" ao fazer algo. O segredo para se apropriar do palco, da sala e do momento é tornar-se absorto em alguma coisa, qualquer coisa, além de sua aparência.

Em vez de ficar inseguro, você pode escolher ficar atento a coisas fora de você, isto é, focar tão intencionalmente algo que não seja seu próprio ego, que não haja recursos mentais disponíveis para uma autoavaliação. Este, provavelmente, é o princípio por trás do antigo provérbio de imaginar a plateia em roupas íntimas. Na verdade, a atenção plena no mundo externo é amplamente aceita como uma abordagem útil para aliviar todos os tipos de ansiedade. A ideia é aprender a escolher para onde vai sua atenção e praticar fazer algo — sentir a brisa, escutar o ventilador na sala ou o som do oceano — que requer seu total comprometimento.

Quando estiver se apresentando, em vez de focar algo que o distraia, mas que seja irrelevante, você pode escolher direcionar sua atenção para os outros atores em cena. É o que alguns atores fazem como uma abordagem para lidar com o medo do palco, e eu uso uma técnica similar o tempo todo. Quando começo a sentir medo, ficar ansiosa ou preocupada sobre como será meu desempenho, mudo meu olhar para a pessoa com quem estou lidando e simplesmente tento internalizá-la — é como escutar com os olhos —, e isso absorve toda a minha concentração. Observo com cuidado e curiosidade, sem julgamento: "Como esta pessoa está se saindo?", me pergunto. "O que está acontecendo com ela?"

Também ajuda lembrar que as pessoas não estão tão interessadas assim em você (ou em mim) a maior parte do tempo. Em geral, estão interessadas nelas próprias. Tendemos a superestimar quanto os outros notam nossas ações e aparência; esse viés de percepção foi chamado de *efeito do holofote*, e acontece o tempo todo. Quando a notícia sobre mim como sendo mulher fatal veio à tona, uma amiga minha famosa me procurou para compartilhar uma pérola de sabedoria incrível, que tenho repetido muitas vezes para amigos em necessidade. "O importante a ser lembrado", ela disse, "é que a maioria das pessoas está geralmente só pensando em si mesma. Elas pensam sobre você por quatro segundos, e então voltam a pensar nelas mesmas".

Aceite o medo. Quando Michael Powell foi convidado para a Comissão Federal de Comunicações (FCC), ele tinha somente 34 anos de idade. Um moleque do exército e filho de Colin Powell, Michael conseguiu seu primeiro emprego logo ao sair da faculdade, como líder de pelotão da cavalaria do 3º Esquadrão do 2º Regimento de Cavalaria Armada em Amberg, Alemanha. Aos 24 anos, ele foi gravemente ferido em um acidente de treinamento quando foi ejetado de um jipe que capotou e caiu sobre ele. Ele passou mais de um ano se recuperando e depois se aposentou do serviço militar. Powell trabalhou por pouco tempo para o Departamento de Defesa, entrou na Faculdade de Direito e conseguiu uma vaga no Departamento de Justiça. Quando o presidente Bill Clinton ligou para ele oferecendo uma cadeira na comissão, Powell não estava esperando. Apesar disso, como um jovem ambicioso e talentoso que foi criado para valorizar o serviço a seu país, essa era uma oportunidade que ele não podia recusar.

Conheci Powell em uma noite na qual fomos palestrantes em um programa para Mulheres nas Telecomunicações a Cabo, quando falei sobre ingressar no poder. Ao final da noite, ele esperou até que a sala estivesse mais vazia antes de se aproximar e me contar uma história pessoal. "Quando fui convidado para a Comissão Federal de Comunicações", ele me disse, "fiquei agitado. Sentia-me muito jovem e que não era qualificado, e realmente tive dificuldade em decidir se deveria ou não aceitar o trabalho." Finalmente, ele admitiu, seu pai interveio. "Ele disse: 'Filho, você simplesmente terá que aceitar que algumas vezes outras pessoas sabem da sua capacidade melhor que você.'"

Ouvir a descrição de Powell foi um caso clássico de ansiedade de desempenho. Certamente ele estava preocupado em fazer algo importante em sua vida, desempenhar um papel importante e viver de acordo com o exemplo de seu pai; o ex-general de 4 estrelas que se tornou presidente dos Chefes de Estado-Maior dos Estados Unidos definiu um padrão muito alto. Ao mesmo tempo, tendo sido criado em uma família militar, ele sempre sentiu uma responsabilidade de fazer algo significativo e empenhar-se para resolver problemas sociais importantes. "Cresci em uma tradição de serviço público e liderança; fui criado por um general de 4 estrelas. É uma responsabilidade pesada quando você recebe a confiança. Você sabe que essa posição não é para você, é para servir aos interesses das pessoas dos EUA, é uma tradição sagrada e honrosa."

Finalmente, seu desejo de "servir", como ele o descreve, foi maior que seu medo. "Eu simplesmente aceitei o medo", Powell disse, quando descreveu como superou o impulso de se esconder e encontrou coragem para assumir o papel. "Não temi admitir que havia muitas coisas que eu não sabia. Eu queria servir, queria me destacar e, para fazer isso, sabia que precisaria de mentoria e orientação... Foi uma grande oportunidade para aprender, e todas essas pessoas tornaram-se professores e mentores." Em vez de se sentir envergonhado pelo que não sabia, ele se tornou obsessivo por aprender. "Eu lia como louco", lembra-se. "Se você está preparado, aprendi, é de onde vem sua confiança. E quanto mais você se prepara, sempre, mais sua confiança aumenta."

Não foi a primeira vez que Powell sentiu-se despreparado para um trabalho, e ele diz: "Não foi a última. Tornou-se um princípio para mim: quando você tem duas escolhas, fique com o trabalho que assusta. É o que tem maior potencial de servir; o medo te mantém comprometido, focado e com receio de mediocridade."

Powell nos mostra como é feito. Após três anos de sua indicação inicial, o presidente George W. Bush nomeou Powell como presidente da Comissão Federal de Comunicações. E, reservas à parte, ele brilhou na cena. Powell tornou-se um defensor aguerrido dos interesses dos consumidores e fez mudanças ousadas e radicais que transformaram a indústria de TV a cabo e aumentaram drasticamente a importância do FCC. Powell canalizou sua ansiedade de desempenho para a ação, e isso o habilitou a usar o poder de seu papel para alcançar um impacto sem precedentes.

Powell colocou em prática ótimas técnicas de atuação, sem mesmo saber que era o que estava fazendo. Ele aceitou o medo e o usou como motivação para dar seu melhor. Viu seu papel como um dever, não como um elogio ou um veredito para sua própria pessoa. Viu o poder que veio com um grande papel como uma oportunidade de resolver os problemas de outras pessoas.

Para Michael Powell, focar sua responsabilidade com o país, em vez de se preocupar em ter aprovação, manteve sua ansiedade à distância. "Acho que é importante ter um ponto de vista, empenhar-se em fazer algo. Muitas pessoas que conheço simplesmente cuidam de seus empregos, estão confortáveis em não arrumar problemas, garantindo que nada aconteça de errado", ele diz. "Sem um senso de propósito e direção claros, você está sujeito a girar em círculos; com uma agenda incoerente, você estará somente reagindo e repelindo. Isso era mais assustador para mim do que ter uma agenda. Sabia o que estávamos tentando fazer."

A abordagem de Powell sobre representar seu papel demonstra o que David McClelland tinha em mente quando discutiu sobre como é importante para os indivíduos que têm uma forte motivação para o poder serem igualmente direcionados pela necessidade de alcançar algo além da autovalorização. Foi exatamente esse equilíbrio — uma grande necessidade por poder aliada a uma alta necessidade de realização — que foi associado na pesquisa de McClelland com um desempenho eficaz em uma posição de alto poder.

Escolha o amor. Em uma palestra recente em Stanford, Oprah Winfrey disse: "Há, na verdade, somente duas emoções que contam: o amor e o medo. Em todos os seus movimentos ao longo da vida, você vai em direção a um ou a outro. Para ter uma vida significativa, você deve escolher o amor." O mesmo é verdadeiro ao agir com poder.

Como vimos, a ansiedade de desempenho aumenta a necessidade por aprovação e aceitação, mas frequentemente pensamos que o desejo de sermos apreciados é o mesmo que sermos simpáticos. O que realmente importa, na verdade, é o quanto as *outras* pessoas pensam que gostamos *delas*. Dan Klein conta uma história sobre como ele descobriu isso, de certa forma penosamente, quando dava aulas para alunos do 8º ano. "Eu realmente queria que eles gostassem de mim", ele disse. Mas eles sentiram seu medo de que não gostariam dele e enfatizaram esse poder, fazendo com que ele tivesse dificuldades por um curto período. Um dia, ele pensou sobre como estava desempenhando seu papel e com qual objetivo. "Espero que vocês gostem de mim" não oferece nada ao receptor da mensagem. "Eu realmente gosto de você", ele descobriu, funcionava muito melhor.

Para usar bem o poder, precisamos mostrar gentileza, oferecer aceitação e aprovação (quando fizer sentido), e reafirmar aos outros que nos importamos com eles, apesar de também nos preocuparmos com nós mesmos. Como fazemos isso? Você pode começar notando quais sentimentos ambivalentes sobre o desempenho estão escritos em seu rosto. Quando nos sentimos assustados, tendemos a parecer sérios, reservados e distantes. Quando estamos pensando em resultados positivos, tendemos a parecer felizes e cordiais. Um sorriso genuíno pode contribuir muito, o que era muito valorizado pelo lendário professor da Escola de Administração de Harvard Michael Porter, que costumava escrever a palavra "Sorria" no canto superior direito das suas anotações para o primeiro dia de aulas como um lembrete para se apresentar de forma amorosa. Porter, uma celebridade virtual no mundo das escolas de administração, entende que, quando você está sob os holofotes, as pessoas prestam atenção em todos os seus movimentos em busca de pistas sobre como você se sente em relação a elas.

Quando Bob Joss tornou-se CEO do Banco Westpac, ele ficou inicialmente surpreso em saber que os funcionários estavam reparando em seu humor e seu nível de energia quando passava por eles nos corredores. Se estava reservado ou pensativo, ou simplesmente distraído, as pessoas pensavam que ele parecia distante, que não se importava com elas ou com a empresa, e se preocupavam se haviam desagradado a ele. Então, ele começou a prestar atenção nisto: um "oi" amigável no corredor ou a forma como subia no palco. Aperfeiçoou sua energia e sua tentativa de mostrar empolgação e entusiasmo — ele iria como que "saltitar", ele diz, no lugar de andar. Ele sentiu que deveria estar "para cima" todos os dias, mesmo quando não se sentisse assim. E o que ele aprendeu sobre representar um grande papel, ele diz, é que "não é importante agir autenticamente, mas é muito importante se importar autenticamente. Se você realmente se importar, o resto virá."

O Show Deve Continuar

Adoro lecionar. Adoro a interação com os alunos, em sua maioria genuinamente curiosos e interessados em aprender. E adoro o entusiasmo que vem do aprendizado de ver as coisas de novas formas. Entretanto, também temo a preparação e estou sempre preocupada com a pessoa na turma que ainda não sei quem é e pode não gostar de mim ou que pode me tirar do jogo.

No começo da minha carreira como professora, notei que sempre que sentia que algo não tinha saído exatamente do meu jeito em sala de aula, era como um bicho em minha cabeça. Ficava ruminando incessantemente, exagerava e achava que não conseguiria fazer isso ir embora. Era a sensação insuportável que eu havia falhado de alguma forma, não sido clara, esquecido de compartilhar algo importante ou ofendido alguém sem querer. Ficava obcecada com o aluno que parecia hostil, repassava o olhar de desaprovação várias vezes, imaginando o que mais poderia surgir e como muitas outras pessoas estariam me criticando em segredo. O medo dominava e determinava como eu me preparava para entrar na aula seguinte. Estava me preparando para uma luta.

Em algum momento, me ocorreu que minha preocupação não era construtiva. Eu estava fora da realidade, estava ativamente sendo fria com o grupo em um momento que teria sido muito mais produtivo ser mais calorosa em relação a ele. Eu estava preenchendo minha mente e meu corpo com medo e ansiedade: os precursores da hostilidade. E no magistério, nessa dimensão, você definitivamente colhe o que planta.

Eu não estava me mostrando aberta, generosa e disposta a estar com os alunos por 80 minutos, mesmo que fosse fácil. O que é pior, estava ativamente minando meu entusiasmo natural por algo que eu genuinamente adorava fazer. Um dia, levada pelo desespero, quando o olhar desaprovador apareceu em meus pensamentos, decidi pensar em um rosto sorrindo no lugar. Era um aluno que obviamente adorava a aula, me achava engraçada, fazia ótimas perguntas e compartilhava quando ficava tocado por alguma coisa. Isso fez eu me sentir tão melhor que continuei — dedicava alguns minutos antes de cada aula para "pensar positivamente". Repassava os melhores momentos das aulas anteriores. Lembrava-me dos alunos mais comprometidos, como me surpreendiam, e relembrava de exemplos de feedback positivo. Pensava nos momentos em que presenciei alunos tendo momentos de descoberta. Tentei me lembrar dos momentos em que dar aulas e aprender eram quase como brincar.

Forcei-me a pensar nas coisas que me inspiravam sobre lecionar — o que amo nisso — em vez das coisas que me chateiam. Foi um marco em minha vida como educadora. Isso nem sempre acontece naturalmente, mesmo hoje, mas é infalível e não é difícil. Escolher o amor ao invés do medo é uma das muitas formas que um ator pode ser intencional ao querer mostrar calor e zelo em um papel de poder e ser verdadeiro ao mesmo tempo. Não há nenhum fingimento nisso.

Fique presente e conectado. Quando se sentir embaraçado, inseguro ou impotente, conectar-se com sua plateia é o segredo. Depois de ler o ensaio de Patti Smith sobre sua experiência com medo de palco, assisti ao vídeo da apresentação. Em um primeiro momento, ela ficou paralisada, quase sem movimento, à medida que cantava: seus olhos abatidos, braços soltos ao lado do corpo e sua mente focada clara e internamente. Em seis minutos houve uma parada na letra, uma estrofe em um violão de cordas de aço. Com um pouco de espaço, ela ouviu a música. Seu rosto se suavizou ao mesmo tempo em que olhou para a plateia e, como se os estivesse vendo pela primeira vez, cantou para eles. Começou a sacudir e balançar, e abriu seus braços, literalmente alcançando a multidão enquanto cantava. Ela e a plateia eram um só, eram um só com a música e um só com o papel que ela estava representando. Isso me inspirou também.

Em abril de 2016, seis meses depois que a história de meu "escândalo" veio à tona, o trimestre da primavera começou e tive que encarar a situação. Havia 108 alunos alocados para minhas 3 sessões e mais de 100 nas listas de espera. Alguns tinham, sem dúvida, lido as notícias. Assumi que não estavam impressionados. Não nos conhecíamos. O que eles deduziriam sobre meu caráter? E mais, eu não sabia quem mais poderia aparecer no primeiro dia. Jornalistas haviam andado disfarçados antes. Eu estava aterrorizada.

No entanto, dessa vez, eu sabia o que precisava fazer. Tinha que ficar focada nos alunos. Todos os minutos, de todos os dias, por nove semanas naquela sala de aula, teria que ser sobre eles. Não sobre meu desejo de me provar, de fazer com que gostassem de mim ou receber a afirmação que sou uma boa pessoa a quem eles deveriam respeitar, mas sobre me conectar a eles e como eles estavam, garantindo que se sentissem confortáveis em uma situação potencialmente constrangedora e oferecendo algo que eu esperava que pudesse ser útil ou transformador.

No primeiro dia, cheguei cedo e fiquei de pé no púlpito, esperando os alunos chegarem. Mas isso me fez sentir sozinha. Então saí e sentei-me em uma das cadeiras. Quando os primeiros alunos entraram pela porta, levantei-me, dirigi-me a eles e apertei suas mãos à medida que chegavam. Foi uma reação totalmente espontânea, mas pareceu muito adequada. Apertei todas as mãos, conheci todos os alunos, olhei em seus olhos, ouvi seus nomes e tentei lembrá-los. Dei a eles minha atenção integral.

Não faço ideia do que estavam pensando ou sentindo naquele momento. Mas eu me senti, curiosamente, como detentora de poder.

PARTE IV

Compreendendo os Abusos de Poder, e Como Pará-los

7

Quando o Poder Corrompe
(e Quando Não)

Abusos de poder estão nas manchetes. E, como resultado, sabemos muito bem o que é fazer mau uso do poder. Sempre que uma pessoa que recebe poder com o propósito de promover os objetivos de um grupo usa esse poder para propósitos egoístas — especificamente para promover objetivos pessoais às custas do grupo —, é óbvio que está havendo abuso de poder. O que é menos óbvio é quando e por que isso acontece, e o que podemos fazer.

As pessoas buscam poder de muitas formas e por muitos motivos, e isso não é necessariamente uma coisa ruim. Estudos mostram que uma motivação forte pelo poder é saudável e é prognóstico de uma liderança eficaz. Mas, quando as pessoas buscam poder como um fim em si, porque querem parecer, sentir-se e ser mais poderosas, os resultados são totalmente previsíveis. Exercer poder sem um comprometimento real com um papel ou para resolver problemas de outras pessoas, é prognóstico de abuso e corrupção de todos os tipos imagináveis.

A Raiz de Todo o Mal

Nunca conheci Dave McClure, mas admiro sua honestidade. Um autoproclamado caipira da Virgínia Ocidental, que diz que "se formou raspando" na faculdade e esteve "entusiasmado" no Vale do Silício por mais de 25 anos, McClure ocupou grandes papéis em vários palcos. Em 2010, ele cofundou a aceleradora de negócios 500 Startups para atrair aspirantes a proprietários de negócios que não fossem brancos, norte-americanos e homens. McClure apostou que posicionando sua firma como a aceleradora preferencial para mulheres e fundadores internacionais, que ele acreditava ser subestimados pelo mercado por causa de vieses sociais, ele poderia capturar o melhor talento negligenciado. Em 1º de julho de 2017, a firma tinha mais de 390 milhões de dólares em capital comprometido e tinha investido em mais de 1.800 startups de tecnologia ao redor do mundo; cinquenta foram vendidas por seus fundadores com lucro, algumas em centenas de milhões de dólares. E, ainda assim, naquele mesmo dia de julho, McClure anunciou que estava deixando sua posição de CEO.

No comunicado escrito anunciando seu pedido de demissão, McClure explicou que estava passando a empresa para sua cofundadora, Christine Tsai, após algumas "conversas duras" com a gestão sênior. O assunto dessas conversas era bem conhecido naquele momento; no dia anterior, McClure havia sido citado, junto com outros homens poderosos, em um artigo do *New York Times* que relatava alegações de má conduta sexual no Vale do Silício.

Em um primeiro momento, McClure havia sido defensivo: "O que fiz de errado?" Mas finalmente admitiu repetidamente ter feito propostas de cunho sexual a várias mulheres de negócios inteligentes e com alto potencial enquanto estavam tentando fazer negócios com ele. "Fiz avanços em direção a várias mulheres em situações de trabalho, onde era claramente inapropriado", ele admitiu finalmente. "Não tive muita empatia pelas pessoas que magoei e ofendi, e no lugar de encarar minhas próprias motivações superficiais, racionalizei minhas ações e criei motivos para culpar os outros ao invés de culpar somente a mim... Em algum ponto, perdi o rumo."

A seu favor, ele se responsabilizou. Mas o que explica esse tipo de coisa? Por que pessoas em posições de poder perdem noção da linha entre o certo e o errado? O que levou McClure — alguém que fundou e dirigiu uma empresa com a missão explícita de ajudar mulheres empreendedoras a ganhar poder e oportunidade — a mudar de lado?

São velhas questões: O poder corrompe? Se sim, por quê? E o que podemos fazer sobre isso?

Minha própria pesquisa sobre psicologia do poder fornece algumas pistas. No laboratório, quando colocamos pessoas normais em condições nas quais têm poder sobre outras, ou mesmo se as fazemos pensar sobre ter poder, descobrimos que elas perdem o rumo, em certo sentido. Sem poder em nossas mentes, navegamos no mundo social com cuidado, tentado nos manter longe de confusão, dedicando-nos ao que é chamado de *autorregulação*. Acompanhamos o que está acontecendo, analisamos o contexto e decidimos perseguir o interesse pessoal ao considerar as consequências para as outras pessoas. Entretanto, quando o poder está presente, nossos próprios objetivos dominam e somos menos inclinados a considerar o bem-estar ou a perspectiva de qualquer pessoa.

Algumas pessoas acreditam que o poder é a raiz de todo o mal, e que o abuso de poder é uma resposta ao interesse pessoal, profundamente incorporado em nosso código evolutivo. Essa linha de pensamento sugere que pessoas poderosas agem mal porque podem e que todos nós, com poder, acabaríamos inevitavelmente nessa categoria. Sugere que todos os homens, por exemplo, são motivados por seus desejos sexuais mais do que qualquer outra coisa, e que fariam sexo em qualquer oportunidade, independentemente do contexto, se pudessem.

É a hipótese "o poder tende a corromper", de Lord Acton, que implica que o poder transforma todos os humanos nas versões mais exageradas de si mesmos. E, apesar da abundância de exemplos por aí, tendo passado a melhor parte de minha vida profissional lendo, escrevendo, estudando e lecionando sobre essas coisas, não acredito nisso. O poder realmente corrompe, às vezes, e estes são os casos que ficamos sabendo, mas abusos de poder não são inevitáveis. O poder deixa as pessoas mais propensas a perseguir quaisquer objetivos que estejam mais prementes quando surge a oportunidade de usá-lo.

Os Efeitos do Poder

Desinibição. Em 1998, entre meu primeiro trabalho acadêmico na Northwestern e minha chegada em Stanford, passei um semestre visitando o psicólogo Dacher Keltner na Universidade da Califórnia, em Berkeley, em busca de um projeto de pesquisa conjunto. Foi o ano do El Niño, e eu alugava um apartamento de garagem que inundava quase todas as manhãs — ao ponto de eu ter que calçar botas para sair da cama. Mas isso não importa. Foi um dos melhores momentos da minha vida profissional. Nossa rotina era nos encontrar para o almoço e caminhar até um restaurante local, onde tentávamos parecer tranquilos e descontraídos enquanto buscávamos uma boa ideia. Um dia, quando tentávamos comer burritos gigantes em um restaurante mexicano local, Dacher compartilhou a história sobre um experimento que ele havia conduzido na faculdade mais de uma década antes, mas nunca fora publicado.

Inspirados por um membro famoso da faculdade que, aparentemente, almoçava de forma bastante desleixada, ele e seu colega de turma Andrew Ward, como uma brincadeira, elaboraram o que é atualmente conhecido entre os pesquisadores como "o experimento do biscoito". Era um teste sobre os efeitos do poder nos modos e na etiqueta. Estudantes universitários foram designados aleatoriamente a grupos de três pessoas e pediu-se que discutissem

Quando o Poder Corrompe (e Quando Não)   167

uma longa lista de questões políticas universitárias polêmicas em sequência, e que escrevessem uma frase com a posição do grupo em cada uma delas.

Um desses três estudantes de cada grupo recebeu um papel especial: avaliar os outros dois atribuindo a eles pontos com base em seu desempenho. Porém, esses pontos não eram simplesmente uma nota; pelo contrário, afetariam as chances dos participantes em ganhar 400 dólares em uma loteria (os pontos eram como números de uma rifa: quanto mais tivessem, mais chances teriam de ganhar no sorteio aleatório). A pessoa nesse papel de "juiz", em outras palavras, recebia o poder de controlar os resultados dos outros.

Cada grupo era filmado desde o momento em que se reunia, compartilhava suas opiniões e escrevia as frases com os posicionamentos. Cerca de 30 minutos depois do início, um assistente do laboratório entrava na sala com um prato de biscoitos — quatro, para ser exata — e os oferecia aos alunos. Era uma intervenção engenhosamente planejada para provocar tentação por um lado, enquanto, por outro, invocava normas de etiqueta. Cada um dos três participantes poderia pegar um biscoito tranquilamente, mas a unidade que sobrava representava um problema. Poderia ser deselegante pegar o último biscoito do prato, sabendo que não havia o suficiente para todos. Usar boas maneiras exigiria consideração pelos colegas, assim como autocontrole.

Quando os pesquisadores contaram quantos biscoitos cada um comeu, descobriram que, em todos os grupos, os alunos com o papel de "juiz" foram mais propensos a se servir da segunda unidade. Ter poder, ao que parecia, tinha aumentado seu apetite ou diminuído sua capacidade de controlá-lo.

Tão logo Dacher terminou de me contar sua história, percebemos que tínhamos encontrado nosso tema de pesquisa. Em um momento de insight, essa ideia simples — o poder é desinibidor — parecia explicar tudo o que pensávamos ser interessante sobre o poder no momento. Desde então, eu e ele— separados e juntos, com ou sem ajuda — temos feito muitas pesquisas e publicado muitos artigos demonstrando que, quando colocadas em posições de poder ou sugestionadas a pensar sobre estar em uma posição de poder, as pessoas agem mais prontamente a todos os tipos de impulsos e se interessam por todos os tipos de recompensas que satisfaçam necessidades e desejos pessoais, de formas que façam mais sentido para elas, com menos preocupação com as consequências sociais de suas ações. Por exemplo, estudos descobriram que participantes submetidos a condições de alto poder confiam mais em estereótipos, são mais propensos a rearranjar os equipamentos no laboratório para ficarem fisicamente mais confortáveis e são mais criativos, pois são menos influenciados por ideias anteriores ou dos outros. Também são mais propensos do que as pessoas designadas a condições de baixo poder a expressar interesse em trabalhar com um colega atraente, mas moderadamente competente, quando estimulados a pensar em sexo. Assim, se e quanto o poder corrompe depende de quais objetivos são os mais prementes quando a oportunidade de usá-lo se apresenta.

Objetivação. Abusos de poder quase sempre envolvem a exploração de outras pessoas. E, quando as pessoas têm poder, como McClure, tratam as outras de forma diferente. Descobrimos que indivíduos que detêm poder sobre outros em laboratório são mais suscetíveis a ver e tratar essas pessoas como objetos ou instrumentos para alcançar objetivos pessoais do que como seres humanos cujas próprias emoções e experiências importam.

McClure, como muitos em posições de poder, às vezes usou seu papel para ganho pessoal em vez de internalizar as responsabilidades inerentes à posição. Ele parecia estar somente "representando" o papel de investidor, conselheiro e mentor como meio de atrair as mulheres para uma situação na qual ele poderia (ele acreditava) impor sua vontade a elas. Claro, ele esperava acelerar os resultados dos negócios, mas suas ações revelam qual era realmente seu objetivo. McClure estava também em uma busca de validação sexual. Ele tinha o dinheiro e o controle, e essas mulheres estavam dispostas a agradá-lo de formas que não seriam verdadeiras em um contexto diferente. McClure tinha todas as cartas e ainda agia como se o que queria fosse o mais importante.

Quando a desinibição é associada à insegurança sobre a proeza sexual, subordinados são tratados como objetos sexuais e instrumentos de validação sexual. E, quando a insegurança é principalmente sobre status social, os subordinados são tratados como símbolos de status. É como se o que importasse mais sobre um subordinado — um carro ou relógio — é como aquele objeto reflete a pessoa que o "possui".

Um dos exemplos mais desoladores que me lembro é do escândalo das matrículas em faculdades que veio à tona no início de 2019. Pais ricos e poderosos, cujos filhos já tinham muitas vantagens em virtude dos privilégios associados ao poder econômico, foram levados a subornar administradores das faculdades para conseguir aprovação de seus filhos em universidades específicas e altamente conceituadas, para as quais eles poderiam ou não ser qualificados. De alguma forma, apesar do fato de seus filhos já terem tantas vantagens no processo de admissão, pagar pela faculdade não era um problema; alguns vinham de escolas reconhecidas e respeitadas que preparavam para a faculdade; tinham meios de receber tutoria para aumentar suas médias escolares, coaching em testes padronizados, redação para faculdade, atletismo ou outras atividades extracurriculares; seus pais eram doadores de alto potencial — os pais estavam tão preocupados em que faculdade seus filhos seriam ou não admitidos que acharam que tinham que burlar o sistema.

Olhando de fora, parece maluco: Por que esses pais, cujos filhos praticamente seriam admitidos em uma boa faculdade por conta própria, arriscaram tanto para controlar o resultado do processo? Minha suposição é que isso veio, pelo menos em parte, do medo do que aconteceria com seu próprio status se seus filhos não entrassem em uma universidade de "elite". Lamentavelmente, os filhos tornaram-se objetos e vítimas das inseguranças de seus pais. Alguns deles nem queriam ir para a faculdade; outros queriam, mas foram expulsos e estigmatizados como trapaceiros. Tenho certeza que esses pais queriam ajudar os filhos, não magoá-los. Contudo, é o que acontece quando você tem poder, não tem segurança de seu status e usa os outros, mesmo quem você ama, para seguir uma agenda pessoal sem consideração do que pode custar a eles no final.

A objetivação assume formas diferentes, dependendo da necessidade do detentor do poder. Estudos sobre bullying e assédio mostram que, quando um chefe se sente impotente ou desprovido de influência e impacto, as coisas podem ficar obscuras muito rapidamente.

Em 2017, publiquei um artigo com Melissa Williams, atualmente professora em Emory, e Lucia Guillory, atualmente executiva de recrutamento no Vale do Silício, sobre poder e agressão sexual que abordou esse ponto de forma memorável. Perguntamos a participantes dos sexos masculino e feminino, com idades desde o fim da adolescência até cerca dos 70 anos, sobre suas experiências de longo prazo com poder e sentimento de impotência (isto é, perguntamos o quão impotentes ou poderosos se sentiram em suas vidas). Duas semanas depois, os expusemos a diversos cenários nos quais pedíamos que imaginassem como poderiam reagir sendo rejeitados por um subordinado em quem estivessem sexualmente interessados. Nos cinco estudos que conduzimos, homens e mulheres que relataram sentimentos crônicos de impotência em suas vidas, quando se imaginando em uma posição de poder, reagiram com mais hostilidade em relação a um subordinado que rejeitou seus avanços. Embora em um trabalho anterior tenhamos descoberto que o poder atrai pessoas para alvos úteis, neste demonstramos que o poder desinibe a agressão em direção a alvos que não se mostram úteis. Em alguns casos, as pessoas relataram uma maior intenção de fazer propostas indesejadas em direção a um subordinado relutante, em outros, disseram que estariam mais propensas a retaliar o subordinado profissionalmente (ex.: escrevendo uma carta de referência ruim).

Em um experimento, criamos uma tarefa em que homens atribuídos a um papel de supervisor ou funcionário tinham a oportunidade de enviar mensagens online com conteúdo sexualmente sugestivo para uma mulher. Os homens foram recrutados usando o Amazon Mechanical Turk, supostamente para participarem de um estudo sobre como as pessoas se lembram das informações apresentadas em plataformas online de serviços ao consumidor. As duas partes encontravam-se online como avatares e iniciavam uma conversa por chat em tempo real. Quando os participantes homens entravam no site onde o estudo estava sendo conduzido, eram atribuídos a uma mulher, cujo avatar de corpo inteiro, jovem e atraente havia sido planejado anteriormente. Sem o conhecimento dos participantes, o avatar era controlado por uma colega do estudo; isto é, ela trabalhava para nós, então sabia o que poderia acontecer, e nenhuma mulher foi, de fato, assediada no experimento. Cada participante do sexo masculino criou seu próprio avatar e enviou mensagens (a partir de um conjunto que fornecemos) para a mulher "conhecer". Em cada uma das 20 tentativas, o participante escolhia uma mensagem para enviar a partir de um conjunto de 3 opções de mensagens que fornecemos. Em 16 dos 20 conjuntos de mensagens, havia duas opções de mensagens neutras e uma sexualmente sugestiva (ex.: "O que você tem programado para hoje à noite além de mim?"). Nas quatro tentativas restantes, tudo era neutro.

Para nós, as mensagens sexualmente sugestivas pareciam tão diretas e absurdas que ficamos preocupadas se ninguém as enviaria. Mas não precisávamos ter ficado. Em média, a maioria dos homens em nosso estudo enviou pelo menos uma mensagem sugestiva, mas, em geral, ter poder no laboratório naquele dia não foi o motivo. Aqueles atribuídos ao papel de supervisor não cometeram mais assédio do que os atribuídos ao papel de funcionários. Em vez disso, foram os "supervisores" do sexo masculino que reportaram ser desprovidos de poder em suas vidas fora do experimento que enviaram mais mensagens de texto inapropriadas e com conteúdo sexual. E em geral os homens que se sentiam mais poderosos fora do laboratório foram menos propensos a enviar mensagens assediadoras quando atribuídos ao papel de supervisor. Ter poder trouxe à tona suas tendências mais responsáveis, desde que se sentissem poderosos de outras formas, para começar.

Elegibilidade. Às vezes, parece que as pessoas em posições de poder agem como se pudessem fazer o que querem e merecem as coisas simplesmente porque as querem. Fora do laboratório, vemos essa narrativa da elegibilidade acontecendo ao nosso redor: os muito ricos que não pagam impostos, os políticos corruptos que acreditam que estão acima da lei e está tudo bem trapacear a seu favor, magnatas das comunicações que acreditam que têm o direito de fazer sexo com qualquer mulher que entre em sua órbita.

Um de meus exemplos preferidos (e muito mais inofensivo) desse fenômeno é o de alguns fregueses de restaurantes, extremamente ricos e de modos impecavelmente rebuscados, que às vezes pedem pratos que não estão no menu. Eles chegam, sentam-se e sem olhar para o cardápio, dizem para o garçom da forma mais agradável: "Hoje gostaria de um bom peixe grelhado, com ervas frescas. E, por acaso, teria melão cantaloupe na cozinha?" Eles não admitem que estão saindo do script, mesmo que o garçom fique hesitante. É como se o cliente poderoso não tivesse nenhuma consciência do contexto (em casa o chef faz o que eu quero!) e, portanto, nenhuma capacidade de se ajustar e seguir as regras. Com o passar do tempo, as pessoas com poder ficam tão acostumadas com as vantagens associadas que começam a achar que as vantagens se aplicam em todos os lugares. É o que acontece quando uma pessoa poderosa não consegue tratamento especial em um território onde não tem poder de fato (como em um restaurante, onde o chef tem o poder de decidir o que será servido no jantar ou em um lugar onde dinheiro e status

Quando o Poder Corrompe (e Quando Não) 173

não importam, como a Divisão de Veículos Automotores nos EUA) e tenta insistir dizendo: "Você sabe quem eu sou?" Essas pessoas só estão conscientes de seus desejos no momento, e assumem que todos os outros existem para servi-las, presumivelmente porque é assim que as coisas funcionam em outras partes de suas vidas. Não tentam mudar a perspectiva nem reconhecem que uma pessoa rica não tem status ou poder especiais na Divisão de Veículos Automotores, nem autocontrole, constrangimento ou pedido de desculpas que possam indicar reconhecimento de que seus pedidos estão fora dos limites.

No extremo, o sentimento de elegibilidade pode levar pessoas poderosas a sentir como se "possuíssem" outras pessoas menos poderosas, o que significaria que têm o direito de controlá-las por quaisquer meios necessários. De acordo com alguns especialistas, essa forma de pensar é o que embasa o uso de violências emocional e física em casos de abuso doméstico.

Lundy Bancroft, autor de *Why Does He Do That?* [Por que ele faz isto?, em tradução livre] e especialista em reabilitação de abuso, acredita que a violência física (normalmente cometida por homens) em relacionamentos domésticos tem menos a ver com perda de controle ou desinibição e mais a ver com um sistema de crenças que legitima o uso de força física e intimidação como meios perfeitamente aceitáveis de se controlar as mulheres (ou esposas, parceiras românticas e outros membros da família) que "pertencem" a ele. No abuso doméstico, Bancroft argumenta, os abusadores do sexo masculino aprenderam — muitas vezes com seus pais, que abusavam de suas mães — que as mulheres são inferiores aos homens, e que, como as crianças, são propriedade, mais como animais de estimação do que parceiras, o que os torna elegíveis a usar seu poder para fazer "suas" mulheres se comportarem. Explosões violentas são estratégicas nessa visão; são parte de um padrão de controle por meio do medo que é destinado a aterrorizar os alvos e subjugá-los. Em relação ao abuso doméstico, Bancrof escreve: "As raízes são propriedade, o tronco é a elegibilidade e os galhos são o controle."

Vilões, Vítimas e
Por que é Difícil Dizer a Diferença

Histórias de vitimização são muito subjetivas. Este ponto foi destacado por um vídeo viral de Amaryllis Fox, uma ex-oficial da CIA que passou 10 anos infiltrada investigando o terrorismo, na Al Jazeera, falando sobre o que aprendeu com seu trabalho. No conflito entre norte-americanos e grupos terroristas, ela explica, pensamos que eles são os caras maus que querem nos matar só porque somos livres. Mas iraquianos e sírios, como Fox aprendeu durante seu tempo infiltrada, não veem dessa maneira. Para eles, os norte-americanos são os caras maus — os capitalistas brutos e opressores, travando guerra contra o Islamismo. Do ponto de vista da Al-Qaeda, ela explica, eles são o Will Smith e os norte-americanos são os invasores extraterrestres. Frequentemente, em uma competição por poder, nem sempre é claro quem é quem.

Claro que há diferenças de poder entre vítimas e vilões. Porém, psicologicamente, pode ser difícil dizer a diferença.

Muitas pessoas que abusam do poder se vitimizam, frequentemente das mesmas formas. Psicólogos tendem a concordar que, quando crianças são seriamente privadas de afeto dos pais, vínculos seguros e um senso de si mesmas como capazes, crescem com inseguranças aumentadas. E, quando veem uma oportunidade de ter suas necessidades atendidas, aproveitam. As mesmas necessidades que nos levam a buscar poder, ganhar maior acesso a status, controle, afeto e até mesmo validação sexual, tendem a afetar como usamos o poder que obtemos.

Três Personagens Abusivos

Inseguranças relativas a status, controle e validação sexual parecem andar de mãos dadas; muitas pessoas que abusam de seu poder parecem ter carências em todas essas formas. Veja o exemplo de Steve Wynn, "o homem que construiu Las Vegas". Em fevereiro de 2018, ele pediu demissão da posição de presidente e CEO do Wynn Resorts sob acusações de ter assediado dúzias de mulheres, muitas das quais ele supostamente coagiu ao sexo, durante várias décadas.

Wynn é amplamente creditado por ter transformado a área decadente e com alta criminalidade de Las Vegas Strip em um destino turístico onde tudo pode ser comprado e vendido para pessoas com dinheiro para gastar. Ele construiu alguns dos mais opulentos hotéis-cassino do mundo, incluindo o Mirage e o Bellagio, e supostamente levou o famoso show Siegfried & Roy para a cidade. Mesmo depois de cair do pedestal, se demitir e as ações de sua empresa despencarem, seu patrimônio estimado ainda girava em torno de 3,5 bilhões de dólares.

Um ávido colecionador de artes com personalidade descomunal, Wynn dirigiu seu império de cassinos com mão de ferro e foi supostamente conhecido por gritar e dar socos na mesa durante reuniões, muitas vezes ao ameaçar pessoas com demissão ou expulsão. "Sou o homem mais poderoso em Nevada", ele gritava, de acordo com a CNN e a *Las Vegas Business Review*.

Mas Wynn, ao contrário de muitos magnatas do setor imobiliário de sua geração, não nasceu em berço de ouro. Seu pai, o filho de um imigrante lituano que mudou o nome da família de Weinberg para Wynn quando Steve tinha somente 6 meses de idade, era proprietário e operava uma cadeia de pequenos salões de bingo. Ele viajava frequentemente para visitar seus salões no norte do Estado de Nova York e em Baltimore. Porém, "outra coisa também o mantinha longe de casa: um vício em jogos de azar", escreveu Nina Munk, em um perfil da revista *Vanity Fair*. "Sempre que Mike Wynn encontrava uma desculpa para estender uma viagem de negócios, ia para o Tropicana, em Las Vegas, ficava em uma mesa de jogo e apostava tudo o que tinha e mais um pouco." Mike Wynn morreu quando seu filho estava se formando na faculdade. Assim, seu filho deixou de lado o sonho de ir para a Escola de Direito de Yale para ajudar a administrar as casas de bingo e pagar a dívida enorme (perto de US$350 mil) deixada para trás pelo vício de seu pai em jogos de azar.

Steve Wynn foi como muitos que abusam de seu poder: orientado para fazer o que fosse necessário para lidar com suas inseguranças. Às vezes, agem como valentões, outras, como megalomaníacos e frequentemente também são predadores sexuais que usam mulheres e crianças para satisfazer o que muitas vezes parece ser uma necessidade extrema, se não perversa, de uma combinação de afeto, intimidade, dominação e gratificação sexual.

O Valentão. O valentão usa o poder para ameaçar e intimidar como forma de manter o controle. Um valentão costuma dizer que é necessário para responsabilizar as pessoas. Pesquisas mostram que não.

Quando uma pessoa que controla nossos resultados tem uma explosão de raiva, age com sarcasmo, lança insultos ou oferece feedback sobre aspectos de nosso comportamento que não podemos mudar, ou em momentos em que não podemos fazer uma correção, o objetivo não é prestativo nem construtivo, apesar do que dizem as pessoas que usam essas táticas. Às vezes, é para desabafar. Outras, é para nos culpar por suas falhas. E muitas vezes é para minar nossa confiança; sugerir que somos falhos, indignos ou patéticos; nos fazem sentir dependentes ou em dívida, e que não poderíamos encontrar uma situação melhor em outro lugar.

Quando o Poder Corrompe (e Quando Não)   177

Esse tipo de feedback é uma tática, um movimento de poder, planejado para mudar a insegurança da fonte para o alvo. É uma forma de tentar manter o poder e o controle ao desempoderar o alvo psicologicamente. É formulado como "feedback" ou "coaching", quando, na realidade, é guerra psicológica.

A seguir, algumas histórias de bullying no ambiente de trabalho que ouvi ou presenciei desde que comecei a escrever este livro. Um chefe tentou instigar uma subordinada contra a outra para que não se unissem contra ele, fazendo o jogo do favoritismo, dizendo a uma que ela era especial e à outra que ela nunca conseguia fazer nada certo, e se recusando a se encontrar com as duas no mesmo lugar ao mesmo tempo. Outro chefe jogou seu sapato em uma subordinada, uma executiva de alto nível quando ela estava no oitavo mês de gestação. Quando uma subordinada pediu a seu chefe para ele parar de falar sobre assuntos altamente sexuais e pessoais durante suas reuniões, ele a chamou de puritana e disse que se ela não conseguisse achar um jeito de se sentir mais à vontade com intimidade em suas relações profissionais, nunca seria bem-sucedida no trabalho. Um chefe valentão justificará suas ações ao dizer que são necessárias para alcançar os resultados, mas você sabe a verdade.

Para ser clara, valentão não é a mesma coisa que chefe rígido. Um valentão usa o poder para maximizar o controle como meio de elevar a si mesmo, enquanto um chefe rígido usa o poder para controlar os resultados do grupo de forma que eleve os outros. Um chefe rígido define padrões altos, mas alcançáveis, e responsabiliza a todos em vez de identificar indivíduos para um tratamento especialmente severo como forma de dividir o grupo. Um chefe rígido dá reconhecimento quando ele é devido e aceita a culpa quando ela é necessária no lugar de levar crédito pelas conquistas dos outros e culpar os outros pelas falhas. E um chefe rígido é inclusivo, não desagregador, e dá feedback calma e diretamente, sem criar uma cena em público, recorrer à agressão física ou criticar as pessoas pelas costas.

Feedback negativo nunca parece bom, contudo, o feedback negativo de um chefe rígido raras vezes é emocionalmente devastador. Quando alguém com poder sobre você é desnecessariamente crítico, severo ou humilhante, parece gostar de criticar não somente seu trabalho ou vai muito além para intimidar, embaraçar ou ameaçar, você não está lidando com um chefe rígido, mas com um valentão.

O Megalomaníaco. As histórias de até onde algumas pessoas vão para satisfazer suas necessidades por respeito, admiração e poder podem ser mais estranhas que a ficção; você não consegue inventá-las. Elizabeth Holmes, fundadora da Theranos, deixou Stanford no primeiro ano para construir um império da Biotecnologia que ela dizia que revolucionaria a Medicina. A tecnologia, no entanto, nunca funcionou, mas ela não deixou isso impedi-la. Como John Carreyrou relata em seu best-seller *Bad Blood: Fraude Bilionária no Vale do Silício*, Holmes repreendia funcionários que se atrevessem a questioná-la e era rápida em demitir aqueles que sentissem que alguma coisa estava errada. Vestida com camisa preta de gola rolê, como Steve Jobs, e exalando uma confiança fria e exigente, ela atraiu vários investidores inteligentes e experientes, membros de comitês, reguladores governamentais e clientes para seu campo de realidade distorcida — todos eles queriam fazer parte da próxima Apple — e, depois de gastar milhões de dólares de outras pessoas em sua missão vaidosa, ela foi finalmente indiciada por fraude.

O que explica esse tipo de comportamento? Às vezes, abusos de poder são uma resposta à necessidade de provar-se digno para pessoas que já não estão mais presentes. Uma narrativa comum é aquela do líder cultuado que luta incansavelmente para alcançar grandeza e provar-se digno para um pai distante, ausente, competitivo ou abusivo. Aqueles que escolhem caminhos profissionais agressivamente competitivos, como empreendedorismo ou política, nos quais podem trabalhar de forma independente e autossuficiente, sem ter que receber ordens de outras pessoas, costumam se encaixar nesse padrão. Elon Musk, Steve Jobs, Larry Ellison, Jeff Bezos e Martha Stewart são bons exemplos.

Mais uma vez, não há nada inerentemente corrupto em perseguir poder, ou status, como meio de se provar. Na verdade, estudos — e os exemplos anteriores — mostram que é preciso uma grande necessidade pelo poder (mas não suficiente) para uma gestão eficaz, um empreendedorismo de sucesso e mesmo uma ótima liderança. É quando a necessidade pelo poder parece uma questão de vida ou morte, de modo que nada mais importa além de poder e status, ficando mais difícil seguir as regras.

Como qualquer empreendedor ambicioso dirá, quando se está tentando mudar o mundo para melhor, os fins justificam os meios. Você faz o que for necessário. Frequentemente ouço empreendedores descreverem a sensação de estar sob ataque e lutar por suas vidas ao tentar construir uma nova empresa. Sentem que têm que derrubar portas, recusar-se a aceitar um não como resposta e sugam o máximo de todos ao seu redor para manter seus negócios vivos e em crescimento. É como Dara Khosrowshahi, ex-presidente da Expedia que substituiu Travis Kalancik como CEO da Uber, descreve a cultura que encontrou lá logo depois que Kalancik foi afastado. A mentalidade do tipo mate ou morra "foi a coisa certa para o negócio no começo, foi necessária", ele diz. "E levou a todos os outros problemas que culminaram com a demissão de Kalancik."

Para um megalomaníaco, toda interação social é uma oportunidade de tirar proveito do poder, afirmar status e lembrar aos outros o quão importante, necessário e especial ele é. Relacionamentos com um megalomaníaco que não atendam a seus propósitos não funcionam. Um megalomaníaco não consegue aceitar a derrota ou mesmo um erro. Toma crédito por todos os sucessos e culpa os outros por todos os fracassos. Um megalomaníaco sente-se elegível a privilégios que não são seu direito. Esse tipo de pessoa deve estar no centro das coisas e deve orquestrar contextos de tal forma que, se sair, o esforço não pode continuar.

O Don Juan. O tipo de comportamento demonstrado por Steve Wynn — um alto nível de atividade sexual e dificuldades de comprometimento e intimidade — é conhecido entre pesquisadores como *síndrome de Don Juan*. Mas, ao contrário do que o nome indica (e o que muitos acreditam), má conduta sexual crônica e promiscuidade entre homens poderosos não é evidência de quão "conquistadores" ou confiantes eles são. É, na verdade, mais entendido como uma expressão de insegurança desesperada ou frustração reprimida que busca alívio quando o poder apresenta oportunidades.

Às vezes, quando o poder leva à má conduta sexual, é porque é solitário estar no topo. Homens poderosos que temem ser difíceis de amar, de acordo com alguns psicólogos, buscam amor de qualquer mulher que encontram. O poder também pode deixar as pessoas paranoicas sobre as razões pelas quais os outros se aproximam delas, e isso aumenta a necessidade de testar se os outros realmente as amam de verdade. Outras vezes, quando o poder leva à má conduta sexual, é por causa de outro tipo de insegurança. Cientistas sociais usam o termo *masculinidade precária* para descrever as pressões sociais, em um mundo dominado por homens, que acompanham a necessidade de precisar testar e provar constantemente o poder masculino. Da mesma forma que poder e agressão estão ligados quando a razão para usar o poder é preservar uma posição de dominância e status superior, poder e sexo estão ligados quando a razão para usar o poder é alcançar um tipo diferente de dominância e a validação.

Em junho de 2011, Anthony Weiner — o impetuoso e questionador congressista de Nova York — foi pego, literalmente, com suas calças abaixadas. Usando um pseudônimo bizarro, Carlos Danger, ele enviou uma mensagem de texto com uma selfie reveladora, em close, mostrando somente suas roupas íntimas para uma mulher que ele mal conhecia. Como já era esperado, o escândalo foi parar rapidamente nos noticiários nacionais. Ninguém conseguia entender por que esse ambicioso e talentoso político, que havia sido eleito com folga por 7 mandatos com mais de 60% dos votos, colocaria em risco de forma tão descuidada seu futuro brilhante e promissor ao enviar tal foto. Uma nova-iorquina incrédula — Barbara, de Bell Harbor — ligou para o *Brian Lehrer Show* na rádio WNYC, sua estação local da rádio nacional, e deixou uma mensagem de voz perguntando: "O que está acontecendo com estas pessoas? Adoraria ver um estudo psicológico sobre que tipos de pessoa estão sempre abrindo o zíper de suas calças." Lehrer precisava que um especialista desse alguma luz na situação, então seus produtores entraram em contato comigo.

O segmento chamava-se "Por que os Políticos Comportam-se Mal?" e pediram-me para explicar o que leva líderes políticos a se envolverem em má conduta sexual com tamanha regularidade. Enfatizei o que sabia até o momento: *Todos temos necessidade e inseguranças, disse, mas em posições de poder as pessoas agem com base nelas.*

No entanto, desde então aprendi algumas coisas e cheguei a uma compreensão com mais nuances da interação entre sexo e poder, pelo menos em relação aos homens. As necessidades por poder e validação sexual têm uma motivação subjacente em comum. Sentir-se terrivelmente inseguro — difícil de amar, indesejável, fraco, incapaz ou não importante — impulsiona o desejo por poder e validação sexual. Assim, embora ter poder não estimule todos os homens sexualmente, em alguns os conceitos de poder e sexo têm uma associação automática, de modo que os pensamentos de um conceito ativam os pensamentos do outro. Nesses tipos de homens, ter poder cria oportunidades de preencher necessidades sexuais e fazer sexo é uma forma de atender a necessidade de sentir-se poderoso. Uma evidência sugere que esses homens gravitam em direção a papéis de poder mais do que outros.

Uma alta necessidade de poder, quando não equilibrada por outro motivo mais socializador (como a necessidade de realização ou pertencimento), é um prognóstico de obter posições poderosas, mas é também associada a altos níveis de atividade sexual (incluindo vários tipos de má conduta) e à falta de controle de impulsos.

Quando o presidente Clinton teve um caso com uma estagiária da Casa Branca, isso quase custou seu cargo. No primeiro momento, ele negou, contudo, foi forçado a assumir. Não foi a primeira vez, como soubemos, que ele havia dado uma escapada de seu casamento. Hillary Clinton o defendeu, sem hesitar, e recebeu críticas por isso. Mas depois, em uma entrevista, ela explicou sua atitude em relação ao marido. "Ele sofreu abuso", ela disse, chamando a mãe dele de "problemática". Sem entrar em muitos detalhes, ela descreveu como a mãe dele o havia abandonado, deixando-o aos cuidados da avó, que a desprezava, e depois voltava para competir pelos afetos da avó. "Quando uma mãe faz o que ela fez", disse Hillary Clinton, "você procura em todos os lugares errados pelos pais que abusaram de você".

As necessidades de amor, intimidade, conexão segura e pertencimento estão entre os impulsionadores mais fundamentais do desenvolvimento psicossocial humano. E conexões seguras com os cuidadores da primeira infância são um alicerce da saúde psicológica e uma base do desenvolvimento da maturidade. Conexões seguras nos ajudam a internalizar a crença de que podemos ser amados. Possibilitam acreditar nos outros implicitamente, ficar confortáveis com a intimidade e a vulnerabilidade, estabelecer compromissos e colocar os outros em primeiro lugar. Como pais e mães são imperfeitos, por definição, a maioria, talvez todos, de nós chega na fase adulta com questões sobre sermos dignos o suficiente de amor. E, quando as necessidades de afiliação, intimidade, amor e validação sexual estão cronicamente elevadas, o poder apresenta oportunidades que podem ser muito difíceis de resistir.

Quando o Poder Corrompe (e Quando Não)

Para aqueles que buscam esse tipo de validação, as expressões de reverência, adoração e desejo de agradar dos outros podem ser tóxicas. É por isso que alguns homens acham a vulnerabilidade e a submissão nos outros excitante. A excitação não é inerentemente sexual, embora possa parecer. *Excitação* é um termo geral para uma resposta psicológica a um estímulo de qualquer tipo. Na verdade, a excitação pode tornar-se sexualizada por acaso. Estudos clássicos feitos por Stanley Schachter, por exemplo, demonstraram que, quando as pessoas são psicologicamente excitadas porque pedalaram uma bicicleta ergométrica ou esperam receber um choque elétrico, elas podem facilmente associar seus sentimentos de maneira errada. Em algumas circunstâncias, o medo associado a um evento desagradável também atrai as pessoas umas às outras.

Em um estudo famoso conduzido pelos psicólogos Donald Dutton e Arthur Aron, homens que atravessavam a pé a ponte suspensa em Vancouver, na Colúmbia Britânica, eram abordados no outro extremo por uma pesquisadora. Alguns atravessavam uma ponte instável, enquanto outros atravessavam uma ponte estável. A pesquisadora abordava os participantes em potencial quando saíam da ponte com um breve questionário pedindo a eles para escrever uma breve história sobre um desenho que mostrava uma mulher cobrindo seu rosto com uma mão e estendendo a outra. Depois, a pesquisadora agradecia, escrevia seu número de telefone em um dos cantos das folhas do questionário, rasgava e dava a ele, explicando que teria prazer em explicar o experimento com mais detalhes quando tivesse mais tempo. Os homens que tinham atravessado a ponte que balançava atribuíram sua excitação física a sentimentos sexuais: escreveram histórias com mais conteúdo sexual, reportaram sentir-se mais atraídos pela pesquisadora, estavam mais propensos a ligar para ela depois e convidá-la para sair.

Esses estudos demonstram que a atração sexual nem sempre é o que parece, e o mesmo ocorre em relação ao assédio sexual. Tendemos a pensar em atração sexual, compulsão sexual e agressão sexual como expressão de sentimentos de poder, mas, na verdade, todos podem ser reações aos tipos de excitação psicológica que acompanham a ansiedade, o estresse e o medo.

Os assediadores sexuais sobre os quais lemos ultimamente não parecem satisfeitos consigo mesmos, despreocupados ou playboys oportunistas que estavam simplesmente apreciando a paisagem. Muitos deles eram compulsivos. Alguns tinham fetiches. Outros eram calculistas, até mesmo sociopatas, em sua exploração de jovens mulheres profissionais, promissoras e inocentes em situações em que parecia só haver uma saída. Eles manipularam, ameaçaram e, algumas vezes, drogaram ou forçaram fisicamente mulheres que não estavam sexualmente interessadas neles. Essas não são ações de pessoas que se sentem poderosas. São ações de pessoas que se sentem desesperadas.

8

Como Enfrentar um Intimidador

Alternativas a Representar o Papel de Vítima

A maioria de nós tem que lidar com um intimidador de uma forma ou outra em algum momento. Às vezes, um agressor parece surgir do nada — isso acontece online, quando certos tipos de pessoa parecem estar à espreita aguardando, somente procurando uma oportunidade para atacar. E frequentemente um valentão o pegará de surpresa. Primeiro ganhará sua confiança e você dará poder a ele concedendo direitos, respeito e grande parte em sua história. E, no final, ele usará esse poder contra você de formas inimagináveis. Pode ser um chefe, um mentor ou coach, um parente querido ou irmão, um amigo a quem você sente-se agradecido e jurou lealdade ou um parceiro a quem prometeu amar, honrar e estimar a todo custo.

Se você sofreu intimidação, sabe como é ser aterrorizado e enfraquecido pelas tentativas surpreendentemente agressivas da outra pessoa em tentar controlar você. Um intimidador faz com que você se sinta uma vítima indefesa. Representar o papel de vítima é aceitar a versão de realidade do intimidador, que se comporta como se tivesse o direito de magoá-lo, acreditando que a única opção que você tem é tentar voltar para o lado bom dele.

Até esse ponto, a mensagem de agir com poder tem sido de assumir a responsabilidade por fazer os outros sentirem-se seguros. Mas isso presume um mundo cooperativo, no qual queremos que nossos relacionamentos funcionem. Quando se trata de lidar com alguém que abusa do poder que tem às suas custas ou se aproveita de seu respeito e generosidade, você pode precisar mudar de tática. Você não quer causar dano, mas também não quer aceitar porcarias. Às vezes, quando uma pessoa dá mais do que cabe a você, é possível aprender a dizer "Não, obrigado. Acho que pertence a você" e devolver.

Quando estamos no calor do momento é difícil ver as alternativas. Entretanto, como todos que sobreviveram à intimidação sabem, é possível retomar sua vida. É possível agir de formas que mudem o equilíbrio de poder.

Em grande parte, domar um intimidador é um exercício de recuperar sua história e controle do enredo, reimaginando seu papel e encontrando coragem e disciplina para tentar uma nova forma de agir. São coisas que você pode fazer para parar o abuso, desarmar o intimidador, desconectar-se do megalomaníaco ou escapar de qualquer um dos tipos de predador psicológico, não importa o quão indefeso você se sinta. O segredo é abordar o drama de forma a impedir as chamas de oxigênio em vez de alimentá-las sem querer.

O primeiro passo é perceber que, embora sinta-se encurralado, você sempre tem escolhas. Ninguém tem o direito de controlá-lo; escolhemos dar aos outros esse direito, e podemos escolher tirá-lo. Ninguém tem o direito de definir quem você é, forçá-lo a assumir determinado papel ou ditar como você deve se comportar para evitar mais agressões. Ninguém tem o direito de conduzir todas as mudanças de enredo, criar drama incessante, insistir que sua história está errada ou magoá-lo, insistindo que está agindo com amor e cuidado. Sua história pertence a você. Embora nem sempre pareça, todos temos o poder de recuperar a autoria das linhas de nossas próprias histórias, de

Como Enfrentar um Intimidador

confiar em nossos próprios instintos e escolher como usar o poder que temos para responder aos maus atores que entram em nossos domínios.

Tom, aos quarenta e poucos anos, era um mediador profissional talentoso e trabalhava para uma firma de consultoria de serviços financeiros privados. Era altamente habilidoso, com 20 anos de experiência e era conhecido por ser diplomático, calmo e educado. Seus clientes gostavam dele com facilidade.

Seu chefe, por outro lado, estava sempre pegando no seu pé. Tudo sobre Tom parecia incomodá-lo. Para começar, ele tinha sotaque. Apesar de ser quase imperceptível para a maioria das pessoas, antes que ele falasse ao telefone com clientes, seu chefe às vezes dizia: "Você poderia não falar com sotaque?"

Também tinha a forma como se vestia. A empresa tinha um código de vestimenta "business casual", que dizia explicitamente que os funcionários não precisavam usar terno, a não ser que fosse determinado. Um dia, Tom estava indo para uma reunião vestindo calça social, camisa de punho francês e um blazer novo, e seu chefe o encurralou: "Por que você não está usando um terno?" Outra vez, Tom foi repreendido por usar óculos de sol — não em uma reunião, mas no lobby do prédio. Em outra situação, seu chefe o repreendeu por despachar a bagagem em uma viagem de negócios que fizeram juntos, pois isso significaria que teria que esperar Tom pegar sua mala quando o voo chegasse ao destino. Tom tentou ser paciente. Cada vez que seu chefe o repreendia, ele pedia desculpas e prometia que faria melhor da próxima vez. No entanto, depois de 18 meses, ele chegou ao seu limite, saiu pela porta e nunca mais voltou.

Saída pela tangente. Essa é uma forma de parar com a intimidação: assumir o controle e dar um fim na situação. Tom tinha poder também, e não precisava simplesmente aguentar a situação nem tentar fazer as coisas darem certo. Certamente nem todo mundo nesses tipos de situação pode simplesmente demitir-se ou ir embora. Mas a maioria de nós tem poder na relação com um intimidador, mesmo quando aquela pessoa nos faz sentir que não temos. Na maioria dos casos, temos mais controle sobre o que os outros podem fazer conosco do que pensamos.

Uma das razões pelas quais os ciclos de abuso tendem a parecer inevitáveis é que as vítimas aprendem a se comportar como se fossem indefesas, mesmo quando não são. Os primeiros estudos sobre incapacidade aprendida demonstraram que animais que recebiam choques, mas não tinham aprendido a controlá-los, no fim desistiam e paravam de tentar evitar a dor. Mas os animais que aprendiam que pressionando uma alavanca o choque parava continuaram a lutar para se proteger e evitar a repetição de experiências dolorosas. Pesquisas mais recentes sobre estresse pós-traumático embasam a mesma conclusão: quando uma vítima é capaz de tomar ação em meio a uma crise — rastejar para fora do carro em um acidente ou resgatar outra pessoa —, o impacto do trauma é menos devastador e enfraquecedor em termos psicológicos. A saída é focar a ação, fazer algo e se salvar. Você precisa pressionar a alavanca. Como muitos dos outros desafios que temos abordado neste livro, quando se trata de sair do papel de vítima, o primeiro passo é agir de forma diferente.

Atrações Fatais

Uma grande ironia em tudo isso é que as pessoas que abusam do poder são, com frequência, extremamente sedutoras. Por que somos atraídos por elas? Por que nos apaixonamos por elas? Idolatramos e queremos trabalhar para elas? Ou votamos em políticos que instigam ódio (mesmo contra nós)? Somos atraídos por esses tipos de pessoas especialmente quando nos sentimos

Como Enfrentar um Intimidador

189

fracos, porque sua força, coragem e sucesso em controlar os outros nos fazem sentir seguros em sua presença, tendo ou não alguma intenção de nos proteger.

Comecemos com a realidade de que, como Henry Kissinger opinou, poder é o afrodisíaco máximo. De acordo com modelos evolutivos, somos atraídos a companheiros poderosos porque, como parceiros, eles aumentam nossas próprias chances de procriação bem-sucedida e sobrevivência. E vemos isso refletido em nossa cultura: todos os tipos de poder predizem atração sexual e vice-versa. Ter poder torna parceiros em potencial mais atraentes, e atração física é uma fonte de poder. Em um estudo recente sobre perfis de namoro virtual, por exemplo, a psicóloga Dana Carney, da Universidade da Califórnia, em Berkeley, e suas colegas, analisaram as fotos de perfil e descobriram que (sem considerar o gênero) quanto mais dominante (isto é, fisicamente expansiva) uma pessoa parecia, mais as outras expressavam interesse em conhecê-la, deslizando a imagem para a direita.

Forças evolutivas à parte, o poder também é sedutor simplesmente porque um parceiro poderoso é como um troféu, um sinal de seu próprio status e valor para o resto do mundo. E saber que alguém que poderia estar com qualquer pessoa escolheu você também faz bem para a autoestima. Para a maioria de nós, é estimulante, e um pouco assustador, estar na presença de uma pessoa poderosa. É uma razão pela qual as mulheres são atraídas por homens agressivos, e os subordinados às vezes estão dispostos a aceitar convites para drinks, jantares ou viagens, por exemplo, por razões que não têm nada a ver com interesse específico em sexo, mas sim na proximidade com o poder.

As pessoas normalmente fazem piadas sobre mulheres que têm "problemas com o pai", mas muitas vezes a verdade é bem séria. Em alguns grupos da comunidade de ciência política, acredita-se que os eleitores (de ambos os sexos) se identificam com figuras políticas como substitutos paternos e, normalmente, preferem o tipo "pai forte". Esse tipo de líder é especialmente atraente para aqueles que sentem necessidade de proteção e ficam mais seguros com um "pai durão" no comando. Essa dinâmica pode explicar a grande quantidade de mulheres eleitoras que têm historicamente apoiado o presidente Trump, por exemplo, apesar de suas posições antifeministas.

O que também pode ajudar a esclarecer por que grupos e indivíduos mais vulneráveis costumam ser os primeiros a seguirem tais líderes, razão pela qual é tão fácil para os líderes explorarem os medos, as inseguranças e os sentimentos de fraqueza desses grupos (como Trump fez ao cortejar a classe média branca em dificuldades). Também pode explicar por que uma quantidade dos seguidores famosos de Trump — como Cesar Sayoc, o ex-stripper recluso que se tornou entregador de pizza e enviou bombas caseiras por correio para uma longa lista dos inimigos políticos do presidente — referem-se ao presidente explicitamente como o pai que nunca tiveram.

Também é a razão pela qual, tragicamente, vítimas de abuso que foram privadas de amor, atenção e carinho quando crianças, acabam saindo de um tipo de relacionamento abusivo e entrando em outro. Crescer com um intimidador faz com que as pessoas se sintam difíceis de ser amadas e, ao mesmo tempo, ensina a elas que o abuso é uma expressão de amor. Por exemplo, mulheres que foram maltratadas ou negligenciadas por seus pais, em particular, podem ser especialmente suscetíveis a se apaixonar por um homem abusivo, cuja forma de demonstrar amor seja familiar. Dramas familiares facilitam representarmos os papéis que mais conhecemos. Filhas podem sentir-se atraídas por parceiros românticos que as intimidem, pois é como seus pais as tratavam, mas elas também aprenderam a representar o papel de vítima com suas mães; se as mães toleravam ser maltratadas, se justificavam ou compartilhavam a culpa, isso definiu para as filhas o que é aceitável e o que significa ser uma boa mulher. E é assim que padrões antigos e nada saudáveis são perpetuados. Mas, de acordo com especialistas, não é como a história deve terminar. Ao sair de nós mesmos e olhar em perspectiva, como um dramaturgo faria, podemos começar a identificar oportunidades para mudar o enredo, reescrevendo velhos scripts, "matando" personagens cansados e reinventando o final.

Fique Fora da Mira

Especialistas dirão que a melhor forma de evitar ser intimidado é evitar envolver-se com um agressor. Fala sério. Mas nem sempre é fácil reconhecer um lobo em pele de cordeiro. Talvez a coisa mais importante que todos possamos fazer é aprender a reconhecer um prepotente quando vemos um. Maya Angelou fez um alerta famoso: "Quando alguém mostra quem é, acredite na primeira vez." A capacidade de reconhecer os sinais de que alguém está procurando por uma vítima é uma habilidade crítica.

Reconheça os sinais de alerta. Para começar, fique atento a pessoas que não aceitam não como resposta. Muitas vezes, o começo é doce e pode ser agradável ser procurado, mesmo contra nossa vontade. Mas alguém que age como se nossas preferências não importassem, está dizendo que não se importa com o que você quer. Posto de outra forma, esse tipo de procura agressiva pode ser um sinal velado de desrespeito. Se alguém se aproxima ostensivamente e parece não levar suas preferências a sério, aceite o medo; acredite em seus primeiros instintos e mantenha distância.

Atores poderosos podem nos fazer sentir como se estivéssemos enfeitiçados. No entanto, se sentir incapaz de agir por vontade própria na presença de alguém também não é bom sinal. Pessoas que abusam do poder tendem a ter uma necessidade extrema de controle e, como tais, são frequentemente carismáticas (assim como assustadoras); elas têm uma capacidade bem aperfeiçoada de atrair as pessoas, encantar, seduzir e manipular Ao mesmo tempo, são supercríticas e têm uma necessidade extrema de ser a pessoa mais importante no ambiente. Cuidado com pessoas que te tratam como se você fosse muito especial, ao mesmo tempo em que demonstram desrespeito ou desprezo por quase todas as outras. Elas estão tentando consolidar o controle delas sobre você. Cedo ou tarde, você não conseguirá satisfazer todas as necessidades insaciáveis delas por poder, controle e obediência, e elas irão te rebaixar e humilhar também.

Sheryl Sandberg é conhecida por seu conselho de que as mulheres deveriam evitar os caras "descolados" ao buscar um parceiro romântico e valorizar os nerds. É uma história sobre poder por si só. Pode parecer empoderador "ganhar" a atenção daquela pessoa — seja um parceiro romântico, um amigo ou um chefe — que pode escolher qualquer pessoa no mundo e faz você sentir como se fosse a única pessoa digna de seus afetos. Mas escolher esse tipo de parceiro minimiza seu poder, seus direitos e sua capacidade de conseguir o que você precisa e merece de seus relacionamentos. Aprenda a reconhecer quem lhe dá o sentimento de segurança, não somente de encantamento.

Não morda a isca. Se você não consegue criar uma distância física entre você e o intimidador, pode manter uma distância psicológica ao recusar a se envolver em atitudes ruins. Pessoas que abusam do poder desejam evidenciar que são poderosas, que o que fazem tem um efeito. Farão todo o possível para manter você em alerta. Se você morder a isca ao demonstrar medo, raiva ou mesmo se desculpando, estará tornando as coisas divertidas para elas.

As crianças recebem este conselho para lidar com intimidadores na escola e ele funciona da mesma forma para adultos. Uma pessoa com necessidade elevada de dominar precisa não somente representar o papel dominante, mas também ter a posição validada repetidamente pelos outros, que representam as vítimas indefesas e condescendentes. Lutas por status são divertidas para algumas pessoas, e elas farão o que for preciso para primeiro te elevar e, depois, te destruir. Qualquer indício de que você está magoado ou nervoso tornará o jogo interessante. Então, o objetivo (pode ser a única vez que você venha a receber este conselho) é ser *o mais entediante possível*. Não é o mesmo que fingir que tudo que acontece está bem, sorrindo ou entrando no jogo. É mais como simplesmente perder sua deixa, mostrar desinteresse ou até mesmo parecer entediado, agindo como se nada tivesse acontecido. Como já vimos, agir de forma desatenta ou desinteressada é hostil, e essa parte é importante. Indica que você realmente não quer participar e, se forçado, não tornará as coisas fáceis. Na maioria das vezes, o intimidador finalmente procurará um alvo mais satisfatório.

Conheça a si mesmo, mas não se culpe. Vítimas de abuso frequentemente se culpam pela dor que enfrentam. Em parte, isso acontece pela forma como as coisas funcionam: acusar a vítima de causar o abuso é uma das muitas formas de um intimidador manter o controle. Muitas vezes, parece bem perigoso culpar as pessoas que nos magoam, pois nos sentimos dependentes delas. Por exemplo, em geral as vítimas de abuso infantil são incapazes de confrontar seus abusadores, porque precisam muito de seus pais. Empregados que são vítimas de assédio no trabalho frequentemente toleram o abuso, pois temem retaliação e a perda de seus empregos. Quando não é possível atribuir culpa à pessoa que está lhe causando dano, você assume que fez algo para merecer o abuso e pune a si mesmo com vergonha, autoagressão e todos os tipos de comportamentos autodestrutivos. Nem sempre você pode culpar ou punir seu agressor, mas, quando pune a si mesmo pelas transgressões dos outros contra você, eles vencem.

Mulheres que são intimidadas por seus parceiros românticos normalmente passam a acreditar que há algo de errado com elas, que se fossem um pouco mais bonitas, sexys, atenciosas, e por aí vai, poderiam ser tratadas com o cuidado que merecem. Ficam ao lado de seus algozes, agridem-se e continuam a realizar o trabalho sujo de seus abusadores. Para que as vítimas de abuso consigam superar os efeitos psicológicos do trauma, elas devem aprender a ver o abuso pelo que é, e aceitar que não têm culpa pelo que aconteceu a elas. E, claro, devem aprender formas seguras de reagir.

Não aja como uma vítima. Como vimos, se você sofreu abuso de alguém com poder, infelizmente foi treinado. Você sabe como é ter um relacionamento com alguém que abusa de seu poder, e isso provavelmente parece familiar. Então pode ser atraído de novo. Mas não somente isso: pessoas que foram exploradas antes frequentemente parecem exploráveis. É como se, sem saber, tivessem setas apontando para elas dizendo: "Olhe, bem aqui! Consigo aguentar qualquer coisa!" Anunciando, assim, como são humildes e acolhedoras, como é difícil para elas dizer não, a rapidez com que se culpam por tudo e como são propensas em agradar. Os intimidadores são atraídos por aqueles que enviam esses tipos de sinais. Uma das coisas mais importantes que qualquer um de nós pode fazer é tornar-se ciente dos fatores que nos tornam um alvo. Mais uma vez, não se trata de mudar quem você é, mas de desenvolver formas de se proteger ao escolher quais faces de si mesmo mostrar e ocultar, e para quem.

Quando se trata de explicar quem se torna alvo de abuso e por quê, muitos mitos aparecem. Por exemplo, em contraste à ficção conveniente de que mulheres que são abusadas sexualmente estavam "pedindo por isso" ao agirem de forma sedutora, com aparência atraente ou vestindo-se de forma provocativa, alguns estudos mostram que o oposto ocorre com mais frequência. Estupro e agressão sexual são tão comuns em nossa sociedade que é difícil até mesmo identificar tendências nos alvos e, certamente, sempre que alguma mulher é estuprada, o estuprador é o culpado. Entretanto, alguns estudos de estupro de pessoas desconhecidas descobriram que é mais comum as vítimas estarem vestidas com roupas conservadoras, com braços e pernas cobertos, do que com roupas provocativas e que chamam a atenção. Pesquisas descobriram que as vítimas de estupro de pessoas desconhecidas também não são mais atraentes do que a média das mulheres que não são alvos.

Estudos de comportamento criminoso revelam o que um agressor procura em uma vítima: uma pessoa que parece fácil de dominar. Vítimas de crimes de rua não são necessariamente menores ou fisicamente mais fracas do que as outras. Apenas agiam de forma diferente: mais submissas, sem direção ou propósito claros e sem prestar muita atenção no ambiente. Isso, e não seu tamanho ou estatura, é o que as torna mais fáceis de dominar.

Felizmente, como vimos antes, não é difícil ajustar a forma como nos comportamos, e muitos de nós aprendemos isso naturalmente à medida que nos adaptamos à vida em ambientes nos quais o crime é comum. Quando me mudei para Manhattan, depois de passar a maior parte da minha vida em uma pequena cidade universitária, por exemplo, lembro-me vivamente de aprender que não importa o quão perdida eu estivesse na cidade, eu tinha que andar como se soubesse aonde estava indo. Saía de uma estação de metrô desconhecida e, em vez de ficar parada na esquina procurando placas na rua e tentando me orientar, seguia em frente mantendo o ritmo do fluxo dos pedestres como se soubesse para onde estava indo. Se percebesse que estava andando na direção errada, avançava com confiança para a esquina seguinte, atravessava a rua e voltava na outra direção.

Quando se trata de ataques verbais ou emocionais, na maior parte das situações, seguir com direção e propósito também fará de você um alvo menos atraente. Ajuda ter limites claros, prioridades claras e determinação. Ou, pelo menos, agir como se você tivesse essas coisas.

Escolha os contextos com cuidado. Como já vimos, o que dá poder às pessoas não é somente quem são e quais recursos controlam, mas também os contextos nos quais operam. Quando vivi em Nova York nunca fui abordada na rua. Mas, quando vivi em Chicago, fui assaltada uma vez, sob a mira de um revólver. Estava com dois amigos — um era um homem alto e forte — e tinha acabado de escurecer. Mais tarde, enquanto falávamos com a polícia, eles destacaram que, embora o quarteirão fosse bem iluminado, havia uma lâmpada de rua queimada, bem sobre o ponto onde fomos surpreendidos. Não foi coincidência. O comportamento criminoso ocorre com mais probabilidade em lugares onde ninguém mais pode vê-lo acontecendo.

Sou muito cuidadosa com isso atualmente, e aconselho muitas mulheres mais jovens com quem trabalho a ficar longe das sombras, não somente nas ruas, mas também no trabalho. Nada de reuniões em lugares privados fora do escritório, à noite ou no carro de alguém. E evitar conversar enquanto caminham. Aprendi que jantares fora do escritório também podem ser perigosos, dependendo de onde você se senta. Aparentemente, é comum que alunas de doutorado, candidatas a emprego e professoras assistentes sejam tateadas sob a mesa em jantares de trabalho, quando se sentam próximas a um colega sênior do sexo masculino.

As normas que definem o que é profissional ou aceitável depois do horário do trabalho, fora do escritório, são muito vagas, de forma que o que seria ultrapassar os limites é muito mais ambíguo. Em qualquer momento que estiver se encontrando com alguém fora de um ambiente de trabalho, você não está mais realmente em público, pois ninguém conhece você ou a natureza de sua relação, e a linha entre o comportamento aceitável e o inapropriado fica ainda menos clara. Quando alguém olha você de cima a baixo e comenta sobre como está atraente em uma sala de reunião, por exemplo, está imediatamente claro que o limite foi ultrapassado. Mas, quando você aparece em uma festa do trabalho mais tarde ou em um bar, um comentário sobre sua aparência pode parecer mais "normal" ou, pelo menos, dentro dos limites de um comportamento aceitável, tornando mais difícil para você confiar em seus sinais internos sobre o que é apropriado ou não.

De forma similar, já ouvi mais de uma vez a respeito de chefes que se recusam fortemente a se reunir em um escritório, e preferem falar enquanto caminham para disparar abusos emocionais. Caminhar não somente diminui as chances de alguém ouvir ou testemunhar o que está acontecendo, como também torna os limites sociais menos claros. Uma coisa é levantar-se e educadamente deixar uma reunião, outra é, repentinamente, tomar uma direção diferente enquanto seu chefe está indicando o caminho. É muito mais fácil para um chefe fazer um comentário rude ou inapropriado, ou descartar como algo sem importância feito informalmente em uma caminhada em comparação com o que é feito em um ambiente formal, como em uma reunião ou um escritório. O contexto importa de todas as formas. Então, uma boa estratégia para se proteger da intimidação é manter-se longe de um contexto que seja muito privado ou no qual as normas e o papel que definem o que é um comportamento adequado sejam nebulosos.

Policiar os limites. Além de ser cuidadoso com os contextos físicos, também é importante policiar seus limites emocionais. No ambiente de trabalho atual, onde muitos funcionários devem estar "à disposição" a todo momento, a violação dos limites entre trabalho e vida pessoal são uma ofensa comum. Muitas das vítimas com quem falo estão aterrorizadas, recuando com aqueles que buscam explorá-las com pedidos excessivos. Eu as aconselho a dizer não com firmeza, e com um grande sorriso. Todos precisam de uma boa forma de dizer não: "Desculpe-me! Não posso ajudar. Boa sorte!" Ou como meus adolescentes são conhecidos por dizer com um sorriso: "Isto parece ser um problema 'seu'." Você pode não querer dizer em voz alta para seu chefe, mas certamente pensa e isso pode ajudá-lo a parecer menos complacente e evitar dizer "sim" quando não deveria.

Um *não* firme, mas amigável, é como dizer que sua casa tem um sistema de segurança. A maioria dos criminosos, e dos intimidadores, procurará um alvo mais fácil.

Pesquisas sobre jogos de dilemas de prisioneiros descobriram que ser incondicionalmente cooperativo em situações competitivas convida à exploração, e estudos de intimidação reforçam essa conclusão. Em escolas e ambientes profissionais, os intimidadores focam indivíduos que acham que não revidarão: pessoas que são legais com todos o tempo todo e parecem tolerar coisas que os outros não toleram. O isolamento social também é um fator de risco, em parte porque os intimidadores miram os indivíduos que dificilmente estão com testemunhas ou têm aliados dispostos a protegê-los.

Quer você esteja só quer não, o segredo é saber onde estão seus limites, aprender a reconhecer quando eles foram ultrapassados e ter formas de deixar isso claro. Você pode ser amigável e cooperativo, desde que os outros estejam fazendo o mesmo, mas, se alguém ultrapassar o limite, você pode reagir, simplesmente fazendo uma observação. É muito útil fazer isso imediatamente e ter uma política de tolerância zero.

Dê uma olhada. Comportamentos inapropriados de todos os tipos persistem quando são tolerados. Ninguém quer fazer tempestade em copo d'água a cada transgressão, e pesquisas demonstram que comportamentos não verbais sugerem que isso é realmente desnecessário, nem sequer é provável que seja eficaz. Em vez de ter uma reação emocional ou fazer um grande discurso, pode ser mais poderoso simplesmente notar por meio de um olhar, sem sorrir. Se alguém puser a mão em sua perna, simplesmente olhe para a

Como Enfrentar um Intimidador

mão por um momento, depois mude seu olhar para seu rosto e não olhe para outro lugar até você ver que está registrado. Se não funcionar, basta afastar cuidadosamente a mão de você. Se alguém disser algo inapropriado, encare por um pouco mais de tempo que o normal. Simplesmente perceber coloca o transgressor "em alerta" e pede uma justificativa. É uma forma de deixar claro que o que você presenciou não é normal e insistir silenciosamente que ele responda à pergunta: *Por que você fez isso?*

Frequentemente me perguntam como lidar com importunadores no local de trabalho que ignoram, interrompem e falam sobre os outros; que humilham os outros com comentários e piadas insultuosos, gritam e têm chiliques. As reações mais comuns quando interrompido ao falar são parar de falar ou aumentar a própria voz. Nenhuma é particularmente efetiva. Levantar a voz, em especial, pode soar estridente, comunicar medo e atitude defensiva, o que frequentemente entusiasma aqueles que estão tentando agitar as coisas. Muito melhor é levantar um dedo firmemente para sinalizar *pare* ou *espere*, ou simplesmente dizer: "Estou quase terminando." Levantar um dedo, apontando, como já observamos, é surpreendentemente poderoso. Só de mover os braços para longe do corpo parece indicar uma predisposição a revidar, e o dedo parece funcionar como uma arma.

Gestos não verbais são frequentemente mais eficazes do que disputas verbais, sobretudo para mulheres. Na verdade, um estudo recente conduzido por Melissa Williams, da Universidade Emory, e Larissa Tiedens, presidente da Faculdade Scripps, descobriu que, embora a assertividade ou a dominância verbal possa provocar reação nas mulheres, a assertividade não verbal não tem esse efeito.

É necessária uma disciplina tremenda para resistir ao ser provocado emocionalmente por alguém que parece nervoso ou com raiva. Muitas pessoas relatam reações como se recolher, lacrimejar, gritar de volta, tentar se defender ou simplesmente sair de cena. Mas, em geral, a melhor ação é calmamente notar e recusar-se a fazer parte. Usei essa técnica muitas vezes quando não gostei da forma como as coisas estavam indo. Disse coisas como "Sabe de uma coisa? Não gosto do rumo que isso está tomando, então estou saindo agora" ou "Posso ver que você está realmente aborrecido, então vamos conversar depois". Não importa quanto poder a pessoa tem, é perfeitamente apropriado desculpar-se e terminar uma reunião na qual você se sente inseguro. Saída pela tangente.

Um executivo que conheço diz que, em vez de ficar abalado ou defensivo quando um membro do conselho particularmente intimidador vocifera comentários insultuosos, ele simplesmente pergunta: "O que você quer dizer com isso?" Também presenciei uma pessoa calar uma ameaça velada ao olhar para o agressor diretamente nos olhos e perguntar: "Você realmente disse isso?" Colocar sua reprovação em uma pergunta é mais eficaz do que reprimir, pelo menos em parte, pois devolve a responsabilidade da explicação para o agressor. Stormy Daniels, uma atriz de filmes adultos que ficou famosa por forçar o presidente Trump a explicar os pagamentos que ela recebeu para se manter calada sobre o caso que tiveram, é mestre nessa técnica. Em uma entrevista para o telejornal *60 Minutes*, ela explicou como lidou com a tendência de Trump de ficar falando sobre si mesmo e suas conquistas. Daniels perguntava: "Falar sobre si mesmo normalmente funciona para você?" Ao mudar calmamente o foco para o mau comportamento da outra pessoa, podemos mudar o equilíbrio de poder.

Sorrir e mostrar os dentes. Em 2017, o primeiro ministro canadense Justin Trudeau enfatizou seu poder ao se reunir com o presidente Trump pela primeira vez na Casa Branca. Possivelmente, ele já havia notado (assim como muitos jornalistas) que Trump usava um aperto de mão especial ao se encontrar com outros chefes de Estado. À medida que os dignitários se aproximavam

Como Enfrentar um Intimidador   201

dele a uma distância respeitosa, ele se inclinava em direção a eles com seu braço esticado, pegava suas mãos e puxava-os para frente, de forma que perdiam o equilíbrio e cambaleavam em direção a ele. Possivelmente, ele achava que o controle físico teria uma vantagem psicológica. Mas, quando Trudeau saiu de seu carro naquele dia, neutralizou de forma eficaz o conhecido aperto de mão com puxão de Trump ao se apressar em encontrá-lo a uma distância próxima, pegando a mão direita de Trump com um aperto de mão firme, batendo no ombro dele com sua mão esquerda e sorrindo largamente, mas com seu maxilar apertado. Demonstrou zero hesitação cordial e ausência de precaução; também mostrou que não estava com medo, que não deixaria Trump definir o tom e não seria intimidado — e que Trump havia encontrado alguém a sua altura.

Quando enfrentamos um ator dominante, é natural mostrar deferência. Pode ser assustador tentar vencer uma luta por poder com esse tipo de pessoa, que faz parecer que não há limites que ela não ultrapassaria. Mas, pelo menos às vezes, quando um ator enfatiza seu poder, é bom enfatizar ainda mais. Ajuda pensar sobre o que exatamente você está com medo. Lembre-se de que os intimidadores frequentemente agem de forma agressiva, pois se sentem fracos. E isso significa que, às vezes, vale à pena desafiar o blefe de alguém.

Recentemente fiz coaching com duas executivas sobre como lidar com um chefe abusivo que estava jogando uma contra a outra, tratando uma como a filha preferida e verbalmente humilhando a outra. Elas pensaram juntas e perceberam o que estava acontecendo. Agora queriam uma forma de colocar fim na história. Nenhuma delas queria um confronto; estavam com medo de ofender o chefe e perder seus empregos (ou coisa pior). Então pensamos em uma abordagem de agir com poder: quando vocês se encontrarem, sejam cordiais, como se tudo estivesse normal, mas olhe-o nos olhos e recite um mantra simples e silencioso para si mesma sempre que necessário: "Sei o que você está tramando." Praticamos entre nós e nos divertimos com o quão subversivo e assustador pareceu enquanto fazíamos. Pessoas como o chefe delas precisam de validação de que são assustadores; precisam de aceitação, apaziguamento e perturbação. Essa abordagem sutil foi elaborada para não oferecer nenhuma recompensa e colocá-lo de sobreaviso — *sabemos o que você está tramando e estamos elaborando um contra-ataque* —, na esperança de que ele mudasse o foco de sua energia para algo mais satisfatório. Não demorou muito, elas me disseram. Quando deixou de ser divertido para ele, ele parou de fazer seu joguinho.

Mostre empatia. Eu sei, parece estranho. Mas, às vezes, é possível parar a intimidação ao representar a expressão de compreensão. Negociadores de reféns descrevem a *escuta ativa* — uma forma de diálogo que envolve a perspectiva da outra pessoa, fazer perguntas abertas e demonstrar interesse genuíno, entre outras coisas — como a única forma de desarmar uma pessoa desesperada com uma arma ou uma bomba, e o mesmo princípio se aplica aqui. Demonstrar empatia não é o mesmo que ficar ao lado ou perdoar o agressor. É estrategicamente mostrar respeito para proteger você e os outros. Especialistas em resolução de conflitos explicam que a motivação em defender a honra de alguém é a raiz de muitos tipos de violência. Assim, atenuar a vergonha ao demonstrar compaixão e compreensão, mesmo perdão, por alguém que está tramando ou já executou uma ação violenta é amplamente praticado por especialistas e muitas vezes divulgado como uma abordagem eficaz para dissuadir alguém de intensificar a violência e causar mais danos.

Não importa se temos muito ou pouco poder. Agir com compreensão humana e demonstrar que nos importamos com o sofrimento de nosso inimigo é algo que qualquer um de nós pode oferecer, sem custo nenhum para nós mesmos.

9

O Papel de Espectador e Novas Formas de Representá-lo

Como Impedir que Maus Atores Roubem a Cena

Snackman é um nome improvável para um super-herói, mas aos olhos de muitos, isso é o que ele era. Para Charles Sonder, um arquiteto de 24 anos que morava no Brooklin, Nova York, uma quinta-feira à noite em março de 2012 começou como qualquer outra, quando ele deixou um bar por volta das 21h30 e pegou o metrô para se encontrar com amigos em outro. Para comer alguma coisa no caminho, comprou uma lata de Pringles sabor cheddar e um pacote de gomas de gelatina em formato de urso, e estava contente comendo seus petiscos. De repente, na estação de Spring Street, um desconhecido entrou correndo rente às portas do trem que estavam se fechando e deixou uma passageira irritada. Ela gritou, bateu e chutou o homem, e ele começou a revidar. Foi uma cena e tanto, e, naturalmente, um passageiro pegou seu celular para gravar a ação.

O vídeo mostra cada parte dando alguns golpes, então, de fora do quadro, Sonder aparece sem falar nada, mastigando sua Pringles. Sem olhar, ele se coloca entre os passageiros que estavam brigando e simplesmente fica lá, com os pés firmemente plantados, formando uma barreira humana. Ainda segurando seus petiscos com uma mão, ele continua a comer com a outra. A briga termina imediatamente — ele agora está no caminho — e outro espectador entra, aproveitando o momento para acalmar as partes. O vídeo foi postado no YouTube, onde rapidamente viralizou, obtendo quase 1 milhão de visualizações (e alguns comentários hilários). Por que a atenção? Porque "Snackman" representou o defensor calmo, tranquilo, corajoso e controlado que todos aspiramos ser.

Por que Escolhemos Representar o Espectador

Em nossas cabeças, histórias sobre poder e seus muitos abusos envolvem dois personagens principais: uma vítima e um agressor. No entanto, se considerarmos uma perspectiva mais ampla, vemos outros na cena, atores em papéis menores ou figurantes no cenário, que têm consciência do que está acontecendo, mas não têm certeza do que fazer sobre o fato. Não estou falando sobre autoridades com responsabilidade formal de prevenir e punir violações (que é um tópico para o capítulo final). Estou falando sobre o restante de nós, que, muitas vezes, na ausência de um papel formal que requeira ou permita intervenção, optamos por aguardar e assistir.

Todos já passamos por isso, assistindo horrorizados enquanto amigos, colegas de turma e desconhecidos são maltratados de formas que violam nossos próprios padrões de civilidade e conduta profissional, mas nos sentindo curiosamente incapazes de agir. Pessoalmente, já passei por isso mais vezes do que gostaria de admitir. Estive em reuniões em que palestrantes defenderam inverdades com grande confiança e, duvidando de minha própria sanidade, não disse nada. Fingi não ter ouvido comentários ofensivos ou grosseiramente insensíveis cochichados por pessoas próximas de mim. Permiti que participantes de reuniões gritassem com os outros de forma inapropriada e não disse nada no momento. Estendi lenços de papel para mulheres que descreviam terem

O Papel de Espectador e Novas Formas de Representá-lo 205

sido intimidadas por pessoas que eu conhecia; ouvi com empatia e aconselhei, mas optei por não agir: não desafiar, confrontar ou mesmo abrir um diálogo com os supostos agressores. Às vezes, fiquei de fora porque acreditava não ter influência; tinha certeza de que eu também era vulnerável. Outras vezes, não tinha certeza de que uma intervenção seria necessária, ou de como intervir. E, de vez em quando, fiquei de fora apesar do fato de eu não estar de forma alguma vulnerável, mesmo em algumas circunstâncias em que tinha mais poder que a pessoa acusada, podendo quase certamente ter feito a diferença.

É tentador olhar o comportamento abusivo como problema dos outros: nos colocar no papel de observadores ou críticos na plateia. Porém, na realidade, todos somos atores nos dramas de abuso que contaminam o mundo em que vivemos. Abusos de poder acontecem em contextos onde são aceitos, e cada um de nós pode fazer escolhas melhores sobre os papéis que representamos nas histórias que se desenrolam em nossa presença.

Fazendo um retrospecto, incluo esses exemplos entre meus maiores arrependimentos e sentimentos de culpa por abdicação de responsabilidade. E me senti assim também no momento em que ocorreram. Ninguém tem orgulho de representar o espectador. Ninguém aspira esse papel ou faz testes para ele, e, ainda assim, parece que nos colocamos nele o tempo todo. Por que não intervimos quando outra pessoa está sendo prejudicada em nossa presença?

Poucas horas antes do amanhecer do dia 13 de março de 1964, Kitty Genovese foi esfaqueada, abusada sexualmente e assassinada a caminho de sua casa após sair do bar onde trabalhava. De acordo com o relato do *New York Times* sobre o ocorrido, 38 pessoas haviam testemunhado o ataque e nenhuma delas interveio, nem mesmo chamou a polícia. Décadas depois, foi revelado que muitos detalhes da história foram exagerados ou eram falsos (algumas pessoas tentaram ajudar e muitas das 38 não haviam realmente visto ou ouvido o que estava acontecendo). Mas, mesmo assim, desde então um grande corpo de pesquisas subsequentes confirmou que *o efeito espectador*, como ficou conhecido, é muito real.

Gostamos de pensar que, se testemunhássemos alguém nesse tipo de perigo, certamente tentaríamos evitá-lo ou impedi-lo, mas não é o que as pesquisas mostram ser verdade. Cada um de nós é motivado a ficar de fora do drama de outra pessoa a curto prazo por muitas boas razões: evitar o constrangimento de ter uma reação exagerada, não conseguir conter o abuso ou ofender alguém, ser atingido, sofrer retaliações ou alguém tirar proveito. Compreendemos que, de forma mais ampla, é melhor para todos se pudermos contar com a proteção uns dos outros. Entretanto, no curto prazo, o interesse próprio tende a prevalecer.

Os cientistas sociais conhecem algo sobre isto: o comportamento do espectador está na raiz de muitos dos desafios mais preocupantes do mundo. Quando todos agem como se os problemas de ação coletiva fossem responsabilidade de outra pessoa, os problemas pioram e todos sofrem. Esses cenários, nos quais somos forçados a optar entre ações que parecem racionais no curto prazo, mas na verdade não são no longo prazo, são um exemplo clássico do que os cientistas chamam de *dilema social*: um cenário no qual as pessoas ganham ao se comportar de forma egoísta enquanto os outros são generosos (nesse caso, ao assumir um risco pessoal de aplicar normas). O segredo, claro, em tais cenários é que, se todos forem egoístas, ninguém ficará protegido e os maus atores continuarão sem consequências. A única solução real para todos os tipos de dilemas sociais são os coatores, nesse caso os espectadores na cena, assumirem o primeiro risco e estabelecerem uma base de confiança que facilite a cooperação dos outros. Quando os indivíduos acreditam que podem contar uns com os outros para também fazer sacrifícios pelo bem do grupo, defendê-los ou retribuírem o gesto, estarão muito mais propensos a fazê-lo.

O Problema do "Carona"

No ambiente de trabalho é relativamente difícil presenciarmos abuso físico, mas é comum observarmos atos que claramente passam do limite: intimidação física, repreensões verbais, insultos pessoais, piadas pejorativas e outras formas de comportamento que são desnecessariamente agressivas, hostis e emocionalmente danosas. E é fácil pegar "carona" nessas situações, representar o espectador, simplesmente ficar de fora e deixar outra pessoa assumir a responsabilidade por policiar as normas do grupo. Mas, quando optamos por ficar parados, isso normaliza a inação e encoraja todos a fazer o mesmo.

Pesquisas sobre comportamento agressivo indicam que ele raramente surge do nada. E, da mesma forma, raramente para sozinho. Na verdade, o abuso normalmente aumenta. Começa pequeno, derruba as defesas da vítima e, somente então, quando o agressor se sente seguro de que não encontrará resistência, o abuso se torna explícito e completo. Quando os intimidadores não saem impunes de pequenas infrações, eles mudam de tática ou buscam outras vítimas. Abusos de poder também são contagiosos, como todos os atos sociais que são modelados por pessoas poderosas. Quando permitido que se propague, o resultado é um contexto de trabalho tóxico no qual a hostilidade e a exploração são aceitas como uma parte inevitável e mesmo necessária de como o trabalho é feito.

A intervenção do espectador também tende a começar pequena, com um ator. E pode crescer de sua própria forma. Quando os indivíduos sem poder formal aprendem a se inserir e fazer as coisas custarem mais caro para os maus atores continuarem, a cultura muda: abusos de poder são menos tolerados, espectadores intervêm mais e, como alguns estudos mostram, crimes como assédio sexual e abuso sexual têm menos probabilidade de ocorrer.

Para começar esse ciclo, cada um de nós precisa se ver como ator nos dramas das outras pessoas. Temos que compreender que "pegar carona" é uma ação; não há algo como "ficar fora disso", "ficar neutro" ou "não se envolver". Pegar carona é uma estratégia feita para minimizar o risco pessoal, mas nem mesmo se presta a isso no longo prazo. Quando se permite que as pessoas abusem do poder, ninguém está a salvo. Uma abordagem mais segura e construtiva no longo prazo é notar, dar nome e silenciosamente desaprovar não somente as infrações grandes e públicas, como também as pequenas coisas que podem não parecer um problema, mas pouco a pouco abrem caminho para um comportamento muito pior.

O Caso do Sapato Vermelho de Salto Alto

Tenho um colega, agora um bom amigo, que costumava deixar a porta de seu escritório aberta com o apoio de um artefato que algum designer criativo (e provavelmente um homem) convincentemente modelou na forma de um sapato vermelho feminino de salto alto. Foi perspicaz, ao seu modo, e certamente um bom motivo para conversa. Mas todas as vezes que passava por ele sentia-me desconfortável: a visão de um único sapato feminino, vermelho e de salto alto, aparentemente tirado enquanto entrava em seu escritório. Não era o sapato em si, claro. Era o que a presença do sapato naquele contexto implicava e as ideias que desencadeava em minha mente: que alguém (talvez alguém que eu conhecesse!) teria entrado correndo, tirado suas roupas e, talvez, estaria se agarrando lá dentro (quem sabe na mesa dele!) naquele exato momento. Entendi a piada, mas como uma entre poucas mulheres na faculdade na época também sabia que eu não fazia parte daquilo. Era como uma piscada e uma cotovelada de um cara para o outro, o tipo de brincadeira de república de estudantes ou "conversa de vestiário" que parece inofensiva, mas presume que não há mulheres por perto que possam desaprovar ser sexualizadas no trabalho ou prejudicadas por isso; pelo menos, nenhuma mulher que importe.

O Papel de Espectador e Novas Formas de Representá-lo   209

Eu não descreveria o caso do sapato vermelho de salto alto como um abuso de poder, exatamente, ou até mesmo necessariamente como tal. Contudo, o descreveria como um caso no qual uma pessoa poderosa silenciosa, sutil e provavelmente sem intenção concordou com a ideia de um ambiente de trabalho como um lugar para conquista sexual. Isso enviava a mensagem que fazer sexo em seu escritório era algo que poderia acontecer ali; que se você entrasse naquele escritório, poderia acontecer naquele momento; que era divertido se referir às mulheres como objetos sexuais no trabalho e fazer isso refletiria bem em você. Olhe, quem sabe qual de suas colegas de trabalho poderia estar disposta?

O sapato era só um objeto decorativo, mas, como todos os objetos decorativos em todos os palcos, foi escolhido como símbolo de alguma coisa; era sugestivo e definia o tom. Psicólogos o chamariam de *efeito priming* — um estímulo que, após exposição a ele, automaticamente dispara pensamentos sobre ideias correlatas; no caso, mulheres com (e sem) sapatos vermelhos de salto. Claro, as pessoas podem andar pelos corredores da Escola de Administração de Stanford pensando o que quiserem. O problema é que minha própria pesquisa (e outras) descobriu que esse tipo de *priming* sexual, e os pensamentos que ativa, tornam os homens mais propensos a ver suas colegas de trabalho como objetos sexuais, avaliá-las mais em função de sua atratividade sexual do que sua competência, sentir atração sexual por suas subordinadas e até mesmo cometer assédio sexual se estiverem em uma posição de poder.

Passei por aquela coisa por meses, talvez anos, sem mesmo considerar dizer algo para seu dono ou qualquer outra pessoa. Por um lado, era só uma brincadeira. Por outro, me deixava insegura — me fazia pensar sobre o que estava vestindo e se estava muito sexy, ou se não estava sexy o suficiente, em um contexto em que eu tinha coisas mais importantes para pensar. E as outras mulheres que trabalhavam no prédio? Profissionalmente, eu e ele éramos mais ou menos iguais. Mas e a equipe, sua assistente ou as muitas alunas que iam a seu escritório para se aconselharem com ele? Eu poderia ter perguntado a ele sobre isso, provocado sobre o tema ou dito honestamente que aquilo fazia eu me sentir estranha. Poderia ter simplesmente pegado a peça em silêncio enquanto caminhava pelo corredor, jogado na gaveta de algum escritório e ninguém saberia. Mas, em vez disso, optei por ser a espectadora.

Um dia, outro colega me perguntou o que eu achava da trava de porta e eu disse a ele o que pensava. No dia seguinte, ela não estava mais lá.

Muitas vezes, um dos desafios mais complexos ao lidar com um ato questionável de uma pessoa poderosa é identificá-lo e vê-lo pelo que é. Nem todas as ocorrências são claras e em algumas situações nem sempre está claro que algum limite foi ultrapassado. E se o ator não teve a intenção de deixar alguém desconfortável? E se o alvo não parece estar incomodado ou não pode ser identificado? E se a relação parece ser consensual? E se o senador só fez um comentário inapropriado porque é "de uma geração diferente" quando tais coisas eram toleradas? Na ausência de linhas claras que delimitem onde usos legítimos do poder entram em território nebuloso, olhamos para os outros em busca de pistas sobre como poderíamos responder à situação. E, quando ninguém mais está percebendo ou agindo como se algo de mais estivesse acontecendo, consideramos isso como prova social de que nada ruim está ocorrendo. Como um estudo demonstrou, se você sentir cheiro de fumaça em uma sala lotada, mas ninguém gritar "Fogo!" (literalmente nesse estudo, embora no sentido figurado também), é provável que as pessoas assumissem que não há nenhuma emergência e ficariam quietas para evitar ser o tolo que fez barulho à toa.

Em seu livro *The Power of Noticing* [O Poder da Percepção, em tradução livre], o professor e especialista em tomada de decisão da Escola de Administração de Harvard Max Bazerman observa como é fácil ignorar o sentimento de que algo está "fora". Ele descreve um incidente de sua própria vida em que ele foi inapropriadamente pressionado a mudar seu depoimento como testemunha especializada em um caso no Departamento Federal de Justiça contra a indústria de tabaco. Ele se recusou, mas também se esqueceu de relatar o incidente. Mais tarde, soube que outra testemunha havia prestado queixa de que o Departamento de Justiça a havia pressionado a mudar seu depoimento no mesmo caso, e isso forçou Bazerman a refletir sobre por que ele mesmo não havia tomado ação para abordar o que, em retrospecto, era claramente um abuso de poder judicial. Muitas vezes, ele concluiu, quando estamos ocupados ou sobrecarregados, tendemos a deixar passar ou ignorar os sinais de que algo tomou uma direção errada. É compreensível, mas também nos torna cúmplices em permitir que abusos de poder continuem.

Também há o perigo real de ter uma reação exagerada e destruir relacionamentos, reputações e carreiras ao alegar abuso sem uma causa justa. E se o acusado negar ou se houver ambiguidade sobre exatamente o que ocorreu (quase sempre existe)? E se o acusado nunca teve a intenção de magoar ninguém? (Acontece com frequência; abusos de poder ocorrem para fazer o agressor sentir-se bem, não para fazer a vítima sentir-se mal.) Vivemos em uma cultura na qual as pessoas são consideradas inocentes até provarem o contrário e, especialmente quando nos importamos com as pessoas que estamos acusando, tendemos a pecar pelo excesso de cuidado.

Todas essas incertezas podem ser reais, mas, ao mesmo tempo, justificam não fazer nada para responsabilizar as pessoas por como se comportam e os efeitos de suas atitudes em outras pessoas. E, quando não agimos e abraçamos justificativas como essas, não estamos apenas sem fazer nada enquanto o abuso acontece, estamos possibilitando o abuso.

Tornando-se um Defensor

Quando as pessoas falam sobre aprimoramento em lidar melhor com o poder, não é exatamente o que querem dizer. Como David McClelland notou, a maioria dos profissionais adultos associa aprimorar o uso do poder com aprender a se defender. Mas uma abordagem mais madura sobre poder, ele observou, é considerar ter poder como um dever e uma oportunidade de defender os outros. A diplomata irlandesa norte-americana Samantha Power descreveu isso como sendo um *defensor*.

Ser um defensor requer uma mudança de mentalidade. Requer aprendizado para se ver como membro de uma comunidade, não um ator solitário, nem vítima nem vilão, mas um guardião: alguém que está disposto a investir capital social e usar o poder em benefício de outra pessoa, não somente para ser gentil ou altruísta, ou como parte de uma contrapartida, mas porque esse tipo de tomada de risco individual é necessário para o grupo prosperar e se desenvolver. Representar o defensor pode parecer arriscado e, às vezes, é. Mas, quando você faz a coisa certa ao se manifestar pelos outros, também pode ser recompensado. Você ganha status e respeito, torna-se um modelo a seguir e os outros aspiram a se unir a você em uma posição mais elevada. E não é só isso. Frequentemente pensamos que, se nos sentíssemos mais poderosos, estaríamos mais dispostos a intervir nos dramas uns dos outros. Contudo, pesquisas nos mostram que as coisas funcionam na outra direção: quando agimos para proteger ou cuidar dos outros, isso nos faz sentir mais poderosos. Como um ator, um defensor foca agir, fazer algo que terá consequências apesar de seus medos, não porque é a melhor forma de vencer uma competição por status e poder. Um defensor se manifesta pelos outros porque agir em nome do grupo é o que um defensor faz. É a única forma de representar o papel.

Quando a conversa é vazia e quando agrega valor. Quando o abuso de poder acontece, normalmente há "repórteres" por perto. São pessoas que falam sobre o que está acontecendo como se estivessem falando sobre o tempo: é só uma conversa vazia e quem fala está desconectado da

O Papel de Espectador e Novas Formas de Representá-lo 213

situação, como se essas coisas fossem ação de Deus ou da natureza e, assim, completamente fora de nosso controle. Os repórteres podem pensar que estão representando um papel útil quando falam sobre o que sabem, o que viram acontecer, como perceberam que aconteceria (ou não perceberam), por que aconteceu, de quem foi a culpa, como veem o que está realmente acontecendo e o quão complicada é a situação. Na verdade, quando as pessoas têm essas conversas nos bastidores, ou desconectadas, em contextos nos quais não há chance de que o que dizem tenha um impacto construtivo, além de elevar seu status como pessoas "que estão por dentro", não estão envolvendo-se em relatos úteis; estão envolvendo-se em fofoca, que tem pouco propósito além de justificar sua inação, declarando conhecimento baseado na condição de "insider" e colocando-se acima da confusão. É uma oportunidade de declarar superioridade moral ao expressar indignação sobre o que está acontecendo, distanciando-se do vilão em público, culpando a vítima (que fez coisas que nunca teríamos feito para causar seu próprio infortúnio) ou limpando sua própria consciência ao expressar desaprovação sem sequer se envolver com a situação. Fofoca sem um propósito maior só serve a quem a pratica, mesmo quando existe uma preocupação positiva. Colocado de outra forma, a conversa é vazia quando não está acompanhada por ações que beneficiem alguém além de nós mesmos.

O que diferencia os repórteres dos defensores, que realmente fazem a diferença nas organizações, nas comunidades e em outros contextos onde o abuso acontece? Os repórteres se baseiam em sua própria experiência e resultados. Os defensores (ativistas, aliados e guardiões) se baseiam na experiência e nos resultados dos outros. Como todos os bons atores, eles saíram de si mesmos e estão focados no contexto, na comunidade e no elenco ao redor. Um defensor fala claramente de forma útil para os outros, consolando uma vítima, contestando um comentário ofensivo no momento em que acontece, dizendo a um agressor, em particular, que seus comentários foram inapropriados ou relatando o abuso a alguém que tenha uma responsabilidade formal para fazer alguma coisa sobre o assunto. E um defensor faz essas coisas não porque não há risco pessoal para eles, mas apesar da possibilidade muito real de que se manifestar expõe o ator ao risco.

Se queremos viver em um mundo onde as pessoas são motivadas a cuidar em vez de levar vantagem, temos que pensar de forma diferente sobre os papéis que estamos representando nas histórias de abuso que acontecem por toda parte. Para ser um defensor, não um espectador, você deve comprometer-se em agir e representar esse papel. De preferência quando uma pessoa está usando o poder para humilhar outra de forma injusta, você tenta fazer algo bem ali e naquele momento, em público. Tente notar o que está acontecendo, cite, impeça ou até mesmo cause uma importunação (é uma abordagem recomendada para impedir abuso sexual no campus). Se não puder, faça algo útil depois. Conte a um superior. Convide a vítima para almoçar. Pergunte ao agressor, em particular, como ele está. São algumas pequenas ações que definem como as normas são mudadas e como aprendemos a nos comportar nos contextos que habitamos. As culturas são definidas de cima para baixo, porém as mudanças culturais mais poderosas tendem a vir de baixo para cima. Quando tomamos pequenas ações todos os dias que parecem arriscadas, mas na realidade normalmente não são, podemos encorajar outros espectadores a fazer o mesmo.

Assuma Papéis com Seriedade

O psicólogo de Stanford Dale Miller observou que, frequentemente, a opção por intervir ou não depende não somente de quanto nos importamos com o que está acontecendo, mas também se sentimos que temos a "representatividade psicológica" para tal. Em outras palavras, o que faz com que muitas pessoas evitem se envolver nos dramas das outras é a sensação de que não têm a licença

O Papel de Espectador e Novas Formas de Representá-lo 215

para fazê-lo. E, quanto mais sem poder nos sentimos, mais presumimos que alguém mais poderoso que nós, ou alguém mais próximo das partes do que nós, que tenha o direito formal ou representatividade para desaprovar ou intervir, deveria assumir a responsabilidade. É uma boa ilustração da importância dos papéis. E, quanto mais especificamente definimos nossos papéis, maior é a probabilidade de pensarmos: *Não é minha função.*

Muitas intervenções formais que foram concebidas para frear abusos de poder — incluindo abuso e assédio sexual, e discriminação no trabalho — baseiam-se em engajar pessoas de influência (PDIs) no esforço. Especificamente, atores com alto status em uma organização ou comunidade são identificados e convidados a comprometerem-se com um treinamento de defensor, como forma de tentar difundir a ideia de intervir em benefício dos outros como algo que pessoas admiradas fazem. PDIs são uma fonte de pressão de grupo. Assim, pode ser mais eficaz engajar PDIs, que tendem a ter poder social baseado em status, como aliados no esforço de proteger populações mais vulneráveis. Intervenções que engajam atores que já têm bastante status tendem a ser mais bem-sucedidas e ter maior impacto do que aquelas que começam pelas margens (e que provavelmente requerem mais coragem e colocam os defensores em maior risco).

O programa Green Dot [Ponto verde, em tradução livre] emprega uma tática de PDIs ao recrutar e treinar estudantes universitários com grande status social (ex.: atletas e líderes estudantis) em esforços de prevenção ao abuso sexual no campus. E agora essa abordagem está sendo testada no mundo dos negócios como um método para reduzir o viés de gênero. Shelley Correll, uma socióloga de Stanford e ex-diretora o Instituto Clayman para Pesquisa de Gênero no campus, tem trabalhado com grandes empresas de tecnologia para ajudá-las a reduzir o preconceito com funcionárias em contratações, promoções e processos de avaliação. Quando os esforços de consultoria e intervenção começaram, Correll e suas colegas testaram várias abordagens para engajar homens como aliados e encontraram uma grande variação de entusiasmo para o esforço entre eles. Alguns eram muito entusiasmados e interessados em resolver o problema do viés de gênero em sua organização, enquanto outros estavam mais relutantes em se envolver pessoalmente. Então elas investigaram mais. Entre os homens entusiasmados, descobriram aqueles que já estavam entre os mais respeitados e pediram a eles ajuda para recrutar seus colegas mais relutantes. Correll, que estuda os efeitos de tais intervenções, está descobrindo que "é muito mais fácil convencer homens relutantes a participar quando os caras que eles admiram já estão participando".

Atuar como "aliado" é outra forma poderosa de representar o papel de defensor. Pesquisas descobriram que, quando as vítimas de viés de gênero reportam elas mesmas uma violação, pode ser mais difícil de acreditar. Mas quando um(a) amigo(a) reporta uma violação em nome da vítima, há menos reação em potencial. O impacto de muitos tipos de ativismo é enfraquecido pela percepção de que, por exemplo, mulheres apoiando outras mulheres ou funcionários LGBTQ defendendo outros que se identificam como LGBTQ estão agindo em interesse próprio e como uma expressão de identidade que outros não compartilham. Infelizmente, o resultado é que muitas vezes os direitos das mulheres ou de pessoas LGBTQ podem ser marginalizados como problemas dos outros. Entretanto, quando homens brancos e héteros começam a defender membros mais vulneráveis da comunidade, eles recebem status extra por estarem dispostos a arriscar sua própria posição social ao se posicionar em nome de outros. E isso pode encorajar outros a tomarem as mesmas ações.

Uma pesquisa conduzida pela professora Elizabeth Morrison, da Universidade de Nova York, sobre comportamentos de cidadania organizacional, examinou cuidadosamente o que leva alguns funcionários a se engajarem em comportamentos pró-sociais, como ajudar colegas e assumir tarefas e projetos adicionais que não são de sua função. Em parte, é uma

O Papel de Espectador e Novas Formas de Representá-lo 217

questão de identidade e como as pessoas definem seus papéis profissionais: Elas pensam em si como membros de uma casta cujo trabalho é dar suporte ao desempenho dos outros ou como atores solitários que devem estar focados em como estão trabalhando sozinhas? Quando nos definimos como atores em uma produção coletiva, estamos mais dispostos a assumir riscos em benefício dos outros membros. O processo de reimaginar nossos papéis no trabalho é o que meu colega Justin Berg chama de *job crafting* [ressignificação do trabalho, em tradução livre], e ele descobriu que as pessoas, com frequência, costumam naturalmente encontrar maior significado e propósito em seus trabalhos ao defini-los não somente como tarefas (programação, recrutamento ou marketing), mas também como comportamentos "além do cargo" (ser inclusivo, mentor ou padrinho/madrinha, ser parte de uma equipe ou um defensor), que são mais edificantes e afirmativos do que elas gostam de definir a si mesmas individualmente.

Uma das formas mais confiáveis de fomentar comportamentos pró-sociais em defensores é criar um papel novo e claramente definido para eles representarem. Os Anjos Guardiões — um grupo auto-organizado de voluntários que vestem boinas vermelhas na cidade de Nova York e patrulham o metrô em vizinhanças perigosas — são um exemplo perfeito de como novos papéis podem ser criados para o propósito de empoderar defensores para deter o abuso em suas comunidades. Filiais regionais operam sob regras, regulamentos e treinamento-padrão, e uma clara cadeia de comando, com cada voluntário designado a um Líder da Patrulha. Os Anjos Guardiões não usam armas e não têm nenhuma autoridade legítima para aplicar a lei, embora, com o passar dos anos, tenham tido um impacto mensurável na redução da criminalidade. Em alguns casos, eles perseguiram agressores reincidentes e os detiveram até que a polícia chegasse. Mas, frequentemente, sua mera presença — saber que havia pessoas observando o que acontecia na comunidade e estavam preparadas para agir e impedir — teve um efeito dissuasivo poderoso. As pessoas se comportam mal quando acham que vão sair impunes. A presença de cidadãos usando um distintivo e uma boina é um lembrete visível e um alerta de que há testemunhas por ali que estão preparadas para intervir para manter a comunidade a salvo.

Mesmo sem o distintivo e a boina, apoiar os outros tende a impedir o mau comportamento. E há muitas maneiras de fazê-lo.

Junte-se a um grupo. "Há poder nos números" parece clichê, mas é uma verdade importante de ser reconhecida. Como no caso de Harvey Weinstein, por exemplo. Weinstein foi capaz de ficar impune dos abusos de jovens atrizes não somente por causa de sua importância e reputação, mas também porque impondo-se sobre suas vítimas uma de cada vez, em particular, evitou que elas vissem que havia outras. Elas se sentiam impotentes, até que atrizes que tinham alcançado poder e status suficientes para Weinstein não prejudicá-las profissionalmente começaram a falar mal dele, uma após a outra. E uma vez que há várias vozes fazendo as mesmas acusações, é muito mais difícil desconsiderar uma declaração individual. Uma dinâmica similar ocorreu no caso de Larry Nassar, o médico que abusou de muitas ginastas de elite, das quais ele deveria ter cuidado. Como as mulheres se reuniram na corte, apresentando uma frente unida, o contexto mudou, assim como o equilíbrio de poder.

Em várias ocasiões, alunos me procuraram pedindo conselho sobre como lidar com um palestrante que fazia comentários sexistas em sala de aula. "Não podemos fazer com que a administração tome alguma providência?", perguntaram. Meu conselho é sempre o mesmo. Tentem impedi-lo vocês mesmos, eu digo, construindo uma coalizão. Conversem entre os colegas interessados, antecipadamente, sobre quais tipos de comportamento são inaceitáveis e comprometam-se a ter uma reação coletiva: se os comportamentos ocorrerem, todos se levantam e saem juntos. Claro, sempre que sou informada de um incidente no qual são relatados os nomes dos acusados, devo reportá-lo ao departamento de conformidade da universidade. Mas, infelizmente, a faculdade e os administradores nem sempre agem em reclamações individuais sobre um palestrante por razões que já discutimos e, muitas vezes, uma voz não leva a questão ao nível de uma emergência. Uma pessoa é facilmente descartada como "muito sensível". Um grupo de alunos saindo no meio da aula, por outro lado, aumenta a relevância. Conta uma história completamente diferente.

Comunicação e colaboração são essenciais para qualquer ação coordenada, em particular ao lidar com abusos de poder. Estudos mostram que, quando as pessoas simplesmente conversam antes de decidir se sacrificam ou não ganhos pessoais pelo bem do grupo, elas ficam muito mais dispostas a fazê-lo. A comunicação aumenta a confiança e permite que as pessoas trabalhem juntas estrategicamente: para se comprometer umas com as outras, dividir e conquistar, fazer o jogo do policial bom/policial mau etc. Um ótimo exemplo de como isso pode funcionar é um caso dos anos 1980, no qual uma advogada dedicada e com alto desempenho de uma grande firma de advocacia foi repetidamente (e de forma injusta) desconsiderada para promoção à sócia. Então as secretárias fizeram um pacto: elas aconselharam seus chefes, todas ao mesmo tempo, que, se ela não fosse promovida à sócia na próxima oportunidade, todas parariam de ir ao trabalho. De fato, na primeira oportunidade, a advogada foi promovida à sócia.

Recentemente ouvi uma história sobre como, no surgimento do movimento #MeToo, a executiva de uma grande empresa, onde as injustiças de gênero eram excessivas, usou o mesmo tipo de estratégia. Tendo visto muitas mulheres registrarem vários tipos de queixas individualmente no RH, sem resultados ao longo dos anos, ela decidiu silenciosamente organizar uma ação coletiva. Ela procurou suas colegas e as incitou a fazer suas queixas individuais em massa, exatamente no mesmo dia e no mesmo horário. Ela relata que foi como jogar uma bomba. Isso deixou o RH desnorteado e, dentro de semanas, ajustes salariais foram feitos, agressores foram demitidos ou colocados em licença e as correções mudaram a cultura na empresa de forma irreversível.

Espectadores individuais podem representar pequenos papéis no drama do abuso, mas como parte de um grupo podem tornar-se atores centrais. Pesquisas sobre influência de minorias mostram que mesmo duas vozes dissidentes tornam uma frase muito mais poderosa do que uma voz dissidente sozinha. Elas têm mais crédito, são mais difíceis de ser descartadas e têm menos risco de retaliação. É fácil demitir ou silenciar um delator individual, mas não é fácil trabalhar sem nenhuma assistente executiva por perto.

Esses esforços dão orientação útil sobre como abordar a intimidação, a discriminação, o assédio e o abuso sexual em qualquer tipo de grupo ou organização. Ao treinar defensores a reconhecer, abordar e reportar interações problemáticas, podemos mudar como respondemos coletivamente a ações que passam dos limites e fazem os contextos organizacionais hierárquicos parecerem inseguros. Não é só a opção responsável, é também a mais inteligente para qualquer pessoa que tenha uma parcela pessoal em criar ambientes onde abusos de poder são uma opção menos satisfatória do que parecem ser atualmente.

Tente o humor. Abuso não é motivo de risada, mas uma abordagem bem humorada pode ser uma forma efetiva de policiar os limites da civilidade. Uma vez, logo que me tornei professora assistente, um de meus alunos de MBA se aproximou por trás de mim e colocou suas mãos em minha cintura para dizer oi. Quando me virei para ver quem tinha invadido meu espaço de forma tão atrevida, outro aluno correu e, com um tapa, tirou as mãos dele de mim. "Cara", ele riu. "Não toque nela! O que você está pensando?" Foi uma intervenção amigável, mas firme.

O Papel de Espectador e Novas Formas de Representá-lo 221

Fran Sepler, um consultor em abuso sexual, que depôs recentemente em oitivas da EEOC [Comissão de Oportunidades Iguais de Emprego dos EUA, em tradução livre] sobre o assunto, recomenda de forma similar usar um golpe espirituoso para interromper o mau comportamento em reuniões. Perguntar "Em que ano estamos? 1970?", em resposta a um comentário sexista é um dos meus preferidos.

Recentemente ouvi uma história de um vendedor que trabalha no setor de tecnologia que validou esse conselho. Ele estava em uma conferência de negócios e uma noite, em um bar, um colega começou a classificar as mulheres de sua empresa de acordo com quem provavelmente ele mais gostaria de ir para a cama. Meu amigo (que é pai de uma criança pequena) interveio rapidamente ao anunciar, em sua melhor voz de pai bravo: "Pronto! Acabou! Acho melhor você ir para o seu quarto agora." Todos riram e o exercício de classificação terminou.

Zombar pode parecer algo muito leve, mas, de fato, é muito poderoso. Meu colaborador Dacher Keltner, que estuda a zombaria como uma dinâmica social, descreveu como isso pode ser uma forma de falar a verdade para o poder e, ao mesmo tempo, fortalecer a relação. O segredo é encontrar uma forma de fazê-lo que permita ao transgressor participar da piada. Você pode, por exemplo, zombar de um colega sobre o fato de que seus subordinados estão com medo dele, o que reconhece o poder que ele tem, enquanto sugere que seu impacto não é necessariamente motivo de orgulho. Zombar é enfatizar o poder de forma inclusiva: pode reafirmar que alguém pertence ao grupo, ao mesmo tempo em que abaixa sua bola.

Crie uma caixa de infrações. Na ocasião de sua recente aposentadoria de Stanford, descrevi a professora Maggie Neale como "firme, mas justa". Uma das formas como ela demonstrava essa qualidade era usar o que ela chamava de "caixa de infrações". Quando alguém de seu relacionamento tinha uma má conduta, ela o tirava do jogo colocando seu nome na caixa e retirando-o de seu círculo profissional, temporariamente. Não era segredo, quem estava com o nome na caixa sabia e os outros sabiam também, pois ela falava. Fomos colegas próximas por 25 anos, então temos muitas histórias. Eu perguntava, por exemplo, *Como estão Fulano e Beltrano?* E ela dizia, *Na caixa de infrações*. E ríamos. Às vezes, ela me dizia o motivo. Colocar alguém na caixa de infrações, além de zombar, deixava o infrator saber que era parte do círculo dela e que suas ações importavam, mas também o deixava de sobreaviso: comporte-se ou ficará de fora.

A caixa de infrações é uma sanção que funciona ao mesmo tempo em que dá espaço para os infratores se redimirem. Não é um ostracismo permanente. Ela claramente dá nome à infração, mas a trata — pelo menos da primeira vez — como se fosse perdoável. A caixa de infrações é também um exemplo perfeito do que é conhecido como estratégia da mesma moeda: você é legal enquanto os outros são legais, mas se alguém jogar pesado você responde da mesma maneira imediatamente. É uma ótima forma de policiar os maus usos de poder em seu círculo. Dê às pessoas o benefício da dúvida, mas, se sua confiança for violada, as coisas ficarão sérias. E um aspecto-chave dessa estratégia é que você não guarda rancor: uma vez que o mau comportamento para e há uma tentativa clara de melhorar, você perdoa e age de forma gentil imediatamente.

É tentador acreditar que, se ignorarmos o mau comportamento que não é dirigido a nós, ele passará. Mas pesquisas sugerem que não é o caso. Direto do livro *Motivation 101* [Motivação 101, em tradução livre], as pessoas continuarão a fazer as coisas que compensam, não somente em termos de recompensas financeiras ou promoções, mas em termos de status social. O ponto é que, para afetar o status de uma pessoa, você deve mudar como se comporta em relação a ela. Você tem que fazer algo para encorajar o bom comportamento e desencorajar o mau; sem ação, como você se sente

O Papel de Espectador e Novas Formas de Representá-lo 223

sobre o que a pessoa faz para alguém é irrelevante. As pessoas que usam bem seu poder, que assumem riscos para ajudar aos outros (especialmente em público), deveriam ser reconhecidas e agradecidas. De forma a serem desestimuladas, aquelas que abusam de seu poder deveriam experimentar uma consequência negativa; discutimos várias formas de como isso pode ser alcançado. Você não precisa estar formalmente no comando para fazer algo. Mesmo sem a autoridade de promover ou demitir, ou de controlar acesso a resultados monetários, todos temos o poder de impor normas sociais com nossas próprias reações ao que está acontecendo ao nosso redor. Em um grupo de colegas, por exemplo, tomamos decisões diariamente sobre quem está ou não incluído nos planos para almoços, happy hours, reuniões a portas fechadas, quem participa dos grupos de mensagens, quais mensagens de texto respondemos e quais deixamos esperando. Deixar alguém de fora, mesmo que temporariamente, é uma forma muito eficaz de desencorajar abusos de poder localmente, onde todos vivemos e trabalhamos, entre os colegas. Para usarmos bem nosso próprio poder, temos que estar dispostos a aceitar os papéis que representamos nos dramas das outras pessoas.

Aja como quem se importa. Pela primeira vez na história, má conduta sexual nos corredores do poder não é mais o comportamento esperado. Abusos de poder que foram uma vez silenciosamente tolerados ou ignorados com desculpas como "são coisas masculinas" são agora amplamente vistos como ofensas sérias, com vítimas e consequências reais. Como resultado, há mais pressão do que nunca para responsabilizar os homens.

Do mesmo modo, agora há recompensas reais por ser conhecido como o cara, o chefe ou o CEO que apoia o progresso das mulheres. Nós, mulheres, alcançamos uma posição em muitos setores (não todos), onde os homens ganham mais status por compartilhar poder com as mulheres do que se impondo a elas. O equilíbrio de poder está mudando.

Quando estudava na Universidade de Illinois algumas décadas atrás, não consigo me lembrar de trabalhar ou ter aula com uma única mulher em todos os cinco anos em que estive lá. Naquele prédio de oito andares cheio de psicólogos pesquisadores, havia somente poucas estrelas como Carol Dweck e Louise Fitzgerald, uma especialista em abuso sexual. Claro, todas as assistentes administrativas eram gentis, extremamente competentes e (só se pode presumir) mulheres superqualificadas. Ao mesmo tempo, eu tinha colegas mulheres que relatavam como saíam de reuniões chorando, sentindo-se humilhadas, julgadas injustamente e, algumas vezes, sexualmente observadas por homens do corpo docente da faculdade. Não era comum, mas também não era novidade.

Ao longo dos últimos anos tenho pensado particularmente à luz dos eventos recentes, como consegui sair daquele ambiente de certa forma ilesa. A resposta é que tive sorte. Eu soube na época, mas entendo agora. Por uma série de acidentes, encontrei meu caminho para um programa que foi muito acolhedor para mim, e que tinha homens — professores, coautores, assessores estatísticos, leitores de teses etc. — não somente próximos a mim, mas cuidando de mim. Todos esses homens tinham status e poder, e poderiam tirar vantagem dele, mas me acolheram sob sua proteção. Avaliaram meu trabalho e me deram feedback, me mostraram como analisar meus dados, como argumentar com um editor, como escrever um artigo para uma publicação e como revisar um. Escreveram cartas de recomendação que me ajudaram muito — um recurso enorme de poder para qualquer supervisor — e não me pediram nada (exceto meu trabalho dedicado) em troca. Eles fizeram com que trabalhar com subordinadas mulheres parecesse fácil. Havia outros caras também, estudantes de pós-doutorado, acadêmicos visitantes e alunos de pós-graduação mais avançados que tinham status sem poder formal, que conheciam os caminhos e estavam conectados com o que estava acontecendo,

O Papel de Espectador e Novas Formas de Representá-lo 225

e tratavam as alunas com respeito e admiração, como companheiras e seres humanos iguais. Para mim, eles foram como grandes irmãos. Perguntavam como estávamos, nos diziam com quem tomar cuidado e, quando percebiam que alguém passava dos limites com a gente, nos contavam. Em certa ocasião, quando todos íamos tomar cervejas em um grupo de homens e mulheres, eles contavam histórias, brincavam uns com os outros e, ao fazer isso, lembravam a todos quais eram os limites. Estavam dispostos a incomodar, mesmo os membros mais seniores da faculdade que ainda tinham todo o controle.

Durante a escrita deste livro, entrei em contato com alguns desses caras que cuidaram de minha segurança e bem-estar naquela época. Queria saber por que eles fizeram isso. De forma mais geral, queria saber o que motivou um espectador a usar o poder que ele tinha de forma responsável para proteger aqueles com menos poder, mesmo quando fosse pessoalmente arriscado para ele.

O que eles descreveram foi um sentimento de solidariedade e comunidade; como um deles descreveu: "Me identifiquei como parte dos estudantes de pós-graduação que estavam juntos na frente de batalha."

A lição nessa história é que abusos de poder podem ser policiados de forma eficaz e, talvez, até mesmo controlados, quando optamos por ver a nós mesmos como atores, não como espectadores e membros de um elenco, ou parte da plateia. Não é uma questão de quem se importa ou não, se você se importa ou não. A maioria das pessoas realmente se importa com abusos de poder que acontecem em volta delas. É uma questão de aprender a agir como se você se importasse.

10

Como Usar o Poder
ao Representar o Protagonista

No auge do movimento #MeToo, um repórter da NPR perguntou ao presidente da Câmara, Paul Ryan, o que deveria ser feito para se abordar o problema de má conduta sexual generalizada no Capitólio. "Somos oficiais eleitos", disse Ryan; "devemos nos ater a padrões elevados". O repórter interveio: "Qual é o padrão?" "Bem, é uma boa pergunta", ele disse. "Acho que, aqui no Congresso, devemos seguir padrões que esperamos de outras pessoas e devemos definir altos padrões para nós mesmos, de forma que possamos ser referências de comportamento e dar o exemplo. Claramente as pessoas têm falhado nisso e acho que sempre temos que nos esforçar para sermos melhores nesse sentido."

Hã?

Não é culpa dele não ter realmente uma resposta. Nunca ouvi ninguém dizer com clareza o padrão que os detentores do poder deveriam seguir. De fato, eu mesma ainda estou tentando. Não temos vocabulário para isso ou nem mesmo sabemos como é, pois não prestamos muita atenção às pessoas que usam bem o poder, assim como às que não usam. Quando as pessoas usam bem o poder, elas não aparecem nas notícias. Como resultado, não temos uma visão clara do que significa ser um detentor de poder eficaz ou o que nós mesmos poderíamos fazer de forma diferente para sermos um deles.

Como Ryan, a maioria das pessoas consegue dizer o que *não* fazer em posições de poder — não se exibir, não tirar vantagem das pessoas e não usar sua posição para ganho pessoal —, mas essa abordagem "do que não fazer" para mudar comportamentos, os psicólogos sabem, não é útil e pode até piorar as coisas. Estudos conduzidos pelo falecido Dan Wegner em Harvard demonstraram com segurança que, quando as pessoas dizem a si mesmas para *não* fazer alguma coisa, elas sem querer estão mais propensas a fazê-la, pois pensar em não fazer algo automaticamente ativa a ideia de fazer exatamente aquela coisa. A demonstração clássica: Se eu disser "não pense em um urso branco", o que acontece em seguida? Você pensa em um urso branco. É uma demonstração simples com implicações reais, a pesquisa de Wegner descobriu, ao tentar moderar a má conduta sexual nos corredores do poder. Em um experimento, os participantes foram instruídos a jogar cartas e ao mesmo tempo paquerar secretamente com os pés embaixo da mesa. Ele disse para alguns participantes tentarem esconder o que estavam fazendo, enquanto outros estavam livres para fazê-lo sem restrições. Quem você acha que se sentiu mais atraído por seus parceiros no final? Os que tentaram não mostrar que estavam "flertando".

Então, ao ser o protagonista, não é suficiente saber o que não fazer. Ao contrário, precisamos canalizar as energias que acompanham o poder em uma ação socialmente construtiva. E, na ausência de um padrão claro ou um conjunto de expectativas sobre como fazer as coisas, não deveríamos nos surpreender que as pessoas falhem. É difícil ser o que você não consegue ver.

Inspiração para Representar o Protagonista

Todos temos modelos de conduta. E, quando procuramos por inspiração, o pior lugar para procurar, infelizmente, é nos noticiários. Pessoas famosas são normalmente mal-afamadas. De forma similar, não é suficiente nos lembrarmos das pessoas em nossas vidas que *não* queremos imitar, embora esses tipos de pessoas tendam a vir à mente primeiro logo que pensamos sobre poder. Em vez disso, ao buscar inspiração, é muito melhor se perguntar: *Quem são as pessoas em minha vida que usaram seu poder de forma que fez uma diferença real para mim?*

Conheci o falecido e grande Joe McGrath na época em que ouvia falar dele como o famoso, e não mal-afamado, psicólogo social que meu pai (também professor e psicólogo social) admirava, mas Joe não me conhecia. Eu estava perto dos 30 anos de idade, sem grandes vínculos, e estava considerando alguns compromissos assustadores: voltar a estudar por cinco anos, uma carreira em pesquisa e ensino que poderia ou não ter a ver comigo, e mudar-me da Costa Leste para os campos de milho. Fui para Chicago, aluguei um carro, e fui visitar alguns dos grandes departamentos de Psicologia do Meio Oeste. Não avisei a ninguém que estava indo.

Minha primeira parada foi na Universidade de Illinois, em Urbana-Champaign. Fui até o prédio da Psicologia e andei por lá, como uma turista, procurando os nomes que meu pai tinha me dado e tentando sentir o lugar. Em dado momento, parei no meio do corredor do segundo andar para olhar para o pátio interno no andar de baixo. Quando olhei para cima havia um homem se aproximando, silencioso com seus tênis pretos, com um sorriso tímido. "Posso ajudá-la a encontrar alguma coisa?", perguntou ele.

Ele era professor com um jeito geek, de fala suave, que, com seus óculos grossos, protetor de bolso e calças sóbrias apertadas na cintura, parecia ter saído direto da Central Casting.[1] Disse a ele que estava mudando de carreira, trabalhando como garçonete e pensando em inscrever-me na pós-graduação. Ele abriu a porta de seu escritório pequeno e bagunçado, com cheiro de café queimado, e convidou-me a entrar. Ele me concedeu 1 hora de seu tempo e atenção e, no espaço que Joe criou, encontrei o que estava procurando.

Candidatei-me à Universidade de Illinois, fui admitida e designada a trabalhar como assistente de pesquisa em uma das bolsas de Joe. Cheguei sentindo-me despreparada, mas Joe viu algo em mim e estava determinado a descobrir o que era. Por um lado, ele tinha padrões elevados; Joe não deixava passar nada. Por outro, descobri que nunca poderia realmente decepcioná-lo. Ele julgava meu trabalho de forma severa, mas nunca minha pessoa. Seu apoio não era baseado em meu sucesso ou fracasso. Ele sempre estava ao meu lado, me encorajando, aconselhando, como fazia um técnico esportivo: ele rabiscava *Vai! Vai! Vai!* de caneta vermelha nas margens de um artigo que gostava ou *Eca!*, se eu tivesse seguido por um caminho errado. Ele me levantava quando eu recebia um golpe e me colocava no jogo de novo.

Passamos bastante tempo juntos. Tínhamos reuniões individuais semanais em seu escritório e, às vezes, nos reuníamos em sua casa, onde nos afundávamos em cadeiras confortáveis no pequeno escritório ao lado de sua cozinha e falávamos sobre trabalho. Em um verão, Joe e sua esposa, Marion, convidaram a mim e a alguns outros alunos para sua casa de campo próxima ao lago, no interior de Michigan. Ficamos na casa dos convidados; Joe e Marion ficaram na casa principal. Fazíamos longas caminhadas pelos bosques e falávamos sobre ideias, enquanto espantávamos nuvens de mosquitos. Meu relacionamento com Joe era muito próximo, caloroso e seguro, sem nenhuma ponta de inconveniência. Nunca tinha me sentido mais competente, segura ou capaz. Sob sua tutela, comecei a me desenvolver.

---

1 Grande empresa de contratação de figurantes nos EUA (nota de tradução).

Muitos de nós, alunos, especialmente as mulheres, o adoravam, mas nem todos. Joe era um lutador; se você não jogasse pelas regras dele, as coisas ficavam difíceis. Ele tinha a mente extremamente aberta em relação à maioria dos assuntos, exceto em relação a seus princípios. Ele sabia como tratar de forma leve, mas não hesitava jogar pesado se achasse necessário. Joe era gentil, mas você não podia explorá-lo (ou qualquer pessoa pela qual ele se sentisse responsável).

Eu não tinha ideia de como Joe se sentia em relação a seu próprio poder, mas sei, com certeza, que tinha noção dele, pois tinha consciência da forma como o usava. Joe criava espaços seguros nos quais seus alunos podiam aprender sem medo de assumir riscos. Ele tratava as pessoas com o mesmo respeito, ao mesmo tempo em que reconhecia seus poderes desiguais. Valorizava a inteligência, trabalho duro e excelência, mas não tinha nenhuma veia elitista. Levava seu trabalho a sério, mas nunca a si mesmo. Joe McGrath definiu o padrão, para mim, que todos os detentores de poder deveriam seguir.

O Padrão da Beneficência

Beneficência é um princípio em ética aplicada que obriga os indivíduos em papéis de alto poder a priorizarem o bem-estar dos outros menos poderosos. Em contextos de pesquisa, por exemplo, o termo se refere ao padrão pelo qual os pesquisadores devem tratar seus participantes. Nos negócios, beneficência implica usar o poder para beneficiar as partes interessadas, alcançar resultados financeiros de forma que respeite os direitos dos empregados e dos clientes. Beneficência é tratar o poder não somente como um recurso para acumular ou exercer com impunidade, mas para investir em outras pessoas. O padrão da beneficência tem como base o poder. Ele assume que o ator já tem poder suficiente e que a medida de uma pessoa não é quanto poder ela tem, mas para que ela o usa.

Representando o protagonista. Shakespeare escreveu que o mundo todo é um palco e, correndo o risco de banalizar esse sentimento, quero sugerir que as organizações são, em grande parte, um teatro. Para usar bem o poder como um ator em um papel de grande poder, você deve representar o protagonista. Já foi dito que há duas coisas que "o líder" nunca deve delegar: a visão e o papel. O que isso quer dizer? O membro do grupo de maior posição em qualquer contexto deve usar o status, a visibilidade e o poder que vêm com a posição para prover significado ao dar sentido a um mundo caótico para todos os outros. O líder deve aparecer no palco, frequentemente, para articular a direção e o destino que mantêm os atores individuais focados nos objetivos compartilhados que os mantêm juntos. Sem um propósito claro, elevado e compartilhado, as organizações desmoronam até seu menor denominador comum. Tornam-se um campo de batalha para os que se sentem menos seguros, que precisam de validação e se agarrarão à primeira chance que tiverem de fazer algo que eleve sua importância.

A forma como um líder usa o poder define o palco para todos os demais. E, nas organizações onde os membros mais poderosos estão relutantes em se posicionar para articular uma visão, todos os demais competem por controle, tentam construir um império e trabalham por objetivos paralelos. Sem um senso claro de direção vindo de cima para baixo, a organização se movimenta e nada de produtivo ou significativo é feito. E, sem um propósito claro compartilhado, os indivíduos acabam seguindo seus propósitos pessoais, para que o trabalho que estão fazendo tenha significado.

Às vezes, os detentores de poder tentam evitar essas responsabilidades por medo de parecerem muito autocráticos, dominantes ou narcisistas (ou simplesmente estarem errados). É comum, por exemplo, para um novo líder delegar o processo de definir a visão, os objetivos ou a estratégia como forma de tentar aprender e maximizar o apoio. E quase sempre é um erro. Não há nada de errado em saber o que os outros na organização pensam ser importante e levar suas opiniões em conta nas escolhas estratégicas. Mas a pessoa no comando tem a responsabilidade de liderar, o que significa assumir o risco de dar um passo à frente.

Para representar o protagonista em qualquer contexto, você também deve ser um modelo de comportamento, quer se veja assim quer não. Você deve mostrar aos outros como as coisas são feitas e dar o exemplo de como se comportar como uma pessoa que é digna de respeito e admiração. Como os estudiosos organizacionais Lee Bolman e Terrence Deal escreveram em seu livro *Reframing Organizations* [Reestruturando Organizações, em tradução livre], quando você vê a liderança como uma função ou um papel no qual foi lançado, percebe que os atores observados com mais cuidado em uma organização são símbolos vivos e reais dos valores mais sagrados dela. Um líder poderoso não somente gera resultados. O papel do líder é "tranquilizar, promover a crença nos propósitos da organização e cultivar a fé e a esperança". Em outras palavras, um líder representa algo, intencionalmente ou não.

Como Representar Algo

O tenente-general Jay Silveria, da Força Aérea dos EUA, sabe o que é isso. Para ter um grande exemplo de como usar um papel poderoso para criar uma cultura de beneficência, veja-o no YouTube. Mas, primeiro, um pouco de contexto.

No outono de 2017, quando o novo ano escolar estava iniciando na altamente competitiva escola preparatória para a Academia da Força Aérea dos EUA, em Colorado Springs, cinco candidatos negros a cadete encontraram insultos racistas rabiscados em seus quadros de mensagens. Silveria partiu para ação ao se apresentar de uniforme em uma reunião de 4 mil cadetes e 1.500 docentes e funcionários. "Se vocês estão indignados", disse à plateia, "então estão no lugar certo". Ele definiu o insulto aos cinco cadetes como um insulto pessoal a todos e a cada um da plateia. "Alguns de vocês podem pensar que isso aconteceu na escola preparatória e não se aplica a nós", disse. Um ataque à diversidade racial que esses cadetes trouxeram para sua classe foi uma agressão às Forças Armadas, ele disse, porque a diversidade é o que dá às Forças Armadas seu poder. "Esta é nossa instituição, e ninguém pode roubar nossos valores." Muitos dos líderes dizem essas coisas, mas eles não fazem o que ele fez ao final de seu discurso. "Peguem seus celulares", disse ele, encorajando que todos gravassem o que ele estava dizendo, caso precisassem usar suas palavras em outro momento. Ele, então, resumiu: "Se você não pode tratar alguém com dignidade e respeito, então caia fora."

Usar bem o poder, no papel de líder, é proporcionar o que o negociador de reféns George Kohlrieser chama de uma "base segura", isto é, "uma pessoa, um lugar, uma meta ou um objeto que proporcione um senso de proteção, segurança e cuidado, e ofereça uma fonte de inspiração e energia para ousar, explorar, assumir riscos e buscar desafios". Recorrendo à teoria do apego, do pesquisador britânico John Bowlby, Kohlrieser escreve que os indivíduos que se sentem muito apegados a figuras de autoridade são, eles mesmos, mais seguros. Eles agem com uma sabedoria e uma maturidade que são menos evidentes naqueles que se sentem mais carentes. E por que é um resultado importante nas organizações? A pessoa no poder não é só responsável por seu próprio comportamento. Ela é responsável pelo abuso que acontece sob sua supervisão.

Por isso é tão importante ter as pessoas certas em grandes posições. Para criar uma cultura na qual as pessoas se sintam seguras e capazes de um desempenho excelente, não é suficiente que o líder estabeleça o direcionamento e represente a liderança. É importante garantir que outros membros da organização sejam recompensados, promovidos e colocados em posições de importância com base nos padrões de beneficência e maturidade.

Os Riscos dos Estereótipos

Quem consegue os grandes cargos nas organizações e como? Quem é notado? Quem é recomendado? Quais qualidades interpessoais são mais valorizadas e recompensadas? Ao tomar decisões sobre pessoas, adoramos a ideia de usar o mérito como um critério objetivo. Mas o que define um bom desempenho é altamente subjetivo.

Na vida, assim como no teatro, certos tipos de pessoas tendem a ficar presas representando os mesmos tipos de papéis. Isso acontece porque nos embasamos no que já vimos antes e escolhemos as pessoas que "se parecem com o papel". No teatro, isso é chamado de estereótipo. Em outros lugares, é chamado de viés.

A prevalência de estereótipos em todos os tipos de papéis é bem documentada. Por exemplo, pesquisas sobre viés implícito demonstram que se espera que pessoas pertencentes a grupos sociais de "maior status" representem papéis de liderança, enquanto que aquelas em grupos sociais de "menor status" representem papéis de apoio. Por quê? É como sempre foi. Psicólogos têm observado há muito tempo que a maioria das pessoas acredita em um mundo justo, isto é, tendemos a assumir, sem pensar, que as hierarquias refletem uma ordenação justa e sem viés baseada no mérito. Essa crença em um "mundo justo" é um equívoco que dá um senso de segurança psíquica ao deixar implícito que as coisas são o que deveriam ser, mesmo quando uma consideração mais profunda sugira o contrário.

As implicações disso são amplamente conhecidas: para todos os lugares que olhamos, vemos empresas espelhando o ordenamento de status na sociedade, com homens brancos em maior quantidade que outros tipos de pessoas nos maiores papéis organizacionais, de uma forma que não é representativa do banco de talentos. Por quê? Empresas e organizações tendem a selecionar pessoas que se pareçam e ajam como a maioria daquelas que já ocupam as posições mais altas. Então, se uma organização é dirigida por homens brancos, é provável que contrate mais homens brancos nas posições de "trilha de liderança" e os promova mais prontamente.

Na indústria do entretenimento, estereotipar ou escolher um ator com base no "tipo" certo para representar um papel faz certo sentido. Presume-se que as plateias preferem e pagarão mais para ver certos tipos de atores como "homens protagonistas" e "mulheres protagonistas". Além do mundo dos palcos e das telas, entretanto, o recrutamento baseado em "tipos" é difícil de explicar e ainda mais difícil de justificar. Ainda assim, parece funcionar da mesma forma. É extremamente comum em organizações (e na política) que tomadores de decisão (e eleitores) usem as qualidades que definem quem se parece mais um líder — com base em indicadores físicos e não verbais de confiança, dominância, extroversão, força física e masculinidade — como marcadores de potencial para liderança. Todas essas qualidades são parte do que significa ter "presença executiva", que é um conceito social definido em grande parte por estereótipos de papéis de gênero, mas também algo que pode ser aprendido depois que alguém é colocado em um papel de grande poder, embora seja considerado um critério legítimo para contratações e promoções. Ainda assim, não têm nenhuma relação com o real desempenho de um ator no papel.

Com os homens ainda detendo mais poder politica, econômica e profissionalmente do que as mulheres, talvez não seja surpresa que associemos o poder à masculinidade e que prefiramos ver atores masculinos fortes e com aparência dominante em papéis de grande poder. O comportamento masculino é definido pela dominância, conceitualmente. Estudos demonstram que os homens, como um grupo, são vistos como mais decididos, ativos e assertivos do que as mulheres, enquanto as mulheres são vistas como mais atenciosas e acolhedoras do que os homens.

Contudo, além disso, pensamos que uma vez que os homens *são* mais dominantes e as mulheres *são* mais acolhedoras, assim é como as coisas *devem ser*. Então, espera-se que os homens ajam com mais dureza, demonstrem mais confiança e se imponham com base nas normas de gênero e, quando um homem age de forma dominante, parece que está agindo como deveria. O resultado é que homens enfatizam o poder mais do que mulheres, em média: eles tendem a falar mais em grupos mistos, fazer mais barulho, se expressar com maior confiança e ocupar mais espaço físico. Para as mulheres, as normas de gênero ditam o oposto. Mulheres que agem de forma gentil e cordial fazem o que é "esperado" delas. E, por essa razão, não atribuímos qualidades de liderança (quando definidas em termos de dominância) às mulheres tão regularmente, mesmo se o potencial está presente e, quando o fazemos, não confiamos em mulheres que agem de formas assertiva, confiante e decidida como líderes. As mulheres aprendem que a deferência e a submissão são estratégias mais seguras em termos de status e para estabelecer confiança. Então, quando a dominância é usada como um padrão para o potencial de liderança, muitas mulheres não parecem se encaixar muito bem.

Quando definimos potencial para liderança em termos de dominância e masculinidade, julgamos o potencial para liderança com base nessas qualidades. O problema é que, embora essas qualidades sejam preditoras de ascensão a papéis de grande poder, elas falham ao prever a eficácia. Se fôssemos selecionar mais intencionalmente quanto à beneficência — que prediz um uso mais eficaz do poder — o gênero poderia funcionar melhor *para* as mulheres no processo seletivo, em vez de contra elas, e tipos diferentes de homens ascenderiam ao topo.

Imagine como o mundo poderia mudar se as pessoas no comando soubessem melhor e mais explicitamente como selecionar, treinar, avaliar e recompensar candidatos a emprego usando o padrão da beneficência. Se as pessoas recebessem mais poder e posições mais altas com base não só nos resultados, mas também no registro de maturidade demonstrada: conforto com o poder e diferenças de poder, capacidade de competir e agir agressivamente enquanto promove os resultados dos outros, mas não o tempo todo, acalmar a tensão e compartilhar os holofotes, colocar o grupo em primeiro lugar ao lutar por ele, sacrificar resultados pessoais pelo bem-estar de futuras gerações, agir responsavelmente em momentos de crise, demonstrar calma sob pressão, inspirar pelo exemplo e demonstrar tanto coragem como atenção para deixar os outros mais seguros. Não são esses os tipos de pessoas que queremos exercendo o poder no trabalho, em nossas famílias, na política e no resto do mundo?

Selecionando para a Beneficência

O filme *Mad Max: Além da Cúpula do Trovão* é o terceiro de uma série de quatro filmes sobre um futuro pós-apocalíptico. Baseado livremente no romance clássico de 1954 de William Golding *Senhor das Moscas*, a história é sobre o que aconteceria se tudo acabasse e só as crianças restassem para construir um novo mundo. Os moradores de Bartertown são inocentes, pequenos, imaturos e medrosos, e possuem crenças infantis sobre como o mundo realmente funciona. O resultado é uma cultura de vencer ou morrer, onde não há ordem social, ninguém está seguro e as crianças estão totalmente sozinhas. O personagem Dr. Dealgood resume as coisas desta forma: "A cúpula do trovão é simples. Pegue as armas. Use-as da forma que você puder. Sei que você não quebrará as regras. Não há nenhuma regra."

Muitas organizações são assim. E, nos negócios, os benefícios de uma cultura de vencer ou morrer são amplamente divulgados. Supostamente, uma cultura competitiva de todos contra todos motiva os indivíduos a darem seu melhor. Mas estudos recentes descobriram que é nesse tipo de organização, especificamente, que as formas mais tóxicas e ilegais de abuso e assédio são mais generalizadas. Em um ambiente de trabalho onde não há regras, participar de uma reunião se parece com entrar em uma arena, e toda interação é uma luta até a morte. Em uma cultura vença ou morra, assumimos que os outros querem nos derrotar, estamos sempre na defensiva, nos agarramos ao poder em todas oportunidades e o usamos para derrotar os outros.

Até hoje, ninguém que eu conheço sugeriu uma alternativa à cultura vença ou morra. Então é o que faço agora: o antídoto para uma mentalidade vencer ou morrer é uma cultura de beneficência. Nela, as pessoas no comando usam seu poder para fazer regras, responsabilizar a todos e demonstrar todos os dias em suas ações o que significa usar o poder para o benefício do grupo. Ao selecionar para uma cultura vencer ou morrer, procura-se os competidores mais fortes. Ao selecionar para uma cultura de beneficência, precisamos olhar mais profundamente. Precisamos compreender melhor de onde vem a energia competitiva de uma pessoa e o que nos diz sobre como ela usará esse poder quando o tiver. Precisamos de um novo conjunto de critérios para identificar o potencial para a liderança.

Orientação para resultados. Sarah cresceu em uma pequena cidade na Irlanda do Norte durante o conflito sangrento de 30 anos entre protestantes e católicos sobre quem dominaria o país. Sua mãe era enfermeira distrital e seu pai era gerente de pessoal em um moinho local. Suas vidas giravam em torno de ajudar os outros, e Sarah diz que aprendeu com eles a mentalidade "as pessoas em primeiro lugar".

Uma boa menina por excelência, com características delicadas e grandes olhos castanhos, Sarah foi uma brilhante aluna de destaque na faculdade de Engenharia e se formou entre os 10% melhores de sua turma da faculdade de Administração. Seu primeiro grande emprego foi em uma firma de consultoria de alto nível onde todos queriam trabalhar. Depois ela foi para um dos maiores bancos de investimento, que era ainda mais competitivo.

Desde o início de sua carreira, Sarah foi aconselhada a escolher um caminho no qual seu desempenho fosse avaliado de forma quantitativa, isto é, com números. Isso iria protegê-la, esperava-se, do viés de gênero que poderia segurá-la em carreiras que se embasavam mais em critérios subjetivos de desempenho. No banco, ela se saiu muito bem e sua estrela brilhava. Mas, quando buscou conselho sobre como se tornar sócia, ela encontrou uma barreira. "Se você quer se tornar sócia", disse um mentor, "deve começar a lutar por isso. Diga a todos que você quer a posição e seja implacável. Você deve demonstrar o quanto deseja a posição, o quão determinada está e o quão agressiva pode ser. Não aceite 'Espere' como resposta".

Sarah voltou para o trabalho, baixou a cabeça e tentou cumprir todos os requisitos. Buscou resultados, também fez influência e promoveu a si mesma de tal forma que temeu estar sendo muito agressiva. Depois de alguns meses, voltou a falar com seu mentor, que disse que ela ainda não estava sendo agressiva o suficiente.

Sarah deixou o setor bancário. Mudou para a indústria de tecnologia e tornou-se CFO de uma empresa de bilhões de dólares da qual ajudou a abrir o capital na bolsa de valores. Atualmente, ela é CEO de uma grande e rentável plataforma de mídia. Claramente, Sarah era mais do que capaz de lidar com um papel maior no banco de investimentos, mas ela não estava preparada para brigar pela posição de sócia da forma como era valorizada lá. Em vez de canalizar sua energia ao lutar por uma posição mais alta, ela se manteve focada em alcançar resultados que beneficiariam outros no papel que ela tinha. Quando não foi suficiente, ela se mudou para um lugar onde suas forças naturais eram uma vantagem a mais, e as coisas saíram muito bem para todos.

É muito comum promover indivíduos para posições de poder com base em quão motivados eles parecem. Mas, em oposição à sabedoria convencional, estudos demonstram que a ambição e a autopromoção não são preditores de uma liderança eficaz. Ao contrário, evidências sugerem que o oposto pode

Como Usar o Poder ao Representar o Protagonista 241

acontecer. A capacidade de enfatizar o poder ao influenciar, autopromover, buscar mais poder e agressivamente chamar atenção para si mesmo, para suas conquistas e seu potencial, em uma tentativa de ganhar status, é um preditor importante de quem cresce em grupos, e para muitas pessoas é a raiz do desafio da vida profissional. Entretanto, o padrão da beneficência sugere que essa ênfase, em muitos contextos, pode ser equivocada. A pesquisa de David McClelland demonstrou, com um exemplo, que profissionais com uma alta necessidade de poder ascenderam rapidamente, mas suas carreiras ficaram sujeitas a escândalos. Aqueles que tinham necessidade tanto por poder quanto por realização, entretanto, tinham uma trajetória diferente e mais eficaz. A necessidade por realização, domínio e excelência profissional é uma influência socializadora da necessidade pelo poder. Isso sugere que, para criar organizações onde o poder é usado de forma eficaz, pode ser útil colocar pessoas que demonstraram não somente que são capazes de ascender rapidamente, mas também que estão interessadas na qualidade de seu desempenho e dispostas a passar seu tempo em uma posição de menor nível para aprender, aprimorar sua especialidade e contribuir (repetidamente) com algo com que se importam.

O segredo para usar bem o poder é focar o que seu grupo necessita. Para algumas pessoas, isso é natural e para outras, não. O jornalista Sam Walker descreve como Dwight Eisenhower, que está certamente entre os presidentes dos EUA mais populares, se não um dos mais eficazes, nem mesmo quis concorrer à presidência. Ele o fez por obrigação, porque seu partido queria que concorresse. Líderes que veem o poder como um dever, em vez de uma oportunidade para acumular recursos valiosos, serão menos focados em suas próprias necessidades por status, validação e reconhecimento, e mais em alcançar resultados que beneficiem a todos. Em vez de usar a ambição como critério para colocar pessoas em posições de poder, talvez devêssemos usar o comprometimento para resolver os problemas das outras pessoas.

Orientação para o comprometimento. Também há grande perigo em escolher detentores de poder com base em carisma ou admiração, embora seja, infelizmente, uma prática comum. Como já vimos, gestores que se importam mais em ser apreciados do que ter impacto nos grupos que supervisionam tendem a ter um desempenho pior em posições de poder do que pessoas que não se importam muito com isso.

Carisma é uma força magnética que emana mais de algumas pessoas do que de outras, e é uma fonte poderosa de atração interpessoal. Mas pesquisas demonstram que o carisma, na verdade, contribui muito pouco para o sucesso e a sobrevivência de grupos e organizações. O carisma, assim como a dominância, também prediz quem consegue as maiores posições nas organizações. Mas isso também não é racional.

O professor de Harvard Rakesh Khurana, um especialista no estudo de líderes carismáticos, escreveu na *Harvard Business Review* que "pelo fato de nenhum presidente ficar na posição para sempre, qualquer sistema de autoridade baseado no poder de um indivíduo será instável no final. Organizações que dependem da sucessão de líderes carismáticos estão essencialmente contando com a sorte..."

"Líderes carismáticos rejeitam limites a seu escopo e autoridade. Rebelam-se contra todos os controles sobre seu poder e descartam todas as regras e normas que se aplicam aos outros. Como resultado, conseguem explorar os desejos irracionais de seus seguidores. É por isso que seguir um líder carismático envolve mais do que meramente reconhecer suas habilidades — requer rendição total." O carisma atrai atenção e consideração positiva. No entanto, quando colocamos pessoas em posições de poder com base em carisma e admiração, corremos o risco de elevar indivíduos que se importam mais se os outros os amam do que com os resultados que afetam as outras pessoas.

Ao selecionar para beneficência, podemos, por outro lado, focar a cordialidade. Cordialidade, carisma e admiração são normalmente intercambiáveis, mas não são todos a mesma coisa. Ser cordial, em uma posição de poder, não tem a ver somente com ser charmoso, amável ou amado por todos. A cordialidade é um indicador de algo mais profundo. Tem a ver com atenção, comprometimento e confiança genuínos, com estar presente e comprometido, mesmo quando apressado, sobrecarregado, introvertido ou distraído. Tem a ver com demonstrar a confiança de que você quer que os outros tenham sucesso e você está disposto a exercer energia pessoal, assumir risco pessoal e fazer sacrifício pessoal para que isso aconteça.

Cordialidade é ter a capacidade de agir energicamente, quando necessário, para ajudar alguém e também agir de forma não intimidadora (enfatizar e atenuar o poder) para dar a garantia de que você está do lado de alguém. Apoiar ajudando os outros a melhorar, não somente usando elogios, simpatia ou conversa vazia.

Muitas vezes acredita-se que cordialidade e competência são incompatíveis. Contudo, da forma como defino cordialidade aqui, como um amor rigoroso, ela não compromete as percepções de competência. Ao contrário, elas se reforçam mutuamente. Em vez de nos basear em charme e admiração ao selecionar indivíduos para posições de poder, deveríamos procurar por evidências de competência, assim como atenção e comprometimento com os outros.

Desenvolvimento da maturidade. Beneficência — a capacidade de um ator de grande poder priorizar o bem-estar de outros menos poderosos — é um sinal de desenvolvimento da maturidade. Apesar disso, ao selecionar para posições de grande poder, ninguém fala sobre essa qualidade. Por meio de culturas e teorias psicológicas, maturidade é definida como a capacidade de se controlar impulsos egoístas e agir de formas que beneficiem os outros. Uma abordagem madura em relação ao poder, de acordo com David McClelland, é definida da mesma forma. A maioria dos profissionais, ele descobriu, foca obter poder para crescimento pessoal, embora, de acordo com McClelland, essa abordagem de poder não esteja bem desenvolvida, em termos psicológicos. Uma abordagem mais madura de poder, ele teorizou, associada a carreiras de sucesso baseadas em contribuições duradouras para a sociedade, é marcada por uma consciência de que o poder é um recurso que existe fora de alguém para o propósito de resolver os problemas de outras pessoas. Ao selecionar alguém para posições de liderança, se entendi McClelland corretamente, isso é o que deveríamos procurar.

O desenvolvimento da maturidade no campo do poder se parece com o que o jornalista esportivo Sam Walker, autor de *The Captain Class* [A Lição dos Capitães, em tradução livre], descreve como um tipo de altruísmo que caracteriza capitães de times lendários dispostos a carregar água, brigar até se machucar fisicamente para alcançar o sucesso de suas equipes e que possuem um "botão de emergência" que permite a eles controlar suas emoções e canalizá-las com o propósito de beneficiar o time.

Meu colega Nir Halevy chama isso de "amor intragrupal", uma qualidade que alguns tomadores de decisão têm e outros não, que os leva a despender recursos pessoais para promover causas do grupo sem nenhuma garantia de recompensa individual. Halevy usa paradigmas de jogos experimentais, como o dilema do prisioneiro, para estudar como as pessoas fazem escolhas entre recompensas pessoais e grupais, e como essas escolhas afetam seu status e poder. O jogadores que demonstram se importar o suficiente com os resultados do grupo a ponto de arriscar uma perda pessoal são elevados a posições de liderança, ele descobriu, ao passo que aqueles que tentam jogar com o sistema confiando nos sacrifícios dos outros são votados para saírem da ilha. Os colegas conseguem perceber isso de longe; por que as pessoas que selecionam atores para posições importantes de poder também não conseguem?

Essa forma de se comportar pode parecer irracional, mas, na verdade, não é. Uma abordagem madura de usar o poder ao longo do ciclo de vida é marcada, em termos de desenvolvimento, pelo foco na proteção das gerações futuras, que, em termos de evolução, é a única abordagem que faz sentido. E os grupos valorizam essa forma de abordar o poder, como deveriam. No paradigma de Halevy, os alunos que abriram mão de seus próprios recursos para investir no sucesso do grupo com nenhuma promessa de retorno ou benefício pessoal estavam demonstrando maturidade pessoal à frente de seu tempo. Não havia autopreservação. Embora pareça ter sido irracional, eles foram recompensados com status ou percepções de potencial para a liderança. Eram as pessoas cujos grupos as queriam como líderes, não aquelas que eram egoístas, isto é, aquelas que eram dominantes ou competitivas de formas que não beneficiavam a ninguém. E não aquelas que eram sempre generosas ou altruístas, não importando quem era o beneficiário. Quando uma pessoa demonstra um hábito ou, pelo menos, uma mentalidade de ser leal e comprometida com um grupo mais do que as outras, de estar pronta para sacrificar uma vantagem ou uma oportunidade pessoal — para exercer o poder agressivamente ou cedê-lo a outros — dependendo do que o grupo necessita para ter sucesso e prosperar, isso é evidência de uma abordagem madura de poder.

Poder Beneficente na Vida Cotidiana

Tendemos a pensar na dinâmica do poder em termos de nossas vidas profissionais, mas a verdade é que ela define a vida fora do ambiente de trabalho também. Ao longo dos últimos anos houve um aumento de governos autoritários no mundo, o que intrigou observadores, mas que faz sentido para mim. Conforme as sociedades ficam menos estáveis e ameaças de escassez de recursos são cada vez sombrias, desejamos ordem e controle social. Um

246 **Agindo com Poder**

número crescente de pessoas se sente cada vez mais impotente. Há cada vez mais abuso e violência.

A solução para o problema da desigualdade global pode não ser um ideal prático, mas o objetivo de simplesmente gerenciar melhor as diferenças de poder está bem dentro do alcance. As pessoas agem com generosidade quando se sentem mais seguras. Quando se trata de poder, o provérbio *Pense globalmente e aja localmente* não é um padrão ruim: para ter impacto no mundo, você deve primeiro trabalhar para construir confiança em casa.

As pessoas cuidam umas das outras quando se veem conectadas, como parte de uma tribo. Há partes no mundo onde isso acontece naturalmente, mas, infelizmente, não é o que tende a acontecer aqui. Em nossa cultura, a riqueza e a prosperidade trabalham contra os valores coletivos. Criam um senso — que acredito ser falso — de que, como não precisamos de um do outro para sobreviver materialmente, somos mais felizes e mais prósperos agindo individualmente do que como membros de uma coletividade. Pesquisas não deixam isso de lado. De fato, vários estudos demonstram que o único e maior preditor de saúde mental é a conexão social. Pensar em nós mesmos como parte de uma comunidade (um elenco, um conjunto, uma produção) nos conecta, psicologicamente, a outras pessoas e causas maiores do que nós mesmos.

Tendemos a pensar em cultura como algo fixo e estável. Contudo, em grande parte, a cultura é somente um conjunto de premissas e normas sobre o mundo e como ele funciona. A cultura também não é predeterminada; criamos culturas ao nosso redor que reforçam nossos próprios objetivos e crenças. Líderes e empreendedores fazem isso todos os dias, assim como professores e pais/mães. Se estamos montando um negócio, educando crianças ou sustentando uma família, todos podemos criar culturas nas quais o poder é usado para o benefício dos outros. O segredo é inspirar pelo exemplo, definir estruturas que permitam às pessoas contribuírem de maneira eficaz, recompensar o bom comportamento e punir o mau. Em um mundo onde parece que precisamos uns dos outros cada vez menos materialmente, na realidade precisamos cada vez mais psicologicamente. Assumir papéis com seriedade é a receita para fazer relações funcionarem.

As Histórias que Contamos sobre Poder, e Por que Elas São Importantes

Tem outra coisa que aprendi por conviver com atores que contam histórias sobre poder como profissão. Precisamos mudar a narrativa sobre o que significa ser uma pessoa poderosa e ter uma vida poderosa. Em grandes obras de drama e literatura, não há histórias sobre pessoas perfeitas que começam com vantagens e graciosamente dominam o universo. Ninguém se importa com esses personagens; ninguém consegue se conectar. O que torna uma narrativa envolvente, no teatro e na vida, é a luta: o triunfo, a tragédia e como o personagem superou e venceu.

Os alunos de MBA que cursam minha disciplina Agindo com Poder frequentemente pensam, em primeiro lugar, por que estão sendo solicitados a representar os papéis pouco atraentes que aparecem nas grandes peças — como o vendedor corrupto de *Glengarry Glen Ross*, de David Mamet, as atrizes desesperadas e manipuladoras de *Four Dogs and a Bone*, de John Patrick Shanley e as irmãs vulgares e briguentas de *Top Girls*, de Caryl Churchill —, em vez de heróis admiráveis e invencíveis, reis benevolentes e líderes reverenciados nos anais da história. A resposta é simples: ninguém escreve peças sobre pessoas perfeitas. Essas histórias seriam irreais, tornando-as artisticamente desinteressantes. Uma grande peça revela verdades profundas e universais sobre a humanidade, que nos permitem ver a nós mesmos nos outros. Em qualquer grande história, os personagens mais poderosos são —

como todos nós — pessoas falhas e confusas, cujas fraquezas são escancaradas. É a razão pela qual realmente nos importamos com eles.

Para usar bem o poder, precisamos nos apropriar de tudo o que nos torna humanos: nossas fraquezas, assim como nossas fortalezas. E é por isso que o exercício de representar personagens falhos em um palco é útil. Quando você internaliza a verdade feia de um personagem, faz coisas diante de uma plateia estando "no personagem" que nunca toleraria sendo simplesmente "você mesmo" e percebe que isso não muda fundamentalmente quem você é, a experiência pode ser transformadora. Representar um personagem falho no palco, de forma verdadeira, é um exercício de empatia. Isso nos desafia a entender como o bom e o mau se juntam nos outros. Optar pela aceitação, em vez do julgamento, e pelo amor no lugar do ódio e do medo, em nosso tratamento com os outros e com nós mesmos.

Parece muito sonhador? Talvez. Podemos discutir um dia inteiro sobre se as pessoas são fundamentalmente boas ou más e se o poder aumenta para quem o recebe ou o concede. Mas ninguém realmente sabe as respostas para essas questões e, com desculpas aos filósofos presentes, ninguém pode responder. Falando como psicóloga, entretanto, sei que a única forma de criar o mundo em que queremos viver é agindo como se já vivêssemos nele. Quando presumimos que os outros querem nos derrubar, que ninguém é digno de confiança e estamos sozinhos no mundo, usamos o poder defensivamente para nos proteger. Quando agimos com base no medo, criamos o mundo o qual tememos. Porém, quando agimos com base na esperança, assumindo, como faço, que os outros são fundamentalmente bons e atenciosos, usamos o poder de forma generosa, colocamos os outros em primeiro lugar e criamos a base de confiança que torna racional para os outros fazer o mesmo. Para mim, é para isso que serve o poder.

Agradecimentos

S ou mais do que grata a meus coinstrutores de Stanford, com quem desenvolvi e lecionei o curso Agindo com Poder por mais de uma década. Meu trabalho com estes artistas extraordinários — atores, improvisadores, escritores e diretores — enriqueceu minha vida profundamente. Aprendi muito, não só sobre atuar, mas sobre poder, com esses artistas inspiradores, mestres brilhantes e seres humanos incrivelmente generosos. Desde Kay Kostopoulos, nossa guru, que foi minha primeira professora de teatro e cofundadora do curso, Rich Cox Braden, Melissa Jones Briggs e Dan Klein, todos professores extraordinários e mestres de Pedagogia Experimental, que trabalharam incansavelmente comigo para melhorar o formato básico, William Hall, fundador do BATS Improv, e diretor de cena extraordinário, até Carrie Paff, Lisa Rowland, Kevin Ralston, Janet Watson, Bobby Weinapple e outros profissionais de teatro fantásticos que, de vez em quando, compareciam como "atores convidados" ao longo dos anos, minha gratidão por compartilharem seus muitos talentos e trazerem a influência humanizadora das artes às aulas da Escola de Administração. Na última década, nos melhores e nos piores momentos, esse grupo de seres humanos incríveis foi não só minha equipe, mas minha tribo, meu lar e minha diversão no trabalho.

Sou grata aos reitores associados seniores e suas equipes, que me deram suporte desde o início de meus esforços para construir algo custoso, mas que vislumbrei que seria divertido e esperava que fosse útil. Glenn Carroll assumiu o primeiro e, talvez, o maior risco, ao me conceder tempo, espaço, permissão e dinheiro para trazer uma professora de teatro quando o retorno desse investimento era incerto. Madhav Rajan e Yossi Feinberg aportaram os recursos à medida que o curso ganhou corpo e me ajudaram a desenvolver uma equipe de primeira linha. E, bem no início, antes de o curso ter qualquer forma, David Kreps criou o contexto que desencadeou tudo, ao me dar um empurrão para uma aula com Barbara Lanebrown, que abriu meus olhos para o valor da mentalidade de um ator para além do mundo das artes performáticas. Paul Mattish merece uma citação especial e pontos por graus de dificuldade por lidar com a logística, desde os primeiros dias em um trailer (não havia salas de aula horizontais no prédio) até selecionar 5 seções com 13 funcionários temporários, lutando por espaços de atuação e ensaios, construindo um estoque vivo e crescente de peças e cenários, e fazendo isso tudo parecer fácil.

A redação envolveu outra equipe. Minha agente, Christy Fletcher, merece um crédito enorme por montar a primeira versão e se dedicar a ela, me ajudar a preparar (e vender) uma proposta bem-sucedida de um livro, me tranquilizar em várias situações críticas, pedir reforços, intervenções, me conduzir cuidadosamente na direção correta e continuar a agregar um valor enorme todas as vezes em que estava presente. Talia Krohn, minha editora talentosa no Crown Publishing Group, foi muito mais do que isso. Ela foi uma guia espiritual, materializando-se exatamente quando e como eu precisava, e me ajudando a encontrar um caminho claro através das videiras emaranhadas entre o que é verdadeiro e importante para mim e o que precisa ser dito em um livro. Eu não tinha direito de esperar uma parceira tão dedicada, trabalhadora e sábia neste empreendimento, sem mencionar que foi divertido trabalhar juntas, mesmo nos períodos mais difíceis. Sou grata a Peter Guzzardi e Malanie Rehak, que entravam quando eu já não estava mais aguentando e não me deixaram parar, cujas vozes, palavras

Agradecimentos

e sequências de frases ficarão em meus ouvidos para sempre. Obrigada a Bridget Samburg, que pesquisou relatos de algumas partes do mundo que eu não conhecia. E muito obrigada, Tina Constable, do Crown Publishing Group, Helen Conford da Profile e meus outros editores ao redor do mundo por acreditarem em mim e neste livro.

Sheryl Sandberg leu uma das primeiras versões e conversou comigo por telefone do outro lado do mundo, fazendo comentários detalhados, sugestões, dando apoio e uma boa conversa. Um simples emoji com um "positivo" já me emocionava. Mas, em vez disso, ela foi sincera, inteligente e direto ao ponto, e seus comentários foram transformadores. Benoit Monin, meu colega de Stanford (que também é ator profissional, psicólogo social inspirado, coinstrutor em meu curso Agindo com Poder e colaborador em minhas pesquisas), fez comentários generosos. Ele trouxe sua sensibilidade de homem da Renascença e seu toque especial a uma versão preliminar, e aprimorou-a consideravelmente, de formas que eu não esperava. Em Reit e as irmãs Saloner leram as versões iniciais e fizeram contribuições que foram não somente úteis, mas generosas.

Meu pensamento sobre o poder foi inspirado por aqueles que vieram antes de mim. Alguns que nunca conheci, como Simone de Beauvoir, David McClelland, Hans Morgenthau, Serge Moscovici e Martha Nussbaum, e outros que conheci, como David Kipnis, Charlan Nemeth, Jeffrey Pfeffer, Philip Tetlock, David Winter e Philip Zimbardo. Também fui abençoada com um quadro incrível de coautores acadêmicos que me afetaram imensamente. Cameron Anderson, Nate Fast, Adam Galinsky, Lucia Guillory, Li Huang, Ena Inesi, Dacher Keltner, Michael Kraus, Katie Liljenquist, Joe Magee, Kim Rios Morrison, Em Reit, Niro Sivanathan, Melissa Thomas-Hunt, Larissa Tiedens, Jennifer Whitson e Melissa Williams desenvolveram meu entendimento sobre os desafios, tão central a este livro, de ter poder ao mesmo tempo em que se sente impotente, e a agir ao ocupar uma posição de poder. Meu trabalho inicial sobre dinâmicas de grupo e interações de forma mais ampla também serviu como base neste livro, graças às mentes brilhantes de Holly Arrow, Ryan Beasley, Jennifer Berdahl, Elliot Fan, Andrea Hollingshead, Juliet Kaarbo, Peter Kim, Beta Mannix, Paul Martorana, Joe McGrath, Maggie Neale, Kathleen O'Connor, Kathy Phillips, Jared Preston e Bob Wyer. Meus alunos dos cursos de MBA e educação executiva, tanto antigos como atuais, de todos os lugares, me ensinaram muito sobre como o poder funciona no mundo real e o que significa comprometer-se com algo maior do que você mesmo. Sou especialmente grata àqueles que me pressionaram pelas respostas que eu não tinha. E fico impressionada, de verdade, pela grande quantidade de pessoas que compartilharam suas histórias incríveis, inspiradoras, pessoalmente significativas e validadoras comigo. Alguns sabiam que sua história poderia acabar neste livro, outros não faziam ideia (e fiz meu melhor para ocultar suas identidades). Muito obrigada por se abrirem e me convidarem, e a todos nós, a aprender com suas experiências.

E agora, a sobremesa, pois deixei o melhor para o final. Para India e Dayssi, que são minha razão para tudo, sei que nem sempre pareceu assim. Vocês me inspiram diariamente com sua graça, inteligência, coração e humor; forças incríveis; resiliência e uma maturidade além de suas idades. Muito obrigada pela paciência, por acreditarem em mim, e por desejarem meu sucesso. A meus quatro pais e minha irmã, eu amo e admiro vocês. Espero ter deixado vocês orgulhosos. Vocês podem não ter se visto neste livro, mas pensei em vocês e em nós todos os dias em que o escrevi. E a Garth, meu parceiro em todas as coisas, tudo o que posso dizer é que você merece uma medalha. Obrigada por seu uso do poder de forma corajosa, inspiradora e beneficente, seu apoio constante às mulheres de alto desempenho de sua vida e seu comprometimento inspirador com os papéis que representa em todos os palcos que ocupa.

Notas

Capítulo 1: A Verdade Sobre o Poder

35   **Uma grande meta-análise mostrou**: S. C. Paustian-Underdahl, L. S. Walker e D. J. Woehr, "Gender and Perceptions of Leadership Effectiveness: A Meta-Analysis of Contextual Moderators", *Journal of Applied Psychology* (28 de abril de 2014), publicação online antecipada, http://dx.doi.org/10.1037/00036751.

Capítulo 2: A Arte e a Ciência de Enfatizar o Poder

42   *representação de status*: Keith Johnstone, IMPRO: *Improvisation and the Theatre* (London: Faber and Faber, 1979).

48   **contradizer respeito e afeição**: Dacher Keltner, Randall C. Young, Erin A. Heerey, Carmen Oemig e Natalie D. Monarch, "Teasing in Hierarchical and Intimate Relations", Journal of Personality and Social Psychology 75 (1998): 1231–1247.

57   **"barra do equilíbrio de autoridade"**: Richard J. Hackman e Diane Coutu, "Why Teams Don't Work," *Harvard Business Review* 87, n° 5 (2009): 98–105.

58   **o status dos membros com excesso de confiança não foi prejudicado**: Cameron Anderson, Sebastien Brion, Don Moore e Jessica A. Kennedy, "A Status Enhancement Account of Overconfidence", *Journal of Personality and Social Psychology* 103 (2012): 718–735.

Capítulo 3: A Arte e a Ciência de Atenuar o Poder

71   **"mostrará a elas seu lado humano"**: Howard Schultz e Adam Bryant, "Good C.E.O.s Are Insecure (and Know It)", *The New York Times*, 9 de outubro de 2010.

74   **Seus subordinados os viam como inconsistentes e imprevisíveis**: David C. McClelland e David H. Burnham, "Power Is the Great Motivator," *Harvard Business Review*, janeiro de 2003.

Notas

77 **tendo a probabilidade de serem bem-sucedidos**: Joey T. Cheng, Jessica L. Tracy, Tom Foulsham, Alan Kingstone e Joseph Henrich, "Two Ways to the Top: Evidence That Dominance and Prestige Are Distinct Yet Viable Avenues to Social Rank and Influence", *Journal of Personality and Social Psychology* 104 (2013): 103–125.

78 **"usavam linguagem receptiva, expressavam emoções positivas e ansiedade, e usavam palavras compassivas"**: Ari Decter-Frain e Jeremy A. Frimer, "Impressive Words: Linguistic Predictors of Public Approval of the U.S. Congress", *Frontiers in Psychology* 7 (2016): 240, doi:10.3389/fpsyg.2016.00240.

79 **mais autoritários do que os chefes veem a si próprios**: Victor H. Vroom and Arthur G. Jago, "The Role of the Situation in Leadership", *American Psychologist* 62, nº 1 (janeiro de 2007): 17–24.

Capítulo 4: Entrando no Personagem

84 **"ser você mesmo" é, essencialmente, uma atuação.**: Erving Goffman, *The Presentation of Self in Everyday Life* (Nova York: Anchor Books, 1959).

89 **aqueles que nasceram depois ou eram filhos únicos**: David C. McClelland, *Human Motivation* (Cambridge University Press, 1988).

90 **as mulheres são mais propensas do que os homens a quitar os empréstimos**: Derek Thompson, "Women Are More Responsible with Money, Studies Show", *The Atlantic*, 31 de janeiro de 2011.

93 **os dois tornaram-se colegas próximos**: Brian Uzzi e Shannon Dunlap, "Make Your Enemies Your Allies", *Harvard Business Review*, maio de 2012.

94 **"verdade, missão ou amor"**: David Brooks, "Making Modern Toughness", *The New York Times*, 30 de agosto de 2016, https:// www .nytimes .com/2016/08/30/opinion/making-modern-toughness.html.

108 **descreve como ensinaram a ela**: Herminia Ibarra, *Act Like a Leader, Think Like a Leader* (Boston: Harvard Business Review Press, 2015).

Capítulo 5: Sendo o Coadjuvante

117 **perturba a velha forma de se fazer as coisas**: National Research Council, *Sociality, Hierarchy, Health: Comparative Biodemography: A Collection of Papers*, editado por Maxine Weinstein e Meredith A. Lane (Washington, D.C.: National Academies Press, 2014).

118 **subir na hierarquia era uma prioridade no trabalho**: Delroy L. Paulhus e Oliver P. John, "Egoistic and Moralistic Biases in Self-Perception: The Interplay of Self-Deceptive Styles with Basic Traits and Motives", Journal of Personality 66, nº 6 (1998): 1025–1060.

Notas

Capítulo 6: O Show Deve Continuar

140 **"eu estava, tipo, em choque"**: "Jay-Z: *The Fresh Air* Interview," 16 de novembro de 2010, https://www.npr.org/2010/11/16/131334322/the -fresh-air-interview-jay-z-decoded.

140 **ela não conseguiu cantar**: Amanda Petrusich, "A Transcendent Patti Smith Accepts Bob Dylan's Nobel Prize", *New Yorker*, 10 de dezembro de 2016.

140 **"Os acordes de abertura da música"**: Patti Smith, "How Does It Feel?", *New Yorker*, 14 de dezembro de 2016.

143 **preferiria ficar em segundo lugar**: Cameron Anderson, Robb Willer, Gavin J. Kilduff e Courtney E. Brown, "The Origins of Deference: When Do People Prefer Lower Status?", *Journal of Personality and Social Psychology* 102, n° 5 (2012): 1077–88.

144 **os membros estariam querendo pegá-lo**: David Winter e Leslie A. Carlson, "Using Motive Scores in the Psychobiographical Study of an Individual: The Case of Richard Nixon", *Journal of Personality* 56, n° 1 (1988): 75–103.

Capítulo 7: Quando o Poder Corrompe (e Quando Não)

161 **"perdi o rumo"**: Jonathan Shieber, "500 Startups' Dave McClure Apologizes for 'Multiple' Advances toward Women and Being a 'Creep'", *TechCrunch*, 1° de julho de 2017.

163 **tinha aumentado seu apetite ou diminuído sua capacidade de controlá-lo**: Dacher Keltner, "Don't Let Power Corrupt You," *Harvard Business Review*, outubro de 2016.

166 **mais propensas a retaliar o subordinado profissionalmente**: Melissa J. Williams, Deborah H Gruenfeld e Lucia E. Guillory, "Sexual Aggression When Power Is New: Effects of Acute High Power on Chronically Low-Power Individuals", *Journal of Personality and Social Psychology* 112, no. 2 (2017): 201–223.

169 **"os galhos são o controle"**: Lundy Bancroft, *Why Does He Do That?* (Nova York: Putnam, 2002).

170 **nem sempre é claro quem é quem**: Cavan Sieczkowski, "Former CIA Officer: Listen to Your Enemy, Because 'Everybody Believes They Are the Good Guy'", *Huffington Post*, 14 de junho de 2016.

172 **pelo vício de seu pai em jogos de azar**: Nina Munk, "Steve Wynn's Biggest Battle", *Vanity Fair*, junho de 2005.

174 **ela foi finalmente indiciada por fraude**: John Carreyrou, *Bad Blood* (Rio de Janeiro: Alta Books, 2020).

175 **"culminaram com a demissão de Kalancik"**: Stanford Graduate School

of Business, 3 de dezembro de 2018; vídeo no YouTube.

178 **"você procura em todos os lugares errados pelos pais que abusaram de você":** Lucinda Franks, "The Intimate History", *Talk Magazine*, setembro de 1999.

178 **mais propensos a ligar para ela depois e convidá-la para sair:** Donald G. Dutton e Arthur P. Aron, "Some Evidence for Heightened Sexual Attraction under Conditions of High Anxiety", *Journal of Personality and Social Psychology* 30 (1974): 510–517.

Capítulo 8: Como Enfrentar um Intimidador

193 **embora a assertividade ou a dominância verbal:** M. J. Williams e L. Z. Tiedens, "The Subtle Suspension of Backlash: A Meta-analysis of Penalties for Women's Implicit and Explicit Dominance Behavior", *Psychological Bulletin* 142, nº 2 (2016): 165–197.

Capítulo 9: O Papel de Espectador e Novas Formas de Representá-lo

198 **obtendo quase 1 milhão de visualizações:** Jim Dwyer, "When Fists and Kicks Fly on the Subway, It's Snackman to the Rescue", *The New York Times*, 12 de abril de 2012.

210 **"quando os caras que eles admiram já estão participando":** Shelley Correll, "Reducing Gender Biases in Modern Workplaces: A Small Wins Approach to Organizational Change", *Gender and Society*, 9 de novembro de 2017.

Capítulo 10: Como Usar o Poder Ao Representar o Protagonista

219 **"sermos melhores nesse sentido":** National Public Radio, "Paul Ryan's Full Interview with NPR's Steve Inskeep", 1º de dezembro de 2017, https://www.npr.org/2017/12/01/567012522/.

226 **menos evidentes naqueles que se sentem mais carentes:** George Kohlrieser, "Secure Base Leadership: What It Means and Why It Really Matters", *Talent and Management*, 23 de outubro de 2012.

234 **"pelo fato de nenhum presidente... requer rendição total":** Rakesh Khurana, "The Curse of the Superstar CEO", *Harvard Business Review*, setembro de 2002, https://hbr.org/2002/09/the-curse-of-the-superstar-ceo.

236 **escolhas entre recompensas pessoais e grupais:** N. Halevy, E. Y. Chou, T. R. Cohen e R. W. Livingston, "Status Conferral in Intergroup Social Dilemmas: Behavioral Antecedents and Consequences of Prestige and Dominance", *Journal of Personality and Social Psychology* 102, nº 2 (2012): 351–366, http://dx.doi.org/10.1037/a0025515.

Índice

Símbolos

#MeToo, movimento 213, 219

A

Abordagem autoritária 78
Abuso verbal 48
Ação coordenada 213
  colaboração 213
  comunicação 213
Ações de apaziguamento 72
Agir com compreensão humana 196
Amaryllis Fox 170
Amor intragrupal 236
Amy Schumer 69
Anjos Guardiões 211
Ansiedade
  de atuação 15
  de desempenho 131, 144, 151
    reação autoconsciente 149
Anthony Weiner 176
Apaziguamento 69
Aprimoramento pessoal 21
Aquecimento físico 146
Ari Decter-Frain 78
Arte de dizer não 55
Assédio 166
Assédio sexual 201
Atenção 52, 66
  falta de 53
  plena (mindfulness) 149
  quantidade de 52
Atração física 183
Atuação com método 98
Atuar como "aliado" 210
Autenticidade 10
Autoavaliação 149
Autocensura 7
Autoconfiança 25

Autoconsciência 148
  ausência de 148
Autocontrole 45, 163
Autodefesa 129
Autoeficácia 12, 84
Autoexpressão 97
Autogerenciamento 84, 91
Autopercepção 21
Autopreservação 237
Autoridade 41, 64, 110, 136
  agir com 136
  legítima 47
Autorregulação 161
Autovalorização 11, 20, 139, 152

B

Bagagem emocional 144
Barra do equilíbrio de autoridade 57
Beneficência 223
  cultura de 225
  padrão da 229, 233
Bertrand Russel 19
Bessel van der Kolk 100
Bill Clinton 178
Bob Joss 154
Bullying 166, 173

C

Caixa de infrações 215
Cameron Anderson 121
Canalizar a energia 147
Carisma 234
Charles Sonder 197
  Snackman 197
China 39
  Zhu Rongji 39
    Universidade Tsinghua 39
Ciclos de abuso 182
Cidadania organizacional 210

Ciência do desempenho ideal 148
Clareza total de propósito 46
Comentários autodepreciativos 69
Complexo de "super-herói" 118
Comportamento
  abusivo 199
  agressivo 201
  de dominância 44
  pró-social 211
Comprometimento 123, 234
Conexão social 238
Conexões seguras 178
Controle 171, 187
  ceder o 20
  maximizar o 173
  por meio do medo 169
  social 27
Cordialidade 78
Crença no "mundo justo" 227
Culto da personalidade 20
Cultura
  competitiva 21, 230
  de beneficência 231
  de individualismo 24, 35
  de insegurança 90
  hipercompetitiva 76
  individualista 84
  vença ou morra 231
Cumprimentos ambíguos 49

D

Dacher Keltner 48, 162, 215
Dale Miller 208
Dana Carney 183
Dan Klein 153
Dan Wegner 220
Dara Khosrowshahi 175
Dave McClure 160, 164
David Brooks 93
David Burnham 74
David Litt 124
David Mamet 114

David McClelland 30, 74, 152, 205, 233, 235
David Winter 33, 144
Defensores vs Repórteres 207
Demonstrar
  acessibilidade 65
  credibilidade 65
Desempenho máximo. *Consulte* Flow
Dilema social 200
Discrição 69
Diversidade de perspectivas 60
Dominância 44, 77
  demonstrar 44
Dominar o ambiente 108
Donald Dutton 179
Dwight Eisenhower 233

E

Efeito
  do holofote 149
  espectador 200
  priming 203
Elizabeth Holmes 174
Elizabeth Morrison 210
Empatia 196, 199
  exercício de 240
Em Reit 142
Energia nervosa 148
Enredo compartilhado 13
Erich Fromm 141
Erving Goffman 84
Escuta ativa 196
Estabelecer
  confiança 57
  seu "território" 108
Ética aplicada 223
Excesso de confiança 58
Excitação 179
Expandir a presença física 68
Experimento do biscoito 162
Explosões violentas 169

F

Facilitação social 146
Flow 148
Fofoca 207
Frank Flynn 71
Fran Sepler 215
Fred Ryan 147
Friedrich Nietzsche 131

G

Generosidade 12
George Kohlrieser 226
George W. Bush 138
Gerenciar o equilíbrio 56
Guerra psicológica 173

H

Habilidade social 65
Hábitos compensatórios 68
Hans Morgenthau 118
Harvey Weinstein 212
Henry Ford 47
Henry Kissinger 183
Herminia Ibarra 108
Hesitação 46
Hierarquia 91
  social 58
Hillary Clinton 103, 178
Hipótese "o poder tende a corromper"
  162
Hostilidade 201
Howard Schultz 71
Humor autodepreciativo 70

I

Iinfluência social 29
Impor-se pela posição 46
Importância da conexão 29
Importância da fala 45
Impulsividade 21
Incapacidade aprendida 182

Inferioridade 10
Influência 77, 199
  de minorias 214
Insegurança 46, 117, 149, 165, 171
Intimidação 169, 179

J

Jay Silveria 225
Jay-Z 140
Jeff Bezos 46, 101
Jeremy A. Frimer 78
Jimmy Kimmel 107
Job crafting 211
Joel Podolny 112
Joe McGrath 221
Joey Cheng 76
John Bowlby 226
John Clendenin 93
Joseph Nye 30
Joshua Wolf Shenk 124
Judi Dench 8
Justin Berg 211
Justin Trudeau 194

K

Kay Kostopoulos 145
Keith Johnstone 42
Keity Johnstone 66
Kitty Genovese 199
Konstantin Stanislavski 98
Kurt Lewin 22

L

Larissa Tiedens 193
Larry Nassar 212
LeanIn 75
Lee Bolman 225
Liderança participativa 78
Limites
  da civilidade 214
  emocionais 191
  pessoais 99

sociais 50, 71
Lisa Fischer 125
Lógica
da pessoa 113, 122
da situação 113, 122
Lord Acton 162
Lucia Guillory 166
Lundy Bancroft 169
Lyndon Johnson 51

M

Maggie Neale 215
Marc Andreessen 133
Masculinidade precária 176
Maturidade 235
Max Bazerman 204
Maximizar o conforto pessoal 46
Maya Angelou 185
Medo da responsabilidade 142
Megalomaníaco 174
Melissa Williams 166, 193
Memória muscular 147
Mensagens não verbais 45
Método Stanislavski 98
Michael Porter 153
Michael Powell 150
Muhammad Yunus 90

N

Necessidade
de aprovação 72
de proteção 183
Nir Halevy 236
Norman Schwarzkopf 50
Normas
hierárquicas 73
sociais 50, 87, 112, 217

O

O "Mágico Se" 101
Oprah Winfrey 102, 152
Oscar Wilde 67

P

Papéis hierárquicos 123
Papel do líder 225
Patti Smith 140, 156
Paul Ryan 219
Pedir ajuda 70
Pensar positivamente 155
Perder o enredo 87
Pessoas de influência (PDIs) 209
Playing high. *Consulte também* Representando altivez
Poder 11, 19, 40, 91, 131, 198, 236
abordagem madura do 206, 236
abusos de 14, 159, 199
assédio 14
intimidação 14
aceitar a responsabilidade pelo 12
afirmar o 107
agir com 80, 104, 195
aquisição de 11
atenuar o 59, 64, 116
"atuar" com 42
como força organizadora central 20
demonstrações arrogantes de 40
diferenças de 32
dinâmica do 237
duas faces do 42
amenizá-lo 42
enfatizá-lo 42
efeitos psicológicos do 132
enfatizar o 56, 116
equilibrar o 54
equilíbrio de 26, 66, 180, 212
estudo do 20
exercício do 63
hard power 30
inteligente 80
jogo de 49
mudar o equilíbrio de 194
necessidade pelo 33
o desejo de 131
o que é 22

perseguir o 175
propósito do 36
psicologia do 161
rejeitar o 21
smart power 31
soft power 30
usar bem o 13, 31, 42, 87, 93, 115, 143, 226, 240
  conceder aprovação 153
  mostrar gentileza 153
  oferecer aceitação 153
usar mal o 12
uso do 29
vs Autoridade 23
vs Influência 23
vs Status 23
Prática 147
Precursores da hostilidade 155
  ansiedade 155
  medo 155
Presença
  executiva 228
  física 45
Prestígio 77
Princípio da complementariedade 29
Programa Green Dot 209
Propósito 224
Prova social 204
Psicologia humana 20

R

Rakesh Khurana 234
Reação coletiva 212
Realidade compartilhada 104, 107
Regras de familiaridade 51
Reivindicação 43
Relações hierárquicas 29
Repertórios de comportamento 42
Representando altivez 43
Representatividade psicológica 208
Resiliência 10
Respeito 30, 40

demonstrar 44
expressões de 40
Responsabilidade 180
  abdicação de 199
  evitar 143
  pelos outros 91
Resposta dominante 146
Resultados coletivos 15
Richard Hackman 57
Richard Nixon 144
Risco
  dos estereótipos 227
  pessoal 141
Robert Sapolsky 117
Roelof Botha 60
Rudy Giuliani 138
Ruth Bader Grinsburg 121

S

Samantha Power 206
Sam Walker 236
Sanford Meisner 98
Segurança 91
  psicológica 15
  psíquica 227
Sensação de ansiedade 145
Sentimentos de impotência 36, 166
Serena Williams 86
Ser um defensor 206
Shelley Correll 209
Sheryl Sandberg 75, 126, 186
Sigmund Freud 141
Síndrome
  de Don Juan 176
  do impostor 136
Stanislavski 136
Stanley Milgram 110
Stanley Schachter 179
Status 40, 77, 93, 116, 171, 236
  alto 209
  buscar 143
  disputa por 58

elevado 51
extra 210
luta por 43
lutas por 186
segurança de seu 166
símbolos de 106
social 165, 216
status play 42
Steve Wynn 171, 176
Stormy Daniels 194
Submissão 69
Superioridade moral 207

T

Teoria do apego 226
Terrence Deal 225
Território neutro 109
Tornar-se imperceptível 68
Trajetória contínua 98

U

Unbroken line. *Consulte* Trajetória contínua

V

Valentão 172
Validação sexual 171
Vergonha 10
Victor Vroom 78
Vida hierárquica 50, 143
Viés de gênero 209
Vitimização 170

W

William Ian Miller 143

Z

Zombaria 215
Zona de conforto 97

CONHEÇA OUTROS LIVROS DA ALTA LIFE

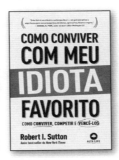
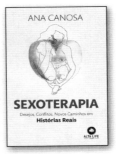

Todas as imagens são meramente ilustrativas.

+ CATEGORIAS
Negócios - Nacionais - Comunicação - Guias de Viagem - Interesse Geral - Informática - Idiomas

---

SEJA AUTOR DA ALTA BOOKS!

Envie a sua proposta para: autoria@altabooks.com.br

Visite também nosso site e nossas redes sociais para conhecer lançamentos e futuras publicações!

www.altabooks.com.br

ALTA BOOKS
E D I T O R A

/altabooks • /altabooks • /alta_books

Este livro foi impresso nas oficinas gráficas da Editora Vozes Ltda.,
Rua Frei Luís, 100 – Petrópolis, RJ.